Microsoft® Excel 2007

Collection illustrée

LES
ÉDITIONS
**REYNALD
GOULET**
INC.

Microsoft® Excel 2007 – Collection illustrée

Traduction et adaptation : François Basset, Colette Michel, William Piette, Michèle Simond, Martin Villeneuve
Couverture : Martineau Design Graphique
Infographie : André Ayotte

Diffusion exclusive
Les Éditions Reynald Goulet inc.
www.goulet.ca

Cet ouvrage est une version française de
Microsoft® Excel 2007 – Illustrated Introductory
Elizabeth E. Reding, Lynn Wermers
© 2008 Thomson Course Technology – Une division de Thomson Learning

Nous reconnaissons l'aide financière du gouvernement du Canada par l'entremise du Programme d'aide au développement de l'industrie de l'édition (PADIÉ) pour nos activités d'édition.

Gouvernement du Québec – Programme de crédit d'impôt pour l'édition de livres – Gestion SODEC

Dépôt légal :
Bibliothèque et Archives nationales du Québec
Bibliothèque et Archives Canada

Imprimé au Canada
10 09 08 07   5 4 3 2 1

ISBN 978-2-89377-351-3

Renonciation

L'auteur et l'éditeur de cet ouvrage ont fait tous les efforts pour préparer ce livre ainsi que les programmes et les fichiers qu'il contient, y compris dans l'élaboration, la recherche et les contrôles sur l'efficacité des théories et programmes. L'auteur et l'éditeur n'offrent aucune garantie de quelque ordre que ce soit, expresse ou implicite, pour ce qui concerne ces programmes et fichiers ni la documentation présentés dans ce livre. L'auteur et l'éditeur ne pourront être tenus pour responsables de tout dommage accessoire ou indirect, lié à ou causé par la fourniture, la performance ou l'utilisation de ces programmes.

Les Éditions Reynald Goulet se réservent le droit d'apporter tout changement à ce livre sans préavis.

À lire avant de commencer

Installation de la suite Microsoft Office 2007

Ce livre a été rédigé et testé à l'aide de Microsoft Office 2007 – Édition entreprise, avec une installation complète sur Microsoft Windows XP avec SP2. Le navigateur Web utilisé pour toutes les étapes qui nécessitent un navigateur est Internet Explorer 7. Il peut arriver que, pour expliquer clairement une fonctionnalité du programme, une caractéristique ne faisant pas partie de l'installation standard soit présentée. Certains exercices s'effectuent sur le Web. Vous devez posséder une connexion Internet pour réaliser ces exercices. Si vous utilisez ce livre avec Windows Vista, lisez les deux pages qui suivent, « Notes importantes pour les utilisateurs de Windows Vista ».

Que sont les fichiers Projets ?

Afin de réaliser les leçons et les exercices de ce livre, vous avez besoin de fichiers de travail. Ces fichiers contiennent des documents préparés pour accélérer l'exécution des leçons et centrer l'apprentissage sur la tâche en cours d'étude. Tous les fichiers nécessaires se trouvent sur le site Web http://www.goulet.ca à l'adresse du livre. Pour télécharger vos fichiers Projets, lisez les explications sur la page couverture intérieure du début du livre. Pour simplifier le texte des modules, il est seulement fait référence dans celui-ci à un « dossier Projets ». Il s'agit d'un nom générique désignant l'emplacement où se trouvent les fichiers de travail du module en cours. C'est à vous de constituer les dossiers Projets dont vous avez besoin.

Pourquoi mon écran est-il différent du livre ?

1. Les composants de votre bureau, sa présentation et les options de certaines boîtes de dialogue peuvent différer selon la version de Windows utilisée.

2. Selon les capacités matérielles de votre système, les paramètres régionaux et d'affichage définis dans votre ordinateur, vous pouvez remarquer les différences suivantes :

   • Votre écran peut sembler plus petit ou plus grand selon la résolution utilisée (les figures sont réalisées à partir d'une résolution de 1024 x 768) et l'aspect du ruban peut varier selon cette résolution.

   • Les couleurs des divers éléments de l'écran peuvent être différentes. Si vous utilisez Windows Vista, vous obtiendrez des écrans d'aspect sensiblement identique à ceux du livre, à condition de ne pas utiliser l'interface utilisateur Aéro.

   • Les dates, les heures, les numéros de téléphone et les symboles monétaires affichés dépendent de vos paramètres régionaux.

3. Le ruban, la zone bleue au sommet des fenêtres de Microsoft Office 2007, s'adapte aux différentes résolutions. Si votre écran est réglé à une définition inférieure à 1024 x 768, vous ne verrez pas tous les boutons des figures du livre. Les groupes de boutons s'affichent toujours mais ces groupes peuvent être condensés en un seul bouton, sur lequel vous devez cliquer pour accéder aux boutons décrits dans les étapes. Par exemple, les figures et les étapes du livre partent du principe que le groupe Style de l'onglet Accueil d'Excel a l'aspect ci-dessous. Si la résolution de votre écran est réglée à 800 x 600, le ruban d'Excel prend l'apparence de la figure suivante et vous devez cliquer sur le bouton Style pour accéder aux boutons visibles dans le groupe Style.

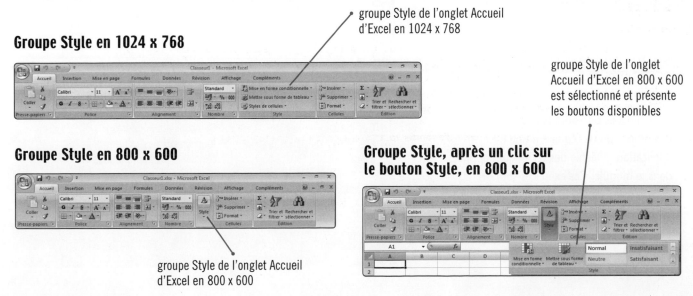

groupe Style de l'onglet Accueil d'Excel en 1024 x 768

Groupe Style en 1024 x 768

groupe Style de l'onglet Accueil d'Excel en 800 x 600 est sélectionné et présente les boutons disponibles

Groupe Style en 800 x 600

groupe Style de l'onglet Accueil d'Excel en 800 x 600

Groupe Style, après un clic sur le bouton Style, en 800 x 600

Préface

Bienvenue dans Microsoft Excel 2007 – Collection illustrée. Ce livre à l'orientation très visuelle vous propose un enseignement pratique de toutes les facettes de Microsoft Excel 2007. Les leçons présentent les différents éléments illustrés ci-contre.

Comment le livre est-il organisé ?

Le livre est divisé en huit modules. Ces modules étudient la création, la modification et la mise en forme d'une feuille de calcul, les graphiques, les formules et les fonctions, la gestion des classeurs ainsi que la création et l'analyse de tableaux.

Quels sont les types d'instructions fournies dans le livre ? Avec quel niveau de difficulté ?

Les leçons utilisent le cadre de la société fictive Voyages Tour Aventure, une agence de voyages. Les tâches demandées dans les pages bleues à la fin de chaque module sont de difficulté croissante. Les fichiers Projets et les études de cas, utilisant de nombreux exemples internationaux et professionnels, fournissent une grande diversité d'applications réalistes et intéressantes des techniques étudiées. Ces tâches comprennent :

- La **révision des concepts**, permettant de tester la compréhension par une série de questions à choix multiples et d'identifications d'éléments visuels.

- La **révision des techniques**, fournissant un entraînement pratique supplémentaire, mettant en œuvre pas à pas tous les outils étudiés.

- Les **exercices personnels** et **défis**, fondés sur des projets précis requérant une mise en application réfléchie des techniques apprises dans le module. Ces exercices sont de difficulté croissante, le premier étant le plus facile et souvent détaillé par étape.

Chaque double page traite d'une seule technique.

Un texte concis introduit les principes de base de la leçon et présente la situation pratique étudiée.

A
Excel 2007

Modifier le contenu de cellules

Le contenu d'une cellule active peut être **modifié** en tout temps. Pour ce faire, double-cliquez dans la cellule, cliquez dans la barre de formule ou commencez simplement la saisie. Excel bascule en mode Modifier dès que vous touchez au contenu d'une cellule. Le tableau A-3 montre les différents pointeurs qu'Excel affiche et qui vous aident dans vos modifications. Vous remarquez quelques erreurs dans la feuille de calcul auxquelles vous voulez apporter des corrections. La première réside dans un nom incorrect à la cellule A5.

ÉTAPES

ASTUCE
Une pression sur [Entrée] valide également la saisie dans la cellule mais déplace le pointeur d'une cellule vers le bas.

ASTUCE
Sur certains claviers, l'appui sur une touche de verrouillage des fonctions [ver. F] est nécessaire pour accéder aux touches de fonction.

ASTUCE
Le bouton Annuler permet de revenir en arrière d'une action à la fois et, ceci, jusqu'aux 100 dernières actions.

1. **Cliquez dans la cellule A5, puis cliquez juste à gauche du premier r de Pierrre dans la barre de formule.**
   Dès le premier clic dans la barre de formule, une barre verticale clignotante, appelée **point d'insertion**, apparaît dans la barre de formule à l'endroit où tout nouveau texte sera inséré. Le pointeur de souris se transforme en I lorsque vous déplacez le pointeur de souris dans la barre de formule. Voir figure A-9.

2. **Appuyez sur [Suppr], puis cliquez sur Entrer dans la barre de formule.**
   Le clic sur le bouton Entrer valide la modification et l'orthographe du prénom du premier employé est corrigée. Vous pouvez aussi appuyer sur [Entrée] ou [Tab] pour valider une modification.

3. **Cliquez dans la cellule B6, puis appuyez sur [F2].**
   Excel entre en mode Modifier et le point d'insertion clignote dans la cellule. L'appui sur [F2] permet de modifier directement le contenu de la cellule active, sans passer par la barre de formule. Selon vos préférences, vous pouvez modifier le contenu d'une cellule soit directement dans la cellule, soit par le biais de la barre de formule. Le résultat dans la feuille est identique.

4. **Appuyez sur [Ret arr], tapez 8, puis appuyez sur [Entrée].**
   La valeur de la cellule change de 35 en 38 et la cellule B7 devient la cellule active. Vous remarquerez que le résultat des cellules B15 et E15 a également changé parce que ces cellules contiennent des formules qui utilisent B6 dans leurs calculs. Si vous avez commis une erreur, vous pouvez cliquer sur Annuler dans la barre de formule *avant* de valider l'entrée. Les boutons Entrer et Annuler n'apparaissent qu'en mode Modifier. Si vous constatez une erreur de saisie *après* avoir validé une modification, cliquez sur Annuler dans la barre d'outils Accès rapide.

5. **Cliquez dans la cellule A9, appuyez sur [F2], maintenez [Maj] enfoncée, appuyez sur [◄], puis relâchez [Maj].**
   Le fait d'appuyer sur [Maj] et de la maintenir enfoncée permet de sélectionner du texte au clavier. Ce faisant, l'appui sur [◄] déplace le curseur vers le début de la cellule, tandis que l'appui sur [Fin] déplacerait le curseur vers la fin de la cellule. Tout le texte de la cellule est sélectionné.

6. **Tapez Martin, Xavier, puis appuyez sur [Entrée].**
   Quand un texte est sélectionné, le premier caractère que vous tapez remplace toute la sélection.

7. **Double-cliquez dans la cellule C12, appuyez sur [Suppr], tapez 4, puis cliquez sur .**
   Un double-clic dans une cellule l'active en mode de modification directe dans la cellule. Comparez votre fenêtre avec la figure A-10.

8. **Enregistrez votre travail.**
   Les modifications apportées au classeur sont enregistrées.

Récupérer un fichier de classeur perdu

Lors de l'utilisation d'Excel, vous pouvez subir une panne de courant ou votre ordinateur peut « geler », rendant impossible la poursuite du travail. Pour prévenir les inconvénients de ce genre d'interruption, Excel dispose d'un outil intégré de récupération permettant d'ouvrir et d'enregistrer les fichiers qui étaient ouverts lors de l'interruption. Au redémarrage d'Excel après une interruption, le mode

Récupération de document démarre automatiquement et tente de réparer ce qui est nécessaire. Si vous devez utiliser un classeur interrompu, vous pouvez essayer de le réparer manuellement : cliquez sur le bouton Office, puis sur Ouvrir. Sélectionnez le fichier du classeur que vous voulez réparer, cliquez sur la flèche de liste Ouvrir, puis cliquez sur Ouvrir et réparer.

Excel 10 Premiers pas avec Excel 2007

Des astuces ou des problèmes sont évoqués exactement là où c'est nécessaire, à côté de l'étape elle-même.

Des conseils encadrés fournissent des informations concises qui approfondissent le sujet de la leçon ou décrivent une tâche indépendante qui lui est reliée.

Chaque leçon présente
de grandes illustrations
claires de l'écran qui
doit être obtenu à la fin
de la leçon.

L'exercice suivant, nommé Défi, est plus
ouvert, exigeant d'approfondir l'étude de
la solution de façon plus indépendante.

• Les **ateliers visuels**, montrant une solution
terminée et requérant la réalisation de cette
solution sans aucune indication d'étape à
suivre, obligeant ainsi l'élève à créer sa propre
démarche de façon indépendante.

Quelle est l'approche utilisée ?

Pourquoi l'approche utilisée de cette collection
est-elle si efficace pour enseigner les techniques
informatiques ? C'est très simple. Chaque
technique est présentée dans une double page
en vis-à-vis, les instructions détaillées étape par
étape se trouvant sur la page de gauche et les
illustrations claires et explicatives, sur la page de
droite. L'utilisateur peut se concentrer sur un
même sujet sans avoir à tourner la page. Cette
conception unique rend l'information très
accessible et facile à assimiler, tout en fournissant
d'excellentes références une fois le cours achevé.
Cette approche pratique convient aussi bien à
l'apprentissage autonome qu'aux classes dirigées
par un formateur.

Fichiers Projets et solutions

Les fichiers Projets et leurs solutions sont disponibles sur le site Web de l'éditeur. Vous pouvez
les télécharger à l'adresse www.goulet.ca.

Pour les instructions de téléchargement,
consultez la page de couverture intérieure.

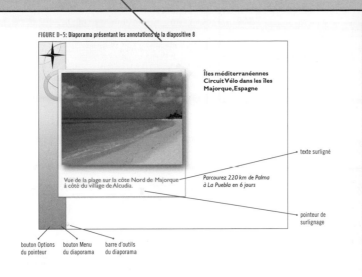

FIGURE D-5: Diaporama présentant les annotations de la diapositive 8

Îles méditerranéennes
Circuit Vélo dans les îles
Majorque, Espagne

Vue de la plage sur la côte Nord de Majorque
à côté du village de Alcudia.

texte surligné

Parcourez 220 km de Palma
à La Puebla en 6 jours

pointeur de
surlignage

bouton Options
du pointeur

bouton Menu
du diaporama

barre d'outils
du diaporama

TABLEAU D-2: Touches de contrôle du diaporama

Touche	Description
[Entrée], [Espace], [Pg suiv], [S], [↓], [→]	Avance à la diapositive suivante
[E]	Efface les annotations de la diapositive
[↖], [Fin]	Affiche la première ou la dernière diapositive
[M]	Affiche la diapositive suivante si elle est masquée
[Pg préc] ou [↑]	Revient à la diapositive précédente
[B]	Bascule entre la diapositive et un écran blanc
[A]	Arrête ou reprend une présentation automatique
[N]	Bascule entre la diapositive et un écran noir
[Ctrl][N]	Affiche/masque les notes manuscrite
[Ctrl][A]	Transforme le pointeur en
[Échap]	Met fin au diaporama
[F1]	Affiche les touches et leur rôle

Finaliser une présentation

Des résumés de termes-clés,
de noms de boutons ou de
raccourcis clavier en relation
avec le sujet de la leçon. Ces
tableaux fourniront ultérieure-
ment d'excellentes références
lors de l'emploi personnel du
logiciel par l'utilisateur.

La pagination est séquentielle
pour chaque application.

Notes importantes pour les utilisateurs de Windows Vista

Les copies d'écran de ce livre montrent Microsoft Office 2007 fonctionnant sur Microsoft Windows XP. Néanmoins, si vous utilisez Microsoft Windows Vista, vous pouvez parfaitement exploiter ce livre car Office 2007 offre un rendu virtuellement identique sur les deux plates-formes. Quelques différences persistent cependant, si vous utilisez Windows Vista. Lisez cette section pour comprendre ces différences.

Boîtes de dialogue

Si vous utilisez Windows Vista, les boîtes de dialogue indiquées dans le livre se présentent d'une manière légèrement différente de ce que vous obtenez sur votre écran. Les boîtes de dialogue de Windows Vista possèdent une barre de titre grise (ou tramée avec une transparence dans le cas de l'interface Aero) au lieu de la barre de titre bleue des boîtes de dialogue de Windows XP. Au-delà de ces différences d'apparence superficielles, les options des boîtes de dialogue sont identiques pour les deux versions de Windows. Les copies d'écran ci-dessous montrent à titre d'exemple la boîte de dialogue Police respectivement sous Windows XP et Windows Vista.

FIGURE 1: Boîte de dialogue sous Windows XP

FIGURE 2: Boîte de dialogue sous Windows Vista

Étapes alternatives pour les utilisateurs de Windows Vista

Presque toutes les étapes de ce livre se déroulent exactement de la même façon pour les utilisateurs de Windows Vista. Quelques tâches laissent toutefois apparaître de très légères différences. Cette section propose des étapes alternatives pour trois tâches spécifiques.

Démarrer un programme

1. Cliquez sur le bouton Démarrer de la barre des tâches.
2. Cliquez sur Tous les programmes, faites défiler la liste des programmes pour afficher Microsoft Office, cliquez sur Microsoft Office, puis cliquez sur l'application que vous voulez utiliser.

Enregistrer un fichier pour la première fois

1. Cliquez sur le bouton Office, puis cliquez sur Enregistrer sous. Windows Vista affiche automatiquement le contenu de votre dossier Documents.
2. Si nécessaire, cliquez sur le lien Ordinateur dans le volet Liens favoris de gauche, puis allez dans votre dossier Projets.
3. Dans la zone de texte Nom de fichier, tapez le nom de votre nouveau fichier.
4. Cliquez sur Enregistrer.

Ouvrir un fichier

1. Cliquez sur le bouton Office, puis cliquez sur Ouvrir. Windows Vista affiche automatiquement le contenu de votre dossier Documents ou le dernier dossier auquel vous avez accédé avec ce programme.
2. Si nécessaire, cliquez sur le lien Ordinateur dans le volet de gauche Liens favoris, puis allez dans votre dossier Projets.
3. Cliquez sur le fichier que vous souhaitez ouvrir.
4. Cliquez sur Ouvrir.

FIGURE 3: Démarrer un programme

bouton Démarrer

FIGURE 4: Boîte de dialogue Enregistrer sous

FIGURE 5: Boîte de dialogue Ouvrir

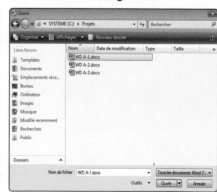

Table des matières

Premiers pas avec Excel 2007

Dans ce module, vous apprendrez à exploiter un tableur pour analyser des données et prendre des décisions professionnelles, même si vous n'êtes pas un expert en mathématiques. Vous vous familiariserez avec les différents éléments d'un tableur et apprendrez à utiliser la fenêtre Excel. Vous verrez aussi comment travailler dans une feuille de calcul Excel et y effectuer quelques calculs simples.  Manon Lemaire est directrice des finances chez Voyages Tour Aventure, un voyagiste dont la particularité est d'immerger ses clients au sein des cultures régionales. Vous avez été embauché pour travailler comme assistant de Manon. Dans ce cadre, vous créez des feuilles de calcul pour analyser des données en provenance des différentes filiales de la société et, ainsi, aider Manon à prendre des décisions avisées quant à l'expansion de la société et aux investissements à consentir.

OBJECTIFS

Définir un tableur

Découvrir la fenêtre Excel 2007

Comprendre les formules

Entrer des étiquettes et des valeurs, utiliser la Somme

Modifier le contenu de cellules

Créer et modifier une formule simple

Évoluer parmi les modes d'affichage d'une feuille

Sélectionner les options d'impression

Qu'est-ce qu'un tableur ?

Le logiciel Microsoft Excel est le tableur de la suite Microsoft Office. Un **tableur** est une application destinée à effectuer des calculs numériques, analyser et présenter des données numériques. Ces calculs sont actualisés automatiquement à chaque modification, si bien que les résultats exacts sont toujours disponibles, sans le moindre calcul manuel. Le tableau A-1 montre quelques tâches courantes qu'Excel permet d'accomplir. La feuille électronique de valeurs produite par Excel s'appelle une **feuille de calcul**. Les feuilles de calcul individuelles sont enregistrées dans un **classeur**, un fichier dont l'extension est .xlsx. Chez Voyages Tour Aventure, vous allez devoir utiliser intensivement Excel pour suivre les informations financières et de gestion de l'entreprise.

DÉTAILS

Excel offre de nombreux avantages, dont :

- **Saisie précise et rapide des données**

  Excel permet de saisir des informations plus rapidement et plus précisément qu'une méthode manuelle. La figure A-1 montre un tableau de calcul de salaires créé manuellement, tandis que la figure A-2 montre le même tableau de chiffres réalisé à l'aide d'Excel. Des équations ont été ajoutées dans le second pour calculer les heures et les salaires. Vous pouvez copier les charges sociales relatives aux salaires de trimestre en trimestre et demander à Excel de calculer les salaires bruts et nets en lui fournissant simplement les données variables et les formules de calcul pour chaque trimestre.

- **Recalcul facile des données**

  La correction des erreurs de saisie ou la mise à jour des données est facile sous Excel. Par exemple, si vous obtenez les toutes dernières valeurs pour les heures de prestations, il suffit d'entrer les nouveaux nombres pour qu'Excel recalcule l'ensemble de la feuille.

- **Vérification d'hypothèses**

  Une des caractéristiques les plus utiles d'Excel en gestion est la possibilité de modifier des données pour obtenir rapidement de nouveaux résultats. Si vous envisagez par exemple d'augmenter, de 12,50 à 15,00 $, le salaire horaire de base d'un de vos guides, entrez la nouvelle valeur dans la feuille de calcul pour connaître immédiatement les implications, tant pour l'ensemble de votre personnel que pour le guide intéressé par cette augmentation. Chaque fois que vous utilisez une feuille de calcul pour répondre à la question « que se passe-t-il si ? », vous effectuez une **analyse par hypothèse**.

- **Modification de la présentation des données**

  Des outils puissants permettent de présenter les informations d'une manière visuelle attrayante et facile à comprendre. Vous pouvez mettre en forme du texte et des nombres avec des polices, des couleurs et des styles différents pour attirer l'attention sur les éléments importants d'une feuille.

- **Création de graphiques**

  Excel permet de générer facilement des graphiques à partir des données d'une feuille de calcul. Excel modifie automatiquement ces graphiques dès que les données changent. La feuille de calcul de la figure A-2 présente un graphique en secteurs en trois dimensions.

- **Partage d'informations avec d'autres utilisateurs**

  Comme la majorité des employés de Voyages Tour Aventure utilisent Excel, ils peuvent collaborer via l'intranet de la société, Internet ou un périphérique de stockage en réseau. Grâce à cela, vous pouvez compléter chaque mois les feuilles de salaires que Manon a commencé à rédiger. Vous pouvez également profiter d'outils de collaboration en ligne tels que les classeurs partagés, sur lesquels plusieurs personnes peuvent simultanément intervenir pour y apporter des modifications.

- **Création rapide de nouvelles feuilles de calcul à partir de feuilles existantes**

  Il est facile d'utiliser une feuille existante et de la modifier pour en créer une nouvelle. Au moment de préparer la feuille de salaires d'un mois suivant, vous pouvez ouvrir le fichier du mois courant, l'enregistrer sous un nouveau nom et utiliser les données en place comme point de départ. Un fichier Excel peut aussi être créé à partir d'un type spécial, appelé **modèle**. De nouveaux classeurs peuvent être conçus et fondés sur le contenu ou la présentation d'un modèle existant. Office contient de nombreux modèles prêts à l'emploi.

FIGURE A-1: Tableau classique sur papier

Voyages Tour Aventure
Calcul des salaires des guides

Nom	Heures	H. sup.	Sal. hor.	Sal. base	Primes H.S.	Sal. brut
Breughel, Pierrre	40	4	15–	600–	120–	720–
Collier, Lydie	38	0	10–	350–	0–	350–
Corton, Gustave	40	2	12.50	500–	50–	550–
Letellier, Marc	29	0	15–	435	0–	435–
Martin, Xavier	37	0	12.50	462.50	0–	462.50
Mioshi, Claire	39	0	20–	780–	0–	780–
Servais, Benoît	40	0	15–	600–	0–	600–
Strano, Richard	40	8	15–	600–	240–	840–
Wautier, Alice	40	5	12.50	500–	125–	625–
Yamamoto, Jordi	38	0	15–	570–	0–	570–

FIGURE A-2: Feuille de calcul Excel

logo de la société

graphique en secteur

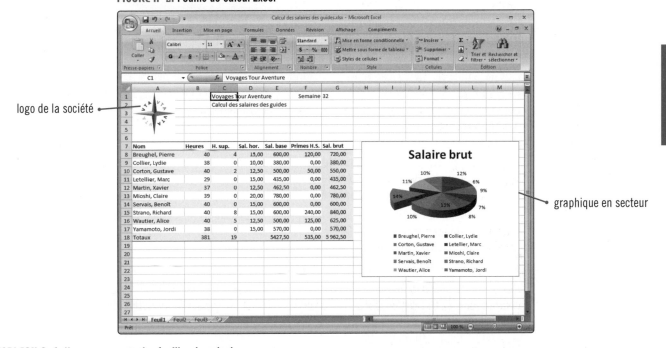

TABLEAU A-1: Usages courants des feuilles de calcul

Les feuilles de calcul servent à :	Comment ?
Effectuer des calculs	En ajoutant des formules et des fonctions aux données des feuilles de calcul ; par exemple, en ajoutant une liste de résultats de ventes ou en calculant l'amortissement d'un véhicule.
Représenter visuellement des valeurs	En générant des graphiques à partir des données d'une feuille de calcul ; par exemple en créant un graphique qui affiche des dépenses.
Créer des rapports de synthèse de données	En créant des classeurs de plusieurs feuilles de calcul avec des données associées, comme les données de vente de plusieurs magasins.
Classer des données	En triant les données en ordre croissant ou décroissant ; par exemple en triant par ordre alphabétique une liste de produits ou de noms de clients, ou en organisant des commandes clients par dates.
Analyser des données	En créant des résumés et des synthèses à l'aide de tableaux croisés dynamiques ou de filtres automatiques ; par exemple, pour éditer une liste des dix meilleurs clients en fonction de leurs habitudes d'achats.
Créer des scénarios	En utilisant des valeurs variables pour étudier et tester différentes hypothèses, comme le changement d'un taux d'intérêt ou un étalement des remboursements d'un emprunt.

Pour démarrer Excel, Windows doit être en cours d'exécution. Pour démarrer un programme de la suite Office, il suffit de cliquer sur Démarrer dans la barre des tâches ou, le cas échéant, de double-cliquer sur un raccourci du bureau correspondant au logiciel. Si vous avez besoin d'aide, demandez à votre formateur ou à un responsable. ▰▰▰▰▰ Vous décidez de démarrer Excel et de vous familiariser avec la fenêtre du tableur.

ÉTAPES

PROBLÈME

Si vous ne voyez pas l'extension .xlsx parmi les noms de fichiers dans la boîte de dialogue Ouvrir, pas d'inquiétude : Windows peut être réglé pour afficher ou non les extensions de noms de fichiers.

1. **Démarrez Excel, cliquez sur Office 🗔, puis sur Ouvrir.**

2. **Dans la boîte de dialogue Ouvrir, déroulez la liste Regarder dans et sélectionnez votre dossier Projets, cliquez sur EX A-1.xlsx, puis sur Ouvrir.**

3. **Cliquez sur 🗔, puis sur Enregistrer sous.**

4. **Dans la boîte de dialogue Enregistrer sous, cliquez sur la liste Enregistrez dans, allez jusqu'à votre dossier Projets, tapez Calcul des salaires des guides dans la zone de texte Nom de fichier, puis cliquez sur Enregistrer.**

À l'aide de la figure A-3, identifiez les éléments suivants :

- La **zone Nom** affiche l'adresse de la cellule active. Dans la figure A-3, « A1 » apparaît à cet endroit.

- La **barre de formule** permet d'entrer ou de modifier les données de la feuille de calcul. La fenêtre de la feuille de calcul contient un quadrillage de colonnes et de lignes. Les colonnes sont étiquetées alphabétiquement (A, B, C, etc.) et les lignes le sont numériquement (1, 2, 3, etc.). Une feuille de calcul peut contenir jusque 16 384 colonnes et 1 048 576 lignes.

- L'intersection d'une colonne et d'une ligne s'appelle une **cellule**. Les cellules peuvent contenir du texte, des nombres, des formules ou une combinaison de ces trois éléments. Chaque cellule possède un emplacement unique (**adresse de cellule**), identifié par les coordonnées de la colonne et de la ligne.

- Le **pointeur de cellule** est un rectangle noir qui marque ou indique la cellule dans laquelle vous travaillez, soit la **cellule active**. À la figure A-3, le pointeur de cellule est situé en A1 ; cette cellule est donc la cellule active. Les en-têtes de ligne et de colonne de la cellule active sont mis en évidence, ce qui en facilite le repérage.

- Les **onglets de feuille** au bas de la feuille de calcul permettent de passer de feuille en feuille dans un classeur. Chaque classeur contient par défaut trois feuilles, mais peut en comprendre jusqu'à 255. Le bouton Insérer une feuille de calcul, à droite de l'onglet Feuil3, permet d'ajouter des feuilles de calcul au classeur. Vous pouvez renommer les feuilles dans ces onglets pour leur donner des noms plus évocateurs.

- Les **barres de défilement** permettent de vous déplacer dans un document trop vaste pour s'afficher d'une pièce dans la fenêtre.

- La **barre d'état** se trouve au bas de la fenêtre Excel. Elle fournit une brève description de la commande active ou de la tâche en cours. L'**indicateur de mode** du coin inférieur gauche de la barre d'état donne des indications supplémentaires sur certaines tâches.

5. **Cliquez dans la cellule A4.**

   La cellule A4 devient la cellule active. Pour en activer une autre, cliquez dans celle-ci ou utilisez les touches de navigation du clavier pour déplacer le pointeur vers une autre cellule.

6. **Cliquez dans la cellule B5, appuyez sur le bouton gauche de la souris et maintenez-le enfoncé, déplacez la ✛ jusqu'à la cellule B14, puis relâchez la souris.**

   Vous avez sélectionné un groupe de cellules qui sont à présent mises en évidence, comme à la figure A-4. Une sélection de deux ou plusieurs cellules comme B5:B14 s'appelle une **plage de cellules**. La sélection d'une plage de cellules permet d'appliquer ensuite en une seule fois à toutes ces cellules une action comme les déplacer ou les mettre en forme. Dès qu'une plage de cellules est sélectionnée, la barre d'état affiche la moyenne, le nombre (d'éléments) et la somme des cellules sélectionnées.

FIGURE A-3: Classeur ouvert

zone Nom et adresse de la cellule actuelle

le pointeur de cellule indique la cellule active

barre de formule

boutons de défilement d'onglets

indicateur de mode

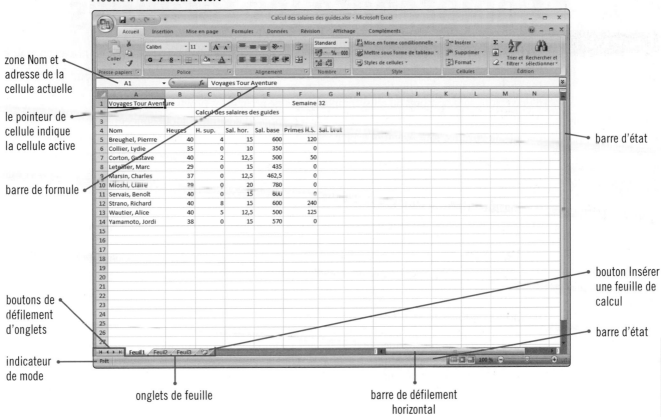

barre d'état

bouton Insérer une feuille de calcul

barre d'état

onglets de feuille

barre de défilement horizontal

FIGURE A-4: Sélection d'une plage

cellules sélectionnées

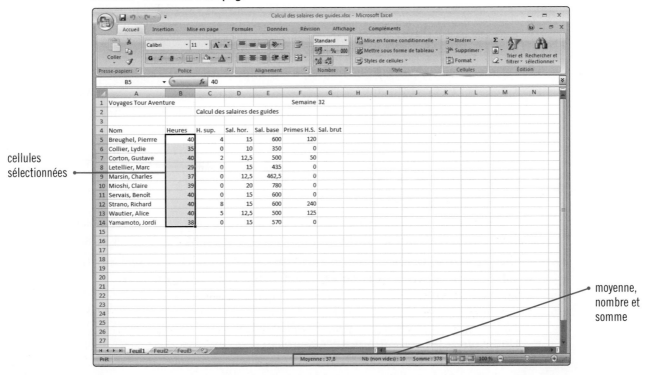

moyenne, nombre et somme

Comprendre les formules

Excel montre une véritable puissance, dans la mesure où des utilisateurs de n'importe quel niveau en mathématiques sont capables d'effectuer des calculs avec une grande précision. C'est là qu'entrent en jeu les formules. Les **formules** sont des équations établies dans une feuille de calcul, aussi simples que de calculer la somme d'une colonne de nombres ou aussi complexes que de projeter les profits et pertes d'une société internationale. Pour bien saisir toute la puissance d'Excel, il faut comprendre comment fonctionnent les formules. ▰▰▰ Les gérants de Voyages Tour Aventure exploitent le classeur Calcul des salaires des guides pour relever les heures de prestation de leurs employés avant de les soumettre au service Paie. Comme vous devrez souvent utiliser ce classeur, il est important que vous maîtrisiez les formules qu'il contient et la façon dont Excel calcule les résultats.

1. **Cliquez dans la cellule E5.**

   La cellule active contient une formule, comme l'indique la barre de formule. Toutes les formules Excel commencent avec le signe égal (=). Si vous voulez montrer le résultat de l'addition de 4 et 2 dans une cellule, celle-ci devra contenir une formule telle que =4+2. Si vous voulez qu'une cellule affiche le résultat de la multiplication de deux valeurs de la feuille de calcul, comme celles des cellules B5 et D5, la formule prend la forme =B5*D5, comme indiqué à la figure A-5.

2. **Cliquez dans la cellule F5.**

   Lorsque vous entrez une formule dans une cellule, les références des cellules et les opérateurs arithmétiques apparaissent au fur et à mesure dans la barre de formule. Le tableau A-2 décrit les opérateurs arithmétiques usuels. Dès que vous avez terminé la saisie d'une formule, vous devez la valider. Pour ce faire, vous pouvez soit cliquer sur Entrer dans la barre de formule, soit appuyer sur [Entrée]. Le calcul des primes d'heures supplémentaires constitue un exemple plus complexe de formule. Chez Voyages Tour Aventure, ces primes sont calculées comme égales au double du salaire horaire, fois le nombre d'heures supplémentaires. La formule qui sert de référence pour l'employé de la ligne 5 est :

   H. sup. fois (2 fois Sal. hor.).

   Comme le montre la figure A-6, ceci se traduit dans une cellule Excel par =C5*(2*D5).

   L'utilisation de parenthèses crée des groupes dans la formule qui indiquent les calculs à effectuer en premier lieu, ce qui correspond à une notion très importante dans les formules complexes. Dans cette formule, le salaire horaire est d'abord doublé, puis le résultat de ce calcul est multiplié par le nombre d'heures supplémentaires. Comme la prime d'heures supplémentaires vaut deux fois le salaire horaire, les gérants savent qu'ils doivent particulièrement surveiller cette dépense.

Lors de l'entrée de calculs dans Excel, il est important de :

- **Savoir où la formule doit se trouver.**

  C'est dans la cellule où elle sera vue que vous devez créer une formule Excel. Par exemple, la formule qui calcule le salaire brut de l'employé de la ligne 5 doit être entrée dans la cellule G5.

- **Connaître avec exactitude les cellules et les opérations nécessaires.**

  Ne vous livrez à aucune devinette ; sachez quelles cellules vous allez impliquer dans un calcul avant de créer la formule.

- **Créer les formules avec soin.**

  Vérifiez que vous savez exactement ce que vous souhaitez qu'une formule accomplisse avant de la rédiger. Une formule incorrecte peut avoir des répercussions très lointaines si son résultat sert de référence dans les formules d'autres cellules.

- **Préférer les références de cellules aux valeurs.**

  La beauté d'Excel réside dans le fait que dès que la valeur d'une cellule change, toute formule contenant une référence à cette cellule est automatiquement mise à jour. Donc, placez les valeurs dans des cellules et utilisez plutôt des références à ces cellules dans vos formules au lieu de taper directement ces valeurs dans les formules.

- **Déterminer les opérations nécessaires.**

  Il est parfois difficile de prédire les données nécessaires au sein d'une feuille de calcul, mais efforcez-vous d'anticiper les informations statistiques dont vous risquez d'avoir besoin. Par exemple, si vous établissez des colonnes de nombres, prévoyez dès le départ des totaux par lignes et par colonnes.

FIGURE A-5: Visualisation d'une formule

la formule apparaît dans la barre de formule

le résultat de la formule s'inscrit dans la cellule

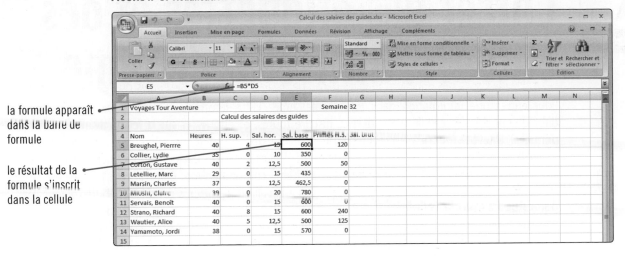

FIGURE A-6: Formule avec plusieurs opérateurs

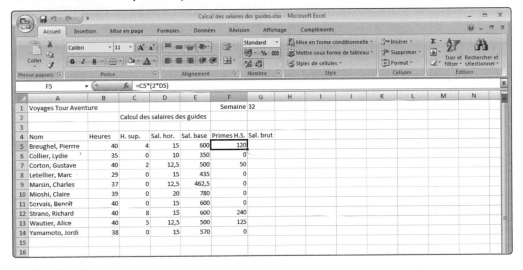

TABLEAU A-2: Opérateurs arithmétiques d'Excel

Opérateur	But	Exemple
+	Addition	=A5+A7
-	Soustraction ou négation	=A5-10
*	Multiplication	=A5*A7
/	Division	=A5/A7
%	Pourcentage	=35%
^ (accent circonflexe)	Exposant	=6^2 (équivalent de 6^2)

Entrer des étiquettes et des valeurs, utiliser la Somme

Pour entrer une information dans une cellule, tapez cette information dans la barre de formule ou directement dans la cellule. Vous devriez inscrire toutes les étiquettes sur la feuille avant d'y placer les données. Une **étiquette** peut contenir du texte ou des informations numériques inutilisées dans les calculs, comme « Ventes 2009 » ou « Frais de déplacement ». Les étiquettes identifient les données des lignes et des colonnes d'une feuille, pour en faciliter la compréhension. En revanche, les **valeurs** sont les nombres, les formules et les fonctions qui servent aux calculs. L'entrée d'un calcul débute toujours par un signe égal (=), suivi de la formule du calcul, comme =2+2 ou =C5+C6. Excel propose des fonctions, c'est-à-dire des formules toutes faites, qui constituent le sujet de la section suivante. Vous voulez ajouter quelques informations au classeur Calcul des salaires des guides et utiliser une fonction simple pour calculer la somme d'une plage de cellules.

ÉTAPES

1. **Cliquez dans la cellule A15, puis dans la barre de formule.**

   L'**indicateur de mode** de la barre d'état affiche à présent « Modifier », qui signifie que vous êtes désormais en mode de modification d'une cellule. Le mode Modifier s'active chaque fois que vous entrez ou modifiez le contenu d'une cellule.

2. **Tapez Totaux, puis cliquez sur Entrer ☑ dans la barre de formule.**

   Le clic sur Entrer valide la saisie que vous venez d'effectuer. Ce texte est aligné à gauche car Excel aligne toutes les étiquettes à gauche par défaut, tandis qu'il aligne les valeurs à droite par défaut. Excel reconnaît une entrée comme une valeur dès lors qu'il s'agit d'un nombre ou qu'elle débute par un des symboles +, -, =, @, # ou $. Lorsqu'une cellule contient à la fois du texte et des nombres, Excel la considère comme une étiquette.

3. **Cliquez dans la cellule B15.**

   Cette cellule contiendra le total des heures travaillées par les guides. Votre premier réflexe est sans doute de construire une formule du genre =B5+B6+B7+B8+B9+B10+B11+B12+B13+B14 mais une manière plus élégante permet d'obtenir le même résultat.

4. **Cliquez sur le bouton Somme Σ dans le groupe Edition de l'onglet Accueil du ruban.**

   Excel insère la fonction SOMME dans la formule et propose une plage suggérée entre parenthèses, comme à la figure A-7. Une **fonction** est une formule préétablie ; elle comprend des **arguments** (les informations nécessaires pour calculer un résultat), ainsi que des références de cellules et d'autres informations uniques. Le fait de cliquer sur Somme additionne automatiquement la plage adjacente, c'est-à-dire les cellules proches de la cellule active, placée à gauche ou au-dessus de celle-ci, tout en vous permettant d'ajuster cette plage si nécessaire. La fonction Somme est beaucoup plus rapide que l'entrée d'une formule et l'indication de la plage B5:B14 est bien plus efficace que la saisie de toutes les références de cellules impliquées dans le calcul.

5. **Cliquez sur ☑.**

   Excel calcule le total des valeurs contenues dans la plage B5:B14 et en affiche le résultat, 378, dans la cellule B15. En réalité, la cellule contient la formule =SOMME(B5:B14) mais seul le résultat est affiché.

6. **Cliquez dans la cellule C13, tapez 6, appuyez sur [Entrée].**

   Le nombre 6 s'affiche aligné à droite, le pointeur de cellule se déplace en C14 et la valeur de la cellule F13 change.

7. **Cliquez dans la cellule C18, tapez Salaire brut moyen, puis appuyez sur [Entrée].**

   Cette nouvelle étiquette apparaît dans la cellule C18 et son contenu déborde sur les cellules vierges à sa droite.

8. **Cliquez et maintenez enfoncé le bouton de la souris dans la cellule B15, tirez le pointeur de souris jusqu'à la cellule G15, cliquez ensuite sur le bouton Remplissage ▣▾ dans le groupe Edition, puis cliquez sur À droite dans le menu Remplissage.**

   La figure A-8 montre comment les valeurs calculées apparaissent dans la plage sélectionnée. Chacune des cellules ainsi remplies contient une formule qui calcule la somme des cellules de la plage située au-dessus. Le Remplissage complète les cellules à partir de la première séquence de nombres repérée dans la plage indiquée.

9. **Enregistrez votre travail.**

FIGURE A-7: Création d'une formule avec le bouton Somme

formule dans la cellule sélectionnée

encadré des cellules incluses dans la formule

bouton Somme

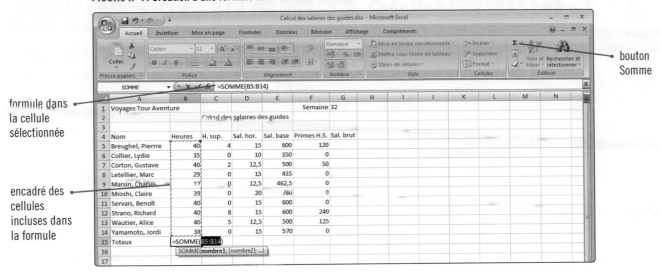

FIGURE A-8: Valeurs calculées

ruban

onglet Accueil

le contenu de la cellule C18 semble déborder dans les cellules vides adjacentes

bouton Remplissage

la formule de la cellule B15 est recopiée dans les cellules adjacentes

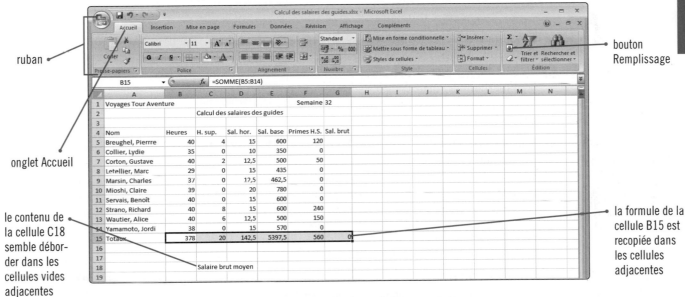

Excel 2007

Déplacement dans une feuille de calcul

Avec plus d'un million de cellules disponibles, il est important de savoir se déplacer ou **naviguer** dans une feuille de calcul. Vous pouvez utiliser les touches fléchées du clavier (↑, ↓, ←, ou →) pour vous déplacer d'une cellule à la fois ou [Pg suiv] et [Pg préc] pour vous déplacer d'un écran à la fois. Pour vous déplacer d'un écran vers la gauche, appuyez sur [Alt] et [Pg préc] ; vers la droite, appuyez sur [Alt] et [Pg suiv]. Vous pouvez aussi cliquer dans la cellule voulue avec la souris. Si la cellule n'est pas visible dans la fenêtre, utilisez les barres de défilement ou la commande Atteindre : cliquez sur l'onglet Accueil du ruban, puis, dans le groupe Édition, sur Rechercher et sélectionner, puis sur le menu Atteindre. Pour revenir à la première cellule de la feuille, appuyez sur [Ctrl] [↖] ; pour atteindre la dernière cellule, appuyez sur [Ctrl] [Fin].

Modifier le contenu de cellules

Le contenu d'une cellule active peut être **modifié** en tout temps. Pour ce faire, double-cliquez dans la cellule, cliquez dans la barre de formule ou commencez simplement la saisie. Excel bascule en mode Modifier dès que vous touchez au contenu d'une cellule. Le tableau A-3 montre les différents pointeurs qu'Excel affiche et qui vous aident dans vos modifications. Vous remarquez quelques erreurs dans la feuille de calcul auxquelles vous voulez apporter des corrections. La première réside dans un nom incorrect à la cellule A5.

ÉTAPES

ASTUCE

Une pression sur [Entrée] valide également la saisie dans la cellule mais déplace le pointeur d'une cellule vers le bas.

ASTUCE

Sur certains claviers, l'appui sur une touche de verrouillage des fonctions [ver. F] est nécessaire pour accéder aux touches de fonction.

ASTUCE

Le bouton Annuler permet de revenir en arrière d'une action à la fois et, ceci, jusqu'aux 100 dernières actions.

1. **Cliquez dans la cellule A5, puis cliquez juste à gauche du premier r de Pierrre dans la barre de formule.**

   Dès le premier clic dans la barre de formule, une barre verticale clignotante, appelée **point d'insertion**, apparaît dans la barre de formule à l'endroit où tout nouveau texte sera inséré. Le pointeur de souris se transforme en I lorsque vous déplacez le pointeur de souris dans la barre de formule. Voir figure A-9.

2. **Appuyez sur [Suppr], puis cliquez sur Entrer ✓ dans la barre de formule.**

   Le clic sur le bouton Entrer valide la modification et l'orthographe du prénom du premier employé est corrigée. Vous pouvez aussi appuyer sur [Entrée] ou [Tab] pour valider une modification.

3. **Cliquez dans la cellule B6, puis appuyez sur [F2].**

   Excel entre en mode Modifier et le point d'insertion clignote dans la cellule. L'appui sur [F2] permet de modifier directement le contenu de la cellule active, sans passer par la barre de formule. Selon vos préférences, vous pouvez modifier le contenu d'une cellule soit directement dans la cellule, soit par le biais de la barre de formule. Le résultat dans la feuille est identique.

4. **Appuyez sur [Ret arr], tapez 8, puis appuyez sur [Entrée].**

   La valeur de la cellule change de 35 en 38 et la cellule B7 devient la cellule active. Vous remarquerez que le résultat des cellules B15 et E15 a également changé parce que ces cellules contiennent des formules qui utilisent B6 dans leurs calculs. Si vous avez commis une erreur, vous pouvez cliquer sur Annuler ✗ dans la barre de formule *avant* de valider l'entrée. Les boutons Entrer et Annuler n'apparaissent qu'en mode Modifier. Si vous constatez une erreur de saisie *après* avoir validé une modification, cliquez sur Annuler ↩ dans la barre d'outils Accès rapide.

5. **Cliquez dans la cellule A9, appuyez sur [F2], maintenez [Maj] enfoncée, appuyez sur [↖], puis relâchez [Maj].**

   Le fait d'appuyer sur [Maj] et de la maintenir enfoncée permet de sélectionner du texte au clavier. Ce faisant, l'appui sur [↖] déplace le curseur vers le début de la cellule, tandis que l'appui sur [Fin] déplacerait le curseur vers la fin de la cellule. Tout le texte de la cellule est sélectionné.

6. **Tapez Martin, Xavier, puis appuyez sur [Entrée].**

   Quand un texte est sélectionné, le premier caractère que vous tapez remplace toute la sélection.

7. **Double-cliquez dans la cellule C12, appuyez sur [Suppr], tapez 4, puis cliquez sur ✓.**

   Un double-clic dans une cellule l'active en mode de modification directe dans la cellule. Comparez votre fenêtre avec la figure A-10.

8. **Enregistrez votre travail.**

   Les modifications apportées au classeur sont enregistrées.

Récupérer un fichier de classeur perdu

Lors de l'utilisation d'Excel, vous pouvez subir une panne de courant ou votre ordinateur peut « geler », rendant impossible la poursuite du travail. Pour prévenir les inconvénients de ce genre d'interruption, Excel dispose d'un outil intégré de récupération permettant d'ouvrir et d'enregistrer les fichiers qui étaient ouverts lors de l'interruption. Au redémarrage d'Excel après une interruption, le mode

Récupération de document démarre automatiquement et tente de réparer ce qui est nécessaire. Si vous devez utiliser un classeur interrompu, vous pouvez essayer de le réparer manuellement : cliquez sur le bouton Office, puis sur Ouvrir. Sélectionnez le fichier du classeur que vous voulez réparer, cliquez sur la flèche de liste Ouvrir, puis cliquez sur Ouvrir et réparer.

FIGURE A-9: Classeur en mode Modifier

bouton Entrer

cellule active

point d'insertion

indicateur de mode

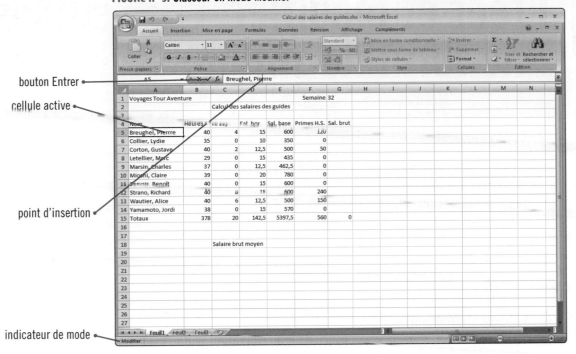

FIGURE A-10: Classeur modifié

étiquette modifiée

valeur modifiée

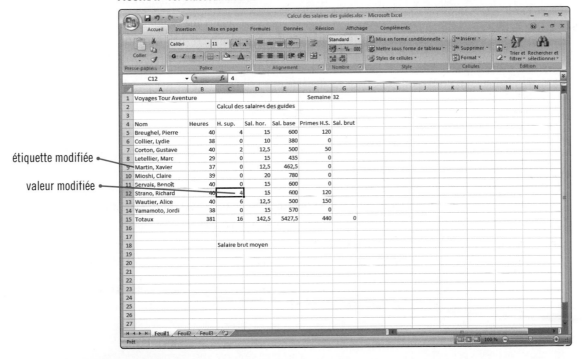

TABLEAU A-3: Pointeurs usuels d'Excel

Nom	Pointeur	Utilisé pour
Normal	✚	Sélection d'une cellule ou d'une plage ; indique le mode Prêt
Copie	⬚⁺	Création d'une copie de la (ou des) cellule(s) sélectionnée(s)
Poignée de remplissage	✚	Création de séries alphanumériques dans une plage
Barre verticale	I	Modification du contenu de la barre de formule
Déplacement	✥	Changer l'emplacement de la (ou des) cellule(s) sélectionnée(s)

Créer et modifier une formule simple

Les formules permettent d'effectuer des calculs numériques comme l'addition, la multiplication et la moyenne. Une formule d'une feuille de calcul Excel commence habituellement par l'**indicateur de formule**, le signe égal (=), suivi d'adresses de cellules, de noms de plages, de valeurs et d'opérateurs de calcul. Les **opérateurs de calcul** indiquent le type de calcul à effectuer sur les cellules, les plages et les valeurs. Parmi ces opérateurs de calcul, citons les **opérateurs arithmétiques** qui effectuent des calculs mathématiques tels que l'addition ou la soustraction, les **opérateurs de comparaison**, qui comparent des valeurs pour obtenir un résultat vrai ou faux, les **opérateurs de concaténation de texte**, qui fusionnent des chaînes de texte de cellules différentes et les **opérateurs de référence**, qui permettent l'utilisation de plages dans des calculs.

ÉTAPES
Vous devez créer une formule dans la feuille pour calculer le salaire moyen des employés.

1. Cliquez dans la cellule G5.

C'est la première cellule dans laquelle vous voulez insérer la formule. Le calcul du salaire moyen exige que vous additionniez le salaire de base et la prime d'heures supplémentaires. L'employé Pierre Breughel reçoit le salaire de base indiqué dans la cellule E5 et une prime d'heures supplémentaires donnée en F5.

ASTUCE

Dans une formule, vous faites référence à une cellule soit en tapant la référence de celle-ci, soit en cliquant dans la cellule de la feuille ; quand vous cliquez dans une cellule pour la référencer dans une autre, l'indicateur de mode affiche « Pointer ».

2. Tapez =, cliquez dans la cellule E5, tapez +, puis cliquez dans la cellule F5.

Comparez le contenu de votre barre de formule avec celui montré à la figure A-11. Les références de cellules en bleu et en vert dans la cellule G5 correspondent aux encadrés de cellules colorés. Lorsque vous devez entrer une formule, préférez autant que possible les références de cellules aux valeurs elles-mêmes. De cette manière, en cas de changement ultérieur de la valeur d'une cellule, par exemple si le salaire de base de Pierre est modifié en 615, toute formule incluant cette information reflétera des résultats précis et à jour.

3. Cliquez sur Entrer ☑ dans la barre de formule.

Le résultat 720 de la formule =E5+F5 apparaît dans la cellule G5. Cette même valeur apparaît aussi dans la cellule G15 car celle-ci contient une formule qui additionne les valeurs des cellules de la plage G5:G14 alors qu'il n'y a encore aucune autre valeur dans cette plage.

4. Cliquez dans la cellule F5.

La formule de cette cellule calcule la prime correspondant aux heures supplémentaires en multipliant les heures supplémentaires par deux fois le salaire horaire normal (2*D5). Vous décidez de modifier cette formule pour y définir un nouveau salaire horaire.

5. Cliquez à droite du 2 dans la barre de formule, puis tapez ,5, comme indiqué à la figure A-12.

Vous venez de modifier la formule qui calcule la prime due aux heures supplémentaires.

6. Cliquez sur ☑ dans la barre de formule.

Comparez votre écran à celui de la figure A-13. Constatez que les valeurs calculées dans les cellules G5, F15 et G15 ont toutes été corrigées automatiquement en conséquence de vos modifications dans la cellule F5.

7. Enregistrez votre travail.

Comprendre les plages nommées

La mémorisation des références des cellules qui contiennent des informations importantes dans une feuille de calcul présente une certaine difficulté, tandis qu'il suffirait de renommer ces cellules pour faciliter cette tâche. Dans ce but, Excel vous donne la possibilité de renommer une cellule simple ou une plage de cellules adjacentes et contiguës. L'intérêt ? Au lieu de vous efforcer à retenir que la cellule C18 contient le salaire brut moyen des employés, vous pouvez nommer cette cellule SB_MOY. Un nom de plage doit toujours commencer par une lettre ou un caractère de soulignement. Il ne peut contenir d'espace, ni de nom prédéfini, tel que celui d'une fonction ou d'un autre objet (y compris le nom d'une autre plage déjà nommée) du même classeur. Pour nommer une plage, sélectionnez la (ou les) cellule(s) souhaitée(s), cliquez dans la zone Nom de la barre de formule, tapez le nom voulu, puis appuyez sur [Entrée].

Une autre manière de nommer une plage consiste à cliquer sur l'onglet Formules, puis sur la flèche de liste Définir un nom du groupe Noms définis, puis sur le menu Définir un Nom... Dans la boîte de dialogue Nouveau nom qui s'affiche, tapez ensuite le nom de la nouvelle plage dans le champ Nom, vérifiez la plage sélectionnée, puis cliquez sur OK. Lorsque vous utilisez une plage nommée dans une formule, c'est le nom de la plage qui intervient dans celle-ci, au lieu des adresses des cellules. Vous pouvez aussi créer une plage nommée à partir du contenu d'une cellule que comprend la plage. Sélectionnez la plage contenant le texte que vous souhaitez utiliser comme nom, puis cliquez sur Créer à partir de la sélection dans le groupe Noms définis. La boîte de dialogue Créer des noms à partir de la sélection s'affiche. Choisissez l'emplacement du nom que vous souhaitez, puis cliquez sur OK.

FIGURE A-11: Formule simple dans une feuille

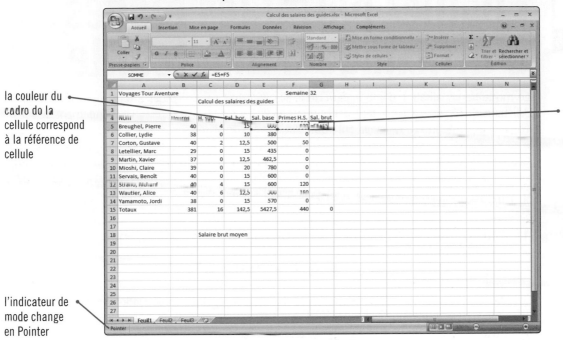

la couleur du cadre de la cellule correspond à la référence de cellule

les cellules référencées sont incorées dans la formule

l'indicateur de mode change en Pointer

FIGURE A-12: Formule modifiée dans une feuille

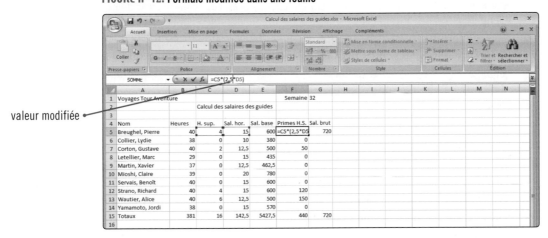

valeur modifiée

FIGURE A-13: Formule modifiée et changements conséquents

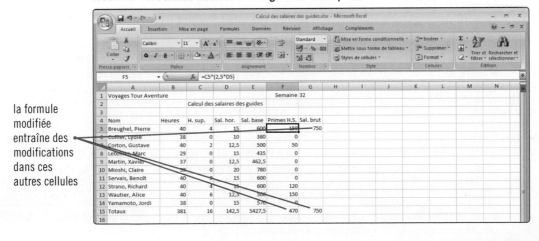

la formule modifiée entraîne des modifications dans ces autres cellules

Évoluer parmi les modes d'affichage d'une feuille

Le mode de visualisation d'une fenêtre de feuille de calcul peut changer à tout moment, soit par l'onglet Affichage du ruban, soit par le biais des boutons d'affichage de la barre d'état. Le changement de vue n'affecte en rien le contenu d'une feuille : il vous aide à vous focaliser sur des tâches diverses, comme la saisie d'informations de contenu ou la préparation de l'impression d'une feuille. L'onglet Affichage comporte une grande variété d'options, comme les boutons d'affichage, les commandes de zoom ou encore le masquage ou l'affichage d'éléments de feuille de calcul, notamment du quadrillage. La barre d'état n'offre que peu d'options d'affichage, mais avec l'avantage d'un plus grand confort d'utilisation. Vous apportez quelques ajustements à la feuille de calcul comme l'ajout d'un titre, pour améliorer la présentation du document.

ÉTAPES

1. **Cliquez sur l'onglet Affichage du ruban, puis sur le bouton Mise en page du groupe Affichages classeur.**

   Le mode d'affichage bascule du mode d'affichage Normal, par défaut, en mode d'affichage Mise en page. Le **mode d'affichage Normal** montre la feuille sans un certain nombre de détails tels que les en-têtes, les pieds de pages, ni les outils comme les règles et les numéros de pages. Ce mode d'affichage convient pour la création et la modification d'une feuille de calcul mais s'avère trop peu détaillé lorsqu'il s'agit d'apporter une touche finale au document. Le **mode d'affichage Mise en page** offre une visualisation plus précise de l'aspect du document lors de son impression, comme l'indique la figure A-14. Les marges de la page imprimée s'affichent, ainsi qu'une zone de texte destinée à recevoir un en-tête. Une zone de pied de page apparaît au pied de page ; votre écran est peut-être insuffisamment grand pour vous permettre de la voir sans faire défiler la feuille. Les règles apparaissent en haut et à gauche de la feuille. Sur la droite de cette page, une partie d'une autre page s'affiche assombrie parce qu'elle ne contient aucune donnée. Un indicateur de numéro de page dans la barre d'état vous indique le numéro de la page actuelle et le nombre total de pages dans cette feuille de calcul.

2. **Glissez le pointeur ⇖ jusqu'au-dessus de l'en-tête, sans cliquer.**

   L'entête comporte jusqu'à trois zones de texte : gauche, centre et droite.

3. **Cliquez dans la zone d'en-tête gauche, tapez Voyages Tour Aventure, cliquez dans la zone de texte du centre, tapez Calcul des salaires des guides, cliquez dans la zone de texte d'en-tête droit, puis tapez Semaine 32.**

   Les nouveaux textes apparaissent dans les zones de texte, comme le montre la figure A-15.

4. **Sélectionnez la plage A1:G2, puis appuyez sur [Suppr].**

   Les informations que vous venez d'ajouter justifient la suppression de leurs doubles dans les cellules de la feuille.

5. **Cliquez sur le bouton du groupe Afficher/Masquer de l'onglet Affichage, puis dans la case à cocher Règles; faites de même pour la case à cocher Quadrillage.**

   Les règles et le quadrillage disparaissent. Par défaut, le quadrillage d'une feuille ne s'imprime pas, son masquage donne une idée plus réaliste du document final.

6. **Cliquez sur le bouton Aperçu des sauts de page 🔲 de la barre d'état, puis, si nécessaire, cliquez sur OK dans la boîte de dialogue Bienvenue dans l'aperçu des sauts de page.**

   Le mode d'affichage bascule en mode **Aperçu des sauts de page**, qui affiche une vue réduite de chacune des pages existantes de la feuille, avec des délimiteurs de page que vous pouvez faire ensuite glisser pour inclure plus ou moins d'informations dans les pages.

7. **Glissez l'indicateur de saut de page inférieur de deux lignes vers le haut, puis glissez ce même indicateur de saut de page inférieur jusqu'au bas de la ligne 21.**

   Comparez avec la figure A-16. Lorsque vous travaillez sur des grandes feuilles de calcul comprenant plusieurs pages, vous devez parfois ajuster les sauts de pages, tandis que dans le cas de notre feuille, toutes les informations tiennent place dans une seule page.

8. **Cliquez si nécessaire sur l'onglet Affichage, cliquez sur Mise en page dans le groupe Affichages classeur, cliquez sur Afficher/Masquer, puis dans la case à cocher Règle, cliquez à nouveau sur Afficher/Masquer, puis dans la case à cocher Quadrillage.**

   Les règles et le quadrillage s'affichent à nouveau. Si vous sélectionniez le mode Normal et si vous cliquiez à nouveau sur Afficher/Masquer, vous constateriez que la case à cocher Règle est désactivée, ce qui signifie que les règles ne peuvent s'afficher en mode Normal. Elles ne sont visibles qu'en mode Mise en page. Le quadrillage, par contre, est accessible dans n'importe quel mode d'affichage.

9. **Enregistrez votre travail.**

FIGURE A-14: Mode d'affichage Mise en page

ruban

groupe Affichages classeur

zone de texte En-tête

règle verticale

page actuelle et nombre total de pages

règle horizontale

page supplémentaire assombrie

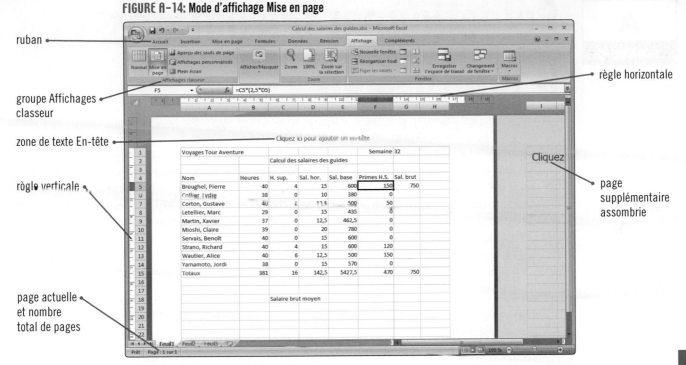

FIGURE A-15: Zones d'en-têtes

les zones d'en-têtes

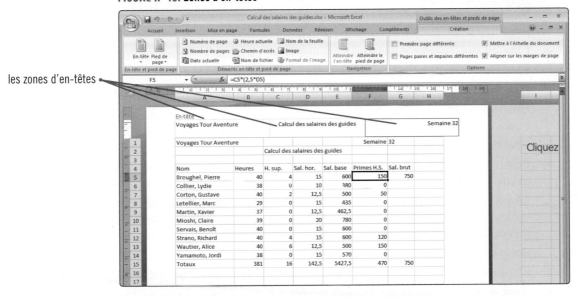

FIGURE A-16: Aperçu des sauts de page

indicateur de saut de page inférieur

l'encadré bleu délimite la zone d'impression

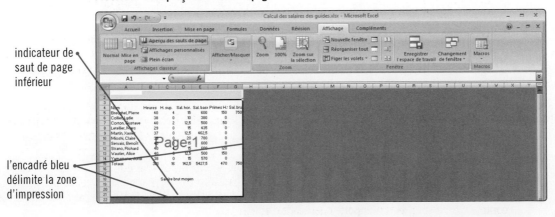

Sélectionner les options d'impression

L'instant est venu d'imprimer le document mais vous souhaitez en vérifier l'aspect à l'aide de l'onglet Mise en page et de l'Aperçu avant impression pour ajuster au mieux l'impression du document. L'instant est idéal pour revoir les réglages de la boîte de dialogue Impression, pour imposer le nombre de copies voulu et sélectionner l'imprimante adéquate. L'onglet Mise en page propose des outils utiles, notamment le groupe Mise en page, qui permet de choisir l'orientation de la page, c'est-à-dire le sens dans lequel les informations s'impriment sur le papier, la taille de la page et les sauts de page. Le groupe Mise à l'échelle permet de forcer l'impression d'une grande quantité de données sur une même page sans toucher aux marges individuelles. Dans le groupe Options de feuille de calcul, vous activez ou désactivez le quadrillage et les en-têtes de lignes et de colonnes. La visualisation de votre feuille finale dans l'Aperçu avant impression vous montre exactement à quoi ressemblera la feuille imprimée. ▓▓▓ Vous préparez votre feuille en vue de l'impression.

ÉTAPES

1. **Cliquez dans la cellule A21, tapez votre nom, puis appuyez sur [Entrée].**

2. **Cliquez sur l'onglet Mise en page du ruban.**
   Comparez votre fenêtre avec la figure A-17. Les lignes en pointillés indiquent la **zone d'impression**, c'est-à-dire la zone à imprimer.

> **ASTUCE**
> La glissière du Zoom permet à tout moment d'agrandir la visualisation de zones données de la feuille.

3. **Cliquez sur le bouton Orientation du groupe Mise en page, puis sur Paysage ▤.**
   L'orientation du papier change en **paysage**, pour que le contenu s'imprime sur la longueur de la page et non sur sa largeur.

4. **Cliquez sur Orientation dans le groupe Mise en page, puis sur Portrait ▯.**
   L'orientation du papier revient en **portrait**, pour que le contenu s'imprime sur la largeur de la page.

5. **Dans le groupe Options de la feuille de calcul de l'onglet Mise en page, cochez la case Afficher Quadrillage et, si nécessaire, la case Imprimer Quadrillage, puis enregistrez votre classeur.**
   L'impression du quadrillage facilite la lecture des données mais il ne s'imprimera que si vous cochez la case Imprimer, sous l'option Quadrillage.

> **ASTUCE**
> Pour imprimer un document avec les options prédéfinies, cliquez sur Office, pointez sur Imprimer, puis cliquez sur Impression rapide.

6. **Cliquez sur Office ▦, pointez sur la flèche de liste Imprimer, puis cliquez sur Aperçu avant impression.**
   L'Aperçu avant impression montre exactement comment sera la copie imprimée du document. Vous pouvez imprimer le document au départ de cet aperçu en cliquant sur le bouton Imprimer du ruban ou, au contraire, quitter l'aperçu sans imprimer, en cliquant sur Fermer l'aperçu avant impression.

7. **Dans le groupe Zoom de l'onglet Aperçu avant impression, cliquez sur Zoom.**
   L'image de votre feuille s'agrandit. Comparez votre fenêtre à celle de la figure A-18.

> **ASTUCE**
> Pour changer l'imprimante active, cliquez sur la flèche de liste Nom et sélectionnez une autre imprimante.

8. **Dans le groupe Imprimer, cliquez sur Imprimer, comparez vos réglages à ceux de la figure A-19, puis cliquez sur OK.**
   Une copie de la feuille s'imprime.

9. **Quittez Excel.**

Imprimer les formules d'une feuille de calcul

Au cours de la création d'une feuille de calcul, vous éprouverez quelquefois le besoin d'imprimer la feuille avec toutes ses formules au lieu du contenu des cellules. En particulier, vous voudrez voir exactement la manière dont vous êtes arrivé à obtenir un calcul complexe, pour l'expliquer à d'autres personnes. Pour ce faire, ouvrez le classeur avec les formules à imprimer. Cliquez sur Office, puis sur Options Excel. Dans le volet de gauche, cliquez sur Options avancées, faites défiler le volet de droite jusqu'au groupe Afficher les options pour cette feuille de calcul, puis cliquez sur la flèche de liste pour sélectionner soit tout le classeur, soit la feuille pour laquelle vous voulez afficher les formules, puis cochez la case Formules dans les cellules au lieu de leurs états calculés, et enfin, cliquez sur OK.

FIGURE A-17: Feuille de calcul en mode d'orientation Portrait

onglet Mise en page

zone d'échelle

des traits en pointillés délimitent la zone d'impression

votre nom s'affiche ici

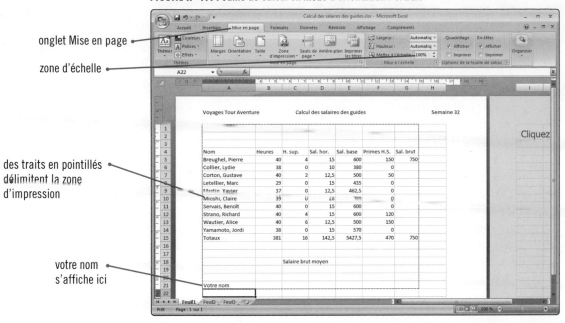

FIGURE A-18: Feuille dans l'Aperçu avant impression

bouton Imprimer

bouton Zoom

bouton Fermer l'aperçu avant impression

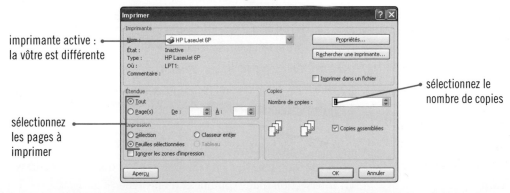

FIGURE A-19: Boîte de dialogue Impression

imprimante active : la vôtre est différente

sélectionnez les pages à imprimer

sélectionnez le nombre de copies

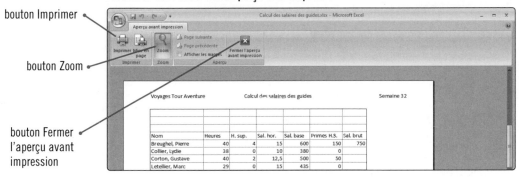

Zoom opportuniste

Lorsque vous disposez d'un grand nombre de données et que vous souhaitez les imprimer sur une seule feuille de papier, sans perdre trop de temps à ajuster les marges et autres réglages, utilisez l'option Zoom sur la sélection de la boîte de dialogue Mise en page. Pour accéder à celle-ci, dans l'onglet Mise en page, cliquez sur le lanceur dans le groupe Mise à l'échelle. Activez si nécessaire l'onglet Page, cochez l'option d'échelle Ajuster, indiquez le nombre de pages en largeur et en hauteur que vous souhaitez, puis cliquez sur OK ou, si vous êtes prêt à imprimer, cliquez sur Imprimer pour ouvrir la boîte de dialogue correspondante. Indiquez-y les pages que vous voulez imprimer et le nombre de copies, puis cliquez sur OK.

Mise en pratique

▼ RÉVISION DES CONCEPTS

Identifiez les éléments de la feuille Excel de la figure A-20.

FIGURE A-20

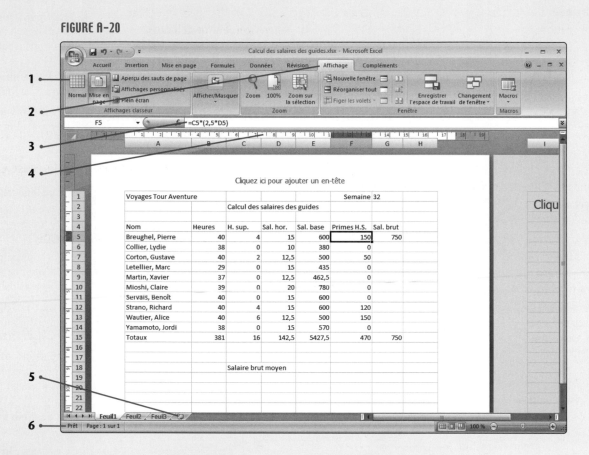

Associez chaque terme à sa description.

7. **Cellule**

8. **Mode Normal**

9. **Classeur**

10. **Zone Nom**

11. **Indicateur de formule**

12. **Orientation**

a. Direction suivant laquelle le contenu d'une page s'imprime sur papier

b. Signe égal qui précède une formule

c. Fichier constitué d'une ou plusieurs feuilles de calcul

d. Mode d'affichage par défaut d'Excel

e. Partie de la fenêtre de programme d'Excel qui affiche l'adresse de la cellule active

f. Intersection d'une colonne et d'une ligne

Choisissez la meilleure réponse à chaque question.

13. Sous Excel, l'ordre de préséance détermine :
- **a.** L'ordre d'impression des feuilles de calcul.
- **b.** Les couleurs qui servent à distinguer les références de cellules.
- **c.** L'ordre d'exécution des calculs.
- **d.** La manière de multiplier les valeurs.

14. Quel est le nombre maximum de feuilles de calcul qu'un classeur peut inclure ?
- **a.** 3
- **b.** 250
- **c.** 255
- **d.** Illimité

15. Une sélection de plusieurs cellules s'appelle :
- **a.** Groupe
- **b.** Plage
- **c.** Référence
- **d.** Emballage

16. L'utilisation de l'adresse d'une cellule dans une formule est connue sous le terme :
- **a.** Formulation
- **b.** Préfixage
- **c.** Référencement de cellule
- **d.** Mathématiques de cellule

17. Quel mode d'affichage montre une feuille telle qu'elle sera imprimée ?
- **a.** Mise en page
- **b.** Données
- **c.** Revue
- **d.** Affichage

18. Sur quel bouton devez-vous cliquer pour imprimer les formules d'une feuille de calcul ?
- **a.** Enregistrer
- **b.** Remplissage
- **c.** N'importe quel bouton de la barre d'outils Accès rapide
- **d.** Office

19. Lorsque vous cliquez sur la flèche de liste Mise à l'échelle du groupe Mise à l'échelle de l'onglet Mise en page, quelle boîte de dialogue ouvrez-vous ?
- **a.** Imprimer
- **b.** Mettre à l'échelle
- **c.** Hauteur/largeur
- **d.** Mise en page

20. Dans quel mode d'affichage pouvez-vous voir les zones d'en-tête et de pied de page d'une feuille ?
- **a.** Normal
- **b.** Mise en page
- **c.** Aperçu des sauts de page
- **d.** En-tête et pied de page

21. Sur quelle touche faut-il appuyer pour entrer en mode Modifier ?
- **a.** [F1]
- **b.** [F2]
- **c.** [F4]
- **d.** [F6]

▼ RÉVISION DES TECHNIQUES

1. Définir un tableur.
- **a.** Quelle différence y a-t-il entre un classeur et une feuille de calcul ?
- **b.** Identifiez cinq utilisations professionnelles usuelles des tableurs.
- **c.** Qu'est-ce que l' « analyse par hypothèse » ?

2. Découvrir la fenêtre Excel 2007.
- **a.** Démarrez Excel.
- **b.** Ouvrez le fichier EX A-2.xlsx de votre dossier Projets, puis enregistrez-le sous le nom **Statistiques météorologiques**.
- **c.** Repérez la barre de formule, les onglets de feuilles, l'indicateur de mode et le pointeur de cellule.

3. Comprendre les formules.
- **a.** Quelle est la moyenne des températures maximales dans les villes citées ? (*Indice* : sélectionnez la plage B5:G5 et consultez la barre d'état.)
- **b.** Quelle formule devez-vous créer pour calculer la différence d'altitude entre Genève et Montréal ?

4. Entrer des étiquettes et des valeurs, utiliser la Somme.
- **a.** Cliquez dans la cellule H7, puis faites appel à la Somme pour calculer le total des précipitations (chutes de pluie et neige).
- **b.** Cliquez dans la cellule H8, puis faites appel à la Somme pour calculer le total des nombres de jours de précipitations.
- **c.** Enregistrez votre travail.

5. Modifier le contenu de cellules.

   a. À l'aide de [F2], corrigez l'écriture de Tokio dans une cellule de la feuille de calcul (l'orthographe correcte est Tokyo).

   b. Cliquez dans A12, puis tapez-y votre nom.

   c. Enregistrez le classeur.

6. Créer et modifier une formule simple.

   a. Modifiez la valeur 73 de la cellule B8 en **81**.

   b. Modifiez la valeur 854 de la cellule C7 en **860**.

   c. Sélectionnez la plage B10:G10, puis utilisez le Remplissage du groupe Modifier de l'onglet Accueil pour reproduire les formules dans les autres cellules de la sélection. (*Indice* : Si vous voyez une icône d'avertissement, cliquez dessus, puis cliquez sur Ignorer l'erreur.)

   d. Enregistrez le classeur.

7. Évoluer parmi les modes d'affichage d'une feuille.

   a. Cliquez sur l'onglet Affichage du ruban, puis basculez en mode Mise en page.

   b. Ajoutez un en-tête **Statistiques météorologiques annuelles** dans la zone d'en-tête du centre.

   c. Ajoutez votre nom dans la zone d'en-tête de droite.

   d. Supprimez le contenu de la cellule A1.

   e. Supprimez le contenu de la cellule A12.

   f. Enregistrez le classeur.

8. Sélectionner les options d'impression.

   a. Dans l'onglet Mise en page, changez l'orientation de la page en Portrait.

   b. Masquez le quadrillage : ôtez la coche des cases Quadrillage Afficher et Quadrillage Imprimer dans le groupe Options de la feuille de calcul.

   c. Visualisez la feuille en mode Aperçu avant impression, puis zoomez pour agrandir l'aperçu. Comparez votre fenêtre à celle de la figure A-21.

   d. Ouvrez la boîte de dialogue Imprimer, puis imprimez une copie de la feuille.

   e. Enregistrez, puis fermez le classeur.

FIGURE A-21

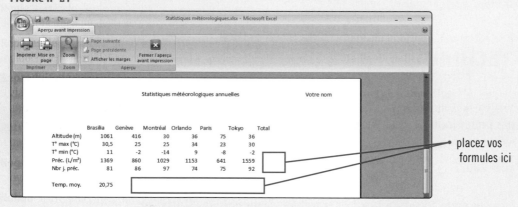

▼ EXERCICE PERSONNEL 1

Une agence immobilière de votre région vous engage pour assurer l'introduction de l'usage d'Excel dans ses bureaux. Le personnel souhaite regrouper son portefeuille de propriétés dans une feuille de calcul. Vous édifiez une feuille pour ce projet qui contient des étiquettes mais aucune autre donnée.

   a. Ouvrez le classeur EX A-3.xlsx de votre dossier Projets et enregistrez-le sous le nom **Liste des propriétés**.

   b. Entrez les données du tableau A-4 dans les colonnes A, C, D et E (les adresses des propriétés débordent dans la colonne B).

TABLEAU A-4

Adresse	Prix	Chambres	Salles d'eau
145 av. des Cactus	350000	3	2,5
32 av. des Ibiscus	325000	3	4
60 allée des Potiers	475500	2	2
902 ch. des Liserons	295000	4	3
Total			

▼ EXERCICE PERSONNEL 1 (SUITE)

c. En mode d'affichage Mise en page, ajoutez un en-tête avec les composants suivants : un titre au centre, votre nom à droite.

d. Créez des formules pour calculer les totaux dans les cellules C6:E6.

e. Enregistrez le classeur, puis affichez l'aperçu avant impression et comparez le résultat à celui de la figure A-22.

f. Imprimez la feuille.

g. Fermez le classeur et quittez Excel.

FIGURE A-22

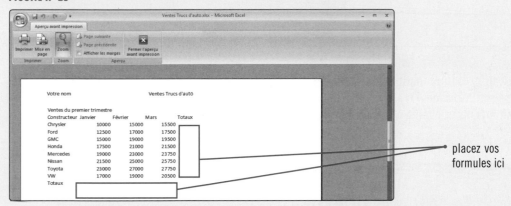

placez vos formules ici

▼ EXERCICE PERSONNEL 2

FIGURE A-23

placez vos formules ici

Vous êtes le gérant de Trucs d'auto, une petite entreprise de vente de pièces d'automobiles. Bien que l'entreprise ne soit âgée que de trois ans, elle connaît une croissance rapide et vous êtes continuellement à la recherche de moyens pour faciliter votre travail. Dans ce contexte, vous venez de commencer à utiliser Excel pour gérer et mettre à jour des données sur votre inventaire et vos ventes, dans le but de suivre avec précision et efficacité vos informations.

a. Démarrez Excel.

b. Enregistrez un nouveau classeur sous le nom **Ventes Trucs d'auto** dans votre dossier Projets.

c. Adoptez le mode d'affichage adéquat pour ajouter un en-tête contenant votre nom dans la zone d'en-tête de gauche et un titre dans l'en-tête du centre.

d. En vous inspirant de la figure A-23, créez des étiquettes pour au moins sept constructeurs de voitures et des chiffres de vente sur trois mois. Ajoutez les autres étiquettes appropriées. Placez les constructeurs de voitures dans la colonne A et les lois dans les colonnes B, C et D. Indiquez une étiquette de totaux dans une ligne en dessous des données et une colonne Totaux dans la colonne E.

e. Entrez des valeurs de votre choix dans les colonnes de ventes de chaque mois, pour chacun des constructeurs.

f. Ajoutez une formule dans la colonne Totaux pour calculer la somme des ventes mensuelles de chaque constructeur. Ajoutez des formules au bas de chaque colonne de valeurs pour obtenir la somme de la colonne. Pour rappel, la fonction Somme vous fera gagner du temps.

g. Enregistrez le classeur, affichez la feuille en mode Aperçu avant impression et imprimez-la.

▼ EXERCICE PERSONNEL 2 (SUITE)

Difficultés supplémentaires

- Créez une étiquette deux lignes en dessous des données de la colonne A qui mentionne une augmentation de 15%.
- Créez une formule dans la ligne de l'augmentation de 15%, qui calcule une augmentation de 15% des totaux des ventes mensuelles.
- Enregistrez le classeur.
- Affichez les formules du classeur et imprimez une copie de la feuille de calcul avec ses formules.

h. Fermez le classeur et quittez Excel.

▼ EXERCICE PERSONNEL 3

FIGURE A-24

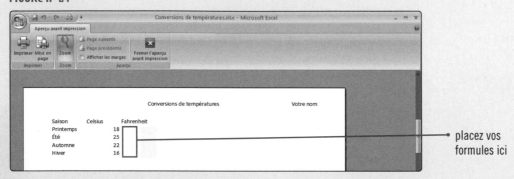

Votre superviseur, d'origine américaine, est un fanatique du contrôle thermostatique de la température. Il tient à maintenir une température constante à chaque saison. Comme il n'arrive pas à se faire aux degrés Celsius et ne sait pas convertir les degrés fahrenheit, il vous demande de lui fournir une table d'équivalence des températures. Vous utilisez le Web et Excel pour créer cette table d'équivalence.

a. Démarrez Excel et enregistrez un classeur vierge sous le nom **Conversions de températures** dans votre dossier Projets.

b. Créez des intitulés de colonnes et de lignes comme à la figure A-24.

c. Créez des étiquettes pour chacune des saisons.

d. Dans les cellules adéquates, tapez ce que vous considérez comme une température idéale dans les bureaux pour chaque saison.

e. Utilisez un navigateur Web pour trouver une équation qui calcule la conversion de température de Celsius en Fahrenheit. (*Indice* : Utilisez votre moteur de recherche favori pour rechercher des termes du genre « conversion température ».)

f. Dans les cellules appropriées, créez une formule qui calcule la température en degrés Fahrenheit à partir de celle en degrés Celsius que vous lui donnez.

g. Affichez un Aperçu de la feuille en mode Mise en page, ajoutez un en-tête avec votre nom, ainsi qu'un titre explicite.

h. Enregistrez le classeur et imprimez la feuille.

i. Fermez le classeur, puis quittez Excel.

▼ DÉFI

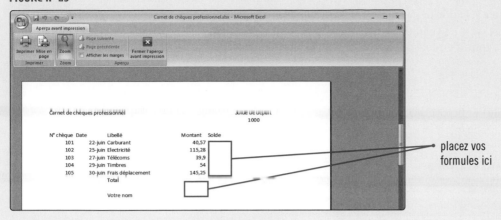

placez vos formules ici

Vous avez décidé de quitter votre travail de salarié pour faire de votre loisir préféré votre métier. Vous venez de créer une petite entreprise pour vendre les produits ou les services de votre choix. Vous décidez d'utiliser Excel pour évaluer les dépenses que vous engagez au cours de cette création d'entreprise.

a. Démarrez Excel, ouvrez le fichier EX A-4.xlsx de votre dossier Projets et enregistrez-le sous le nom **Carnet de chèques professionnel**.

b. Indiquez dans une première colonne les numéros de chèques (à partir d'un premier numéro de votre choix) dans les cellules A5 à A9.

c. Créez des données d'exemples pour la date, le libellé et le montant, dans les cellules B5 à D9.

d. Enregistrez le classeur.

Difficultés supplémentaires

■ Recherchez dans l'aide d'Excel la technique qui permet de créer une suite de nombres.

■ Supprimez le contenu des cellules A5 à A9.

■ Créez une suite de numéros dans la plage A5:A9.

■ Dans la cellule C15, tapez une brève description de la méthode utilisée pour créer la suite.

■ Enregistrez le classeur.

e. Créez des formules dans les cellules de la plage E5:E9 qui calculent un solde mobile. (*Indice* : Pour le premier chèque, le solde mobile est égal au solde initial moins le montant du chèque ; pour chacun des chèques suivants, le solde mobile est égal au solde précédent moins le montant du chèque.)

f. En D10, créez la formule qui totalise les montants des chèques.

g. Entrez votre nom dans la cellule C12, puis comparez votre feuille de calcul à celle de la figure A-25.

h. Enregistrez le classeur, affichez l'Aperçu avant impression et imprimez la feuille, puis quittez Excel.

Excel 2007

▼ ATELIER VISUEL

Ouvrez le fichier EX A-5.xlsx de votre dossier Projets et enregistrez-le sous le nom **Inventaire**. Utilisez tout ce que vous avez appris dans ce module pour modifier la feuille de calcul, de manière à la faire correspondre à la figure A-26. Entrez des formules dans les cellules D4 à D13, ainsi que dans les cellules C14 et D14. Entrez vos formules plus facilement à l'aide de la fonction Somme. Ajoutez votre nom dans la zone d'en-tête de gauche, puis imprimez une copie de la feuille sans les formules et une copie avec les formules.

FIGURE A-26

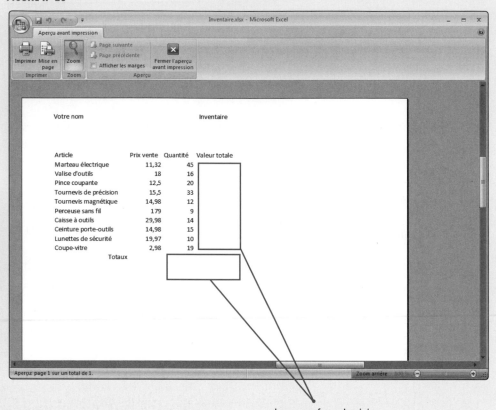

placez vos formules ici

Utiliser les formules et les fonctions

Connaissant les éléments de base d'Excel, vous pouvez compléter vos feuilles de calcul pour y inclure des formules et des fonctions plus complexes. Pour plus d'efficacité, vous pouvez copier et déplacer des formules existantes dans d'autres cellules au lieu de taper de nouveau les mêmes informations. Lorsque vous procédez à des copies et des déplacements, vous contrôlez la façon de gérer les références de cellules, pour que les formules fassent toujours références aux cellules voulues. Directrice des finances de Voyages Tour Aventure, Manon Lemaire doit analyser les ventes de voyages au cours de l'année. Elle vous demande de préparer une feuille de calcul qui relève les données des ventes et comporte quelques éléments d'analyse statistique. Elle souhaite également que vous effectuiez quelques analyses par hypothèses, pour évaluer les ventes trimestrielles de voyages touristiques en fonction de quelques augmentations prévues.

OBJECTIFS

Créer une formule complexe
Insérer une fonction
Taper une fonction
Copier et déplacer le contenu des cellules
Comprendre les références relatives et absolues
Copier des formules avec des références relatives
Copier des formules avec des références absolues
Arrondir une valeur avec une fonction

Créer une formule complexe

Une **formule complexe** est une formule utilisant plusieurs opérateurs arithmétiques. Par exemple, vous pouvez créer une formule combinant l'addition et la multiplication. Vous pouvez utiliser des opérateurs arithmétiques pour séparer les tâches au sein d'une équation complexe. Lorsqu'une formule comprend plusieurs opérateurs arithmétiques, Excel détermine l'ordre d'exécution des opérateurs selon les règles de préséance. Cet ordre d'exécution peut être corrigé à l'aide de parenthèses autour de la partie que vous voulez exécuter en premier lieu. Par exemple, la formule =4+2*5 donne 14 parce que l'ordre de préséance indique que la multiplication est effectuée avant l'addition. Par contre, la formule =(4+2)*5 est égale à 30, parce que les parenthèses imposent d'abord le calcul de 4+2 avant la multiplication. ▨▨▨▨ Vous créez une formule qui calcule une augmentation de 20 % des ventes de voyages touristiques.

ÉTAPES

1. **Démarrez Excel, ouvrez le classeur EX B-1.xlsx de votre dossier Projets et enregistrez-le sous le nom Analyse des ventes de voyages.**

2. **Cliquez dans la cellule B14, tapez =, cliquez dans la cellule B12, puis tapez +.**
   Dans cette première partie de la formule, vous créez une référence au total du premier trimestre.

3. **Cliquez dans la cellule B12, puis tapez *,2.**
   Cette seconde partie de la formule ajoute une augmentation de 20 % (B12*,2) à la valeur initiale de la cellule. Comparez votre feuille à celle de la figure B-1.

4. **Cliquez sur Entrer ☑ dans la barre de formule.**
   Le résultat, 386122,344, apparaît dans la cellule B14.

5. **Appuyez sur [Tab], tapez =, cliquez dans la cellule C12, tapez +, cliquez dans la cellule C12, tapez *,2, puis cliquez sur ☑.**
   Le résultat 410969,712 s'affiche en C14.

6. **Glissez le pointeur ✚ de la cellule C14 à la cellule E14, cliquez sur Remplissage ▣▾ du groupe Édition de l'onglet Accueil du ruban, puis cliquez sur À droite.**
   La plage sélectionnée affiche les valeurs calculées, comme le montre la figure B-2.

7. **Enregistrez le classeur.**

ASTUCE

Lorsque vous cliquez dans une cellule pour en extraire la référence, l'indicateur de mode de la barre d'état devient « Pointer ». Il indique que vous pouvez cliquez dans une autre cellule pour en ajouter la référence à la formule.

Comprendre l'ordre de préséance

Une formule peut contenir plusieurs opérateurs mathématiques et l'ordre de préséance est très important. Par exemple, vous lirez intuitivement que la formule 4+2*5 vaut 30 mais, du fait de l'ordre de préséance, la multiplication est effectuée avant l'addition et le résultat effectif est 14. Si une formule contient deux opérateurs ou plus, comme 4+0,55/4000*25, Excel exécute les calculs selon un ordre basé sur les règles de préséance suivantes : les opérations incluses entre parenthèses sont calculées en premier lieu, avant toute autre opération. Les opérateurs de référence (comme les plages) sont calculés d'abord, suivis du calcul des exposants, puis des multiplications et divisions effectuées de la gauche vers la droite. Finalement, les additions et soustractions sont évaluées de gauche à droite. Dans l'exemple précédent, Excel effectue les opérations en divisant d'abord 0,55 par 4000, en multipliant le résultat par 25, puis en y ajoutant 4. L'ordre de calcul peut être modifié par l'emploi de parenthèses. Par exemple, dans la formule (4+0,55)/4000*25, Excel additionnerait 4 et 0,55, diviserait le résultat par 4000, puis le multiplierait par 25.

FIGURE B-1: Éléments d'une formule complexe

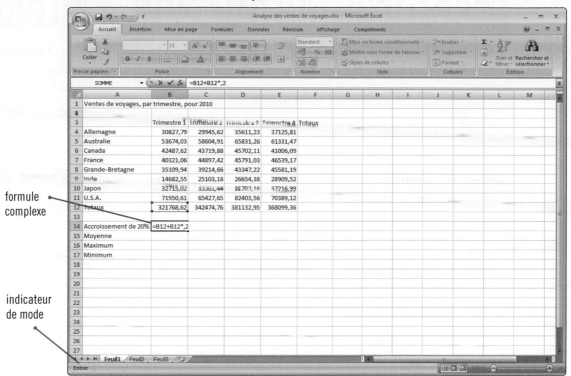

formule
complexe

indicateur
de mode

FIGURE B-2: Plusieurs formules complexes

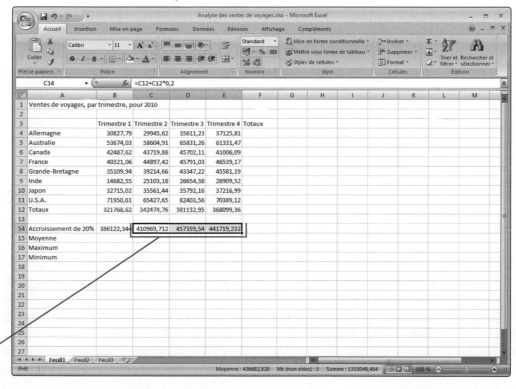

la formule
de la cellule
C14 est
recopiée
dans les
cellules
D14 et E14

Excel 2007

Insérer une fonction

Les **fonctions** sont des formules prédéfinies permettant d'effectuer facilement des calculs complexes. Le bouton Insérer une fonction de la barre de formule permet de choisir une fonction dans une boîte de dialogue. Le bouton Somme du ruban permet non seulement d'insérer rapidement la fonction SOMME mais la flèche de liste associée à ce bouton permet également d'entrer d'autres fonctions usuelles comme la MOYENNE. Les fonctions sont classées par catégories, selon leur but : Finances, Date et heure, Statistiques. Vous pouvez insérer une fonction toute seule ou en tant que portion d'une autre formule. Par exemple, vous avez utilisé la SOMME toute seule pour additionner une plage de cellules mais vous pourriez également utiliser la SOMME dans une formule qui additionne une plage de cellules, pour multiplier ensuite ce total par un nombre. Lorsque vous utilisez une fonction toute seule, elle débute toujours par l'indicateur de formule, le signe égal (=). Vous devez calculer la moyenne des ventes du premier trimestre de l'année et décidez de faire appel à une fonction pour y parvenir.

ÉTAPES

ASTUCE

Lorsque vous utilisez le bouton Insérer une fonction ou la flèche de liste de Somme, il n'est pas nécessaire de taper le signe égal (=) car Excel l'ajoute automatiquement si nécessaire.

1. **Cliquez dans la cellule B15.**

   C'est la cellule où vous déposerez le calcul de la moyenne des ventes du premier trimestre. Vous décidez d'utiliser la boîte de dialogue Insérer une fonction pour rédiger cette formule.

2. **Cliquez sur Insérer une fonction *fx* dans la barre de formule.**

   Le signe égal est inséré dans la cellule active et dans la barre de formule, la boîte de dialogue Insérer une fonction apparaît, comme à la figure B-3. Dans cette boîte de dialogue, vous spécifiez la fonction que vous souhaitez en cliquant dessus dans la liste Sélectionnez une fonction. Cette liste affiche initialement les fonctions les plus récemment utilisées. Si vous ne voyez pas celle que vous voulez, vous pouvez soit cliquer sur la flèche de liste Ou sélectionnez une catégorie, pour choisir la catégorie de fonctions adéquate, soit, si vous n'êtes pas certain de la catégorie de la fonction, taper un nom de fonction ou une brève description dans la zone de texte Recherchez une fonction. La fonction MOYENNE est une fonction statistique mais vous n'aurez pas besoin de la rechercher dans la catégorie Statistiques car elle est déjà affichée dans la liste des dernières utilisées.

ASTUCE

Pour connaître les détails d'utilisation d'une fonction, cliquez dessus dans la liste Sélectionner une fonction, lisez les arguments et leurs formats requis pour cette fonction.

3. **Cliquez sur MOYENNE et, si nécessaire, lisez les informations proposées sous la liste, puis cliquez sur OK.**

   La boîte de dialogue Arguments de la fonction s'ouvre, où vous définissez la plage des cellules dont vous voulez calculer la moyenne.

4. **Cliquez sur Réduire 🔲 dans la zone de texte Nombre1 de la boîte de dialogue Arguments de la fonction, glissez le pointeur 🕂 pour sélectionner la plage B4:B11, relâchez la souris, puis cliquez sur Agrandir 🔲.**

   Le clic sur Réduire replie la boîte de dialogue pour que vous puissiez sélectionner des cellules dans la feuille. À l'inverse, le clic sur Agrandir restaure la boîte de dialogue à sa taille initiale, comme à la figure B-4. Notez que si vous commencez à sélectionner des cellules à la souris, la boîte de dialogue se replie automatiquement et, après la sélection des cellules, elle se déplie à nouveau.

ASTUCE

Quand vous sélectionnez une plage, incluez toutes les cellules comprises entre les références de la plage ET ces deux dernières.

5. **Cliquez sur OK.**

   La boîte de dialogue Arguments de la fonction se ferme et la valeur calculée s'affiche dans la cellule B15. Le revenu moyen par pays pour le premier trimestre est de 40221,0775.

6. **Cliquez dans la cellule C15, cliquez sur la flèche de liste Somme Σ ▾ du groupe Édition de l'onglet Accueil, puis sur Moyenne.**

   Une info-bulle sous la cellule C15 affiche les arguments nécessaires pour achever la fonction. Le texte nombre1 est affiché en gras, ce qui vous indique que l'étape suivante consiste à préciser la première cellule du groupe dont vous voulez calculer la moyenne. Vous voulez la moyenne d'une plage de cellules.

7. **Glissez le pointeur 🕂 pour sélectionner la plage C4:C11, puis cliquez sur Entrer ☑ dans la barre de formule.**

   La moyenne des ventes par pays pour le deuxième trimestre s'affiche dans la cellule C15.

8. **Sélectionnez la plage C15:E15, cliquez sur Remplissage 🔲 dans le groupe Édition, puis sur À droite.**

   La formule de la cellule C15 est recopiée dans les autres cellules de la plage sélectionnée, comme à la figure B-5.

9. **Enregistrez le classeur.**

FIGURE B-3: Boîte de dialogue Insérer une fonction

zone Recherchez une fonction

flèche de liste Ou sélectionnez une catégorie

votre liste de fonctions dernièrement utilisées peut différer de ceci

description de la fonction sélectionnée

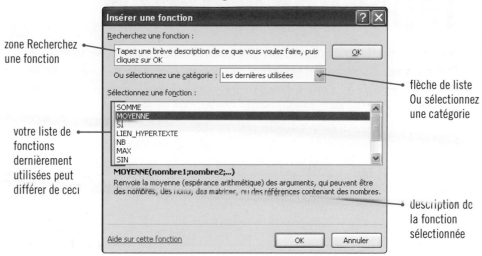

FIGURE B-4: Boîte de dialogue Arguments de la fonction

la fonction dans la barre de formule

bouton Insérer une fonction

argument

glissez la barre de titre de la boîte de dialogue pour la déplacer si nécessaire

description de la fonction sélectionnée et du format de ses arguments

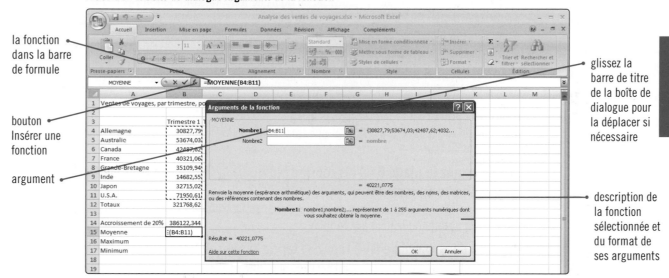

FIGURE B-5: Fonction Moyenne dans la feuille

la fonction complétée apparaît dans la barre de formule

la formule de la cellule C15 est copiée dans les cellules D15 et E15

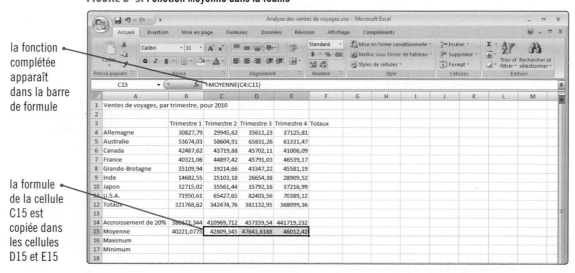

Taper une fonction

L'insertion d'une fonction peut se faire à l'aide de la boîte de dialogue Insérer une fonction ou de la Somme du ruban mais également en tapant manuellement la fonction dans une cellule et en la complétant des arguments appropriés. Cette méthode impose de connaître le nom et les premiers caractères de cette fonction mais elle est souvent plus rapide que l'ouverture de plusieurs boîtes de dialogue. Les utilisateurs expérimentés préfèrent cette méthode ; elle ne constitue cependant qu'une alternative, ni meilleure ni plus correcte que les autres méthodes. La fonctionnalité Correction automatique facilite l'entrée de noms de fonctions parce qu'elle suggère des fonctions selon les premiers caractères tapés.  Vous voulez calculer les valeurs maximales et minimales des ventes de chaque trimestre dans la feuille de calcul et vous décidez d'entrer manuellement ces fonctions statistiques.

ÉTAPES

1. Cliquez dans la cellule B16, tapez =, puis tapez m.

Comme vous tapez cette fonction manuellement, vous devez commencer avec le signe égal (=). La Correction automatique affiche une liste de noms de fonction commençant par M. Dès que vous tapez un signe égal dans une cellule, chaque lettre que vous tapez ensuite agit comme un déclencheur de la Correction automatique. Cette fonctionnalité réduit le nombre de caractères nécessaires pour entrer une fonction, réduit la frappe et donc les risques d'erreurs de syntaxe.

2. Dans la liste, cliquez sur MAX.

Une info-bulle apparaît, qui décrit la fonction.

3. Double-cliquez sur MAX.

La fonction est ajoutée à la cellule et une info-bulle apparaît sous la cellule pour vous aider à compléter la formule. Voir figure B-6.

4. Sélectionnez la plage B4:B11, comme indiqué à la figure B-7, puis cliquez sur Entrer ✓ dans la barre de formule.

Le résultat 71950,61 s'affiche dans la cellule B16. Lorsque vous terminez la saisie, la parenthèse de fermeture est ajoutée automatiquement à la formule.

5. Cliquez dans la cellule B17, tapez =, tapez m, puis double-cliquez sur MIN.

L'argument de la fonction MIN s'affiche dans la cellule.

6. Sélectionnez la plage B4:B11, puis appuyez sur [Entrée].

Le résultat 14682,55 apparaît dans la cellule B17.

7. Sélectionnez la plage B16:E17, cliquez sur la flèche de liste Remplissage 🔽 du groupe Édition, puis cliquez sur À droite.

Les valeurs maximales et minimales de tous les trimestres s'affichent dans la plage sélectionnée, comme à la figure B-8.

8. Enregistrez le classeur.

FIGURE B-6: La fonction MAX en action

13					
14	Accroissement de 20%	386122,344	410969,712	457359,54	441719,232
15	Moyenne	40221,0775	42809,345	47641,6188	46012,42
16	Maximum	=MAX(			
17	Minimum	MAX(**nombre1**; [nombre2]; ...)			
18					

FIGURE B-7: Complétion de la fonction MAX

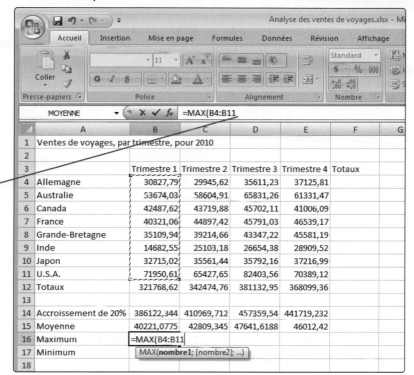

la parenthèse de fermeture sera ajoutée automatiquement quand vous validerez la saisie

FIGURE B-8: Les fonctions MAX et MIN terminées

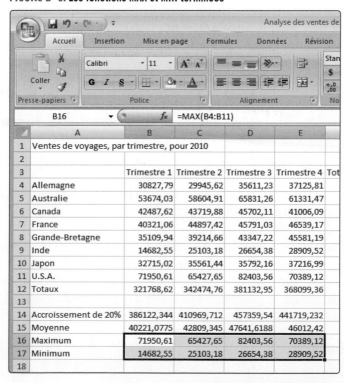

Copier et déplacer le contenu des cellules

Les boutons Couper, Copier et Coller, la poignée de recopie du coin inférieur droit de la cellule active ou la méthode Glisser-Déposer permettent de copier ou de déplacer (le contenu) de cellules et de plages de cellules de votre feuille vers un autre endroit. Lorsque vous copiez des cellules, les données d'origine demeurent à leur emplacement initial ; lorsque vous les coupez ou les déplacez, les données d'origine sont effacées. Vous pouvez couper, copier et coller des cellules ou des plages de cellules d'une feuille à une autre. ▬▬▬▬ En plus de l'augmentation de 20 % des ventes de voyages, vous voulez afficher les effets d'une augmentation de 30 %. Au lieu de retaper toutes les informations, vous copiez et déplacez les étiquettes de ces cellules.

ÉTAPES

ASTUCE

Pour couper ou copier seulement une partie du contenu d'une cellule, activez la cellule puis sélectionnez dans la barre de formule les caractères que vous souhaitez couper ou coller.

1. **Sélectionnez la plage B3:E3, cliquez sur Copier 🖹 dans le groupe Presse-papiers.**

   La plage sélectionnée, B3:E3, est copiée dans le **Presse-papiers d'Office**, un fichier temporaire contenant l'information copiée ou coupée. Une bordure animée entoure la plage sélectionnée jusqu'à ce que vous appuyiez sur [Echap] ou que vous copiez d'autres données dans le Presse-papiers. L'information que vous avez copiée demeure dans la plage sélectionnée ; si vous les aviez coupées, les informations auraient été supprimées.

ASTUCE

Le Presse-papiers peut contenir jusqu'à 24 éléments. Dès qu'il est plein, l'élément existant le plus ancien est automatiquement effacé lorsque vous ajoutez un nouvel élément.

2. **Cliquez sur le lanceur 🖻 du groupe Presse-papiers, cliquez dans la cellule B19, puis sur Coller dans le groupe Presse-papiers.**

   Le volet du Presse-papiers d'Office s'ouvre, comme à la figure B-9. Votre Presse-papiers peut contenir d'autres éléments. Lorsque vous collez un élément du Presse-papiers dans la feuille de calcul, n'indiquez que la cellule supérieure gauche de la plage où vous voulez coller la sélection.

3. **Appuyez sur [Suppr].**

   Les cellules sélectionnées sont vidées de leur contenu. Vous décidez de coller les cellules sur une autre ligne. Vous pouvez coller un élément du Presse-papiers autant de fois que vous le souhaitez, tant que l'élément est présent dans le Presse-papiers.

ASTUCE

Vous pouvez aussi fermer le volet du Presse-papiers en cliquant sur le lanceur du groupe Presse-papiers.

4. **Cliquez dans la cellule B20, cliquez sur le premier élément du Presse-papiers Office, puis cliquez sur le bouton Fermer du volet du Presse-papiers.**

   Les cellules B20:E20 contiennent les données copiées.

5. **Cliquez dans la cellule A14, appuyez sur [Ctrl] et maintenez-la enfoncée, pointez une bordure de la cellule jusqu'à ce que le pointeur se change en ⇱⁺, glissez ⇱⁺ jusqu'à la cellule A21, relâchez [Ctrl].**

   Dès que vous glissez le pointeur, celui-ci se change en ⇱⁺, comme à la figure B-10.

6. **Cliquez juste à gauche du 2 dans la barre de formule, appuyez sur [Suppr], tapez 3, puis appuyez sur [Entrée].**

7. **Cliquez dans la cellule B21, tapez =, cliquez dans la cellule B12, tapez *1,3, puis cliquez sur ☑ dans la barre de formule.**

   Cette nouvelle formule calcule un accroissement de 30 % des ventes du trimestre 1 à l'aide d'une autre méthode que la précédente. Tout montant que vous multipliez par 1,3 donne un montant égal à 130 % du montant initial, soit une augmentation de 30 %. Comparez votre feuille à celle de la figure B-11.

8. **Enregistrez le classeur.**

FIGURE B-9: Données copiées dans le Presse-papiers

bouton Coller

bouton Copier

lanceur du
Presse-papiers

un élément
dans le
Presse-papiers

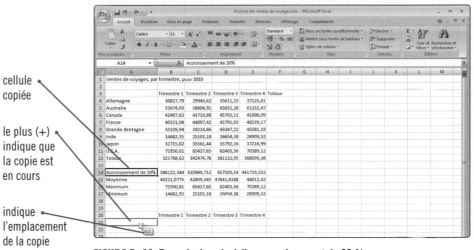

FIGURE B-10: Copie du contenu d'une cellule avec le Glisser-Déposer

cellule
copiée

le plus (+)
indique que
la copie est
en cours

indique
l'emplacement
de la copie

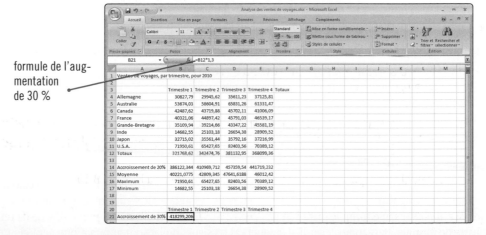

FIGURE B-11: Formule de calcul d'un accroissement de 30 %

formule de l'aug-
mentation
de 30 %

Insérer et supprimer des cellules sélectionnées

Lorsque vous ajoutez des formules à vos feuilles de calcul, vous pouvez être amené à insérer ou à supprimer des cellules spécifiques, ne correspondant pas à une ligne ou une colonne entière. Dans ce cas, Excel ajuste automatiquement les références des cellules pour tenir compte des nouvelles adresses. Pour insérer des cellules, cliquez sur la flèche de liste du bouton Insérer du groupe Cellules de l'onglet Accueil, puis cliquez sur Insérer des cellules. La boîte de dialogue Insertion de cellule apparaît qui vous demande si, pour insérer une cellule, vous voulez décaler la cellule sélectionnée vers le bas ou vers la droite de la nouvelle. Pour supprimer une ou plusieurs cellules sélectionnées, cliquez sur la flèche de liste de Supprimer dans le groupe Cellules, cliquez sur Supprimer les cellules et, dans la boîte de dialogue Supprimer, indiquez la façon dont vous voulez décaler les cellules adjacentes. Lorsque vous utilisez cette option, assurez-vous de ne pas perturber l'alignement nécessaire à assurer l'exactitude des références des cellules dans la feuille de calcul. Cliquez sur Insérer ou Supprimer du groupe Cellules pour, respectivement, ajouter ou supprimer une seule cellule.

Comprendre les références relatives et absolues

Au cours du travail avec Excel, il est fréquent de vouloir réutiliser une formule à un autre emplacement de la feuille, ceci pour réduire la quantité de données à retaper. Par exemple, vous pourriez souhaiter définir une analyse par hypothèse dans une partie d'une feuille, montrant une série de données de prévisions de ventes si celles-ci augmentent de 10 % et définir une autre analyse dans une autre partie de la feuille, montrant des prévisions de ventes si celles-ci croissent de 50 % ; il suffit dans ce cas de copier les formules de la première partie vers la seconde et de changer le « 1 » en « 5 ». Mais lorsqu'une formule est copiée, il est important de s'assurer qu'elle fait référence aux bonnes cellules. Pour vérifier cela, il est nécessaire de comprendre les références relatives et les références absolues de cellules. ▓▓▓▓▓ Vous prévoyez de réutiliser des formules dans différentes parties de vos feuilles de calcul donc vous voulez comprendre les références relatives et absolues de cellules.

DÉTAILS

- **Utiliser des références relatives pour conserver intacte la relation à l'emplacement de la formule**

  Lorsque vous créez une formule qui se réfère à d'autres cellules, Excel « n'enregistre » pas les adresses exactes des cellules mais plutôt leur relation à la cellule contenant la formule. Par exemple, à la figure B-12, la cellule F5 contient la formule =SOMME(B5:E5). Quand Excel recherche les valeurs pour calculer le résultat dans la cellule F5, il cherche en réalité « la cellule qui est quatre colonnes à gauche de la formule », c'est-à-dire la cellule B5. De cette façon, si la formule est copiée ailleurs, par exemple en F6, le résultat reflète le nouvel emplacement et retrouve automatiquement les valeurs des cellules B6, C6, D6 et E6. C'est ce que l'on appelle une **référence relative de cellule** car Excel enregistre les cellules d'entrée *en relation avec* la cellule de la formule.

  Dans la plupart des cas, vous utiliserez les références relatives de cellule lorsque vous copierez ou déplacerez des cellules, ce qui explique que ce soit l'option par défaut d'Excel. Dans la figure B-12, les formules des cellules B13 à F13 contiennent aussi des références relatives de cellules. Elles additionnent « les quatre cellules à gauche » ou « les huit cellules au-dessus » des formules.

- **Utiliser des références absolues pour conserver l'adresse exacte de cellules dans une formule**

  Dans certains cas, vous aurez besoin de renvoyer à une cellule précise et cette cellule devra demeurer la même lorsque la formule sera copiée ailleurs. Par exemple, vous pourriez disposer d'un prix donné dans une cellule utilisée dans toutes les formules, indépendamment de leur emplacement. Si vous utilisiez une référence relative, le résultat de la formule serait incorrect car Excel se servirait d'une cellule différente dans chaque copie de la formule. Vous devez donc utiliser une **référence absolue de cellule**, une référence qui ne change pas lors de la copie de la formule.

  Vous créez une référence absolue en plaçant un $ (symbole dollar) devant la lettre de colonne et devant le numéro de ligne de l'adresse de la cellule. Vous pouvez soit taper le signe dollar lorsque vous tapez l'adresse de la cellule dans une formule (par exemple « =C12*$B$16 »), soit sélectionner une adresse de cellule dans la barre de formule, puis appuyer sur [F4], auquel cas les signes dollar sont automatiquement ajoutés. La figure B-13 affiche les formules de la figure B-17. Remarquez que les formules de la plage B19:E26 contiennent des références absolues et des références relatives. Les formules des cellules de la plage B19 à E26 utilisent une même référence absolue à la cellule $B$16, contenant l'augmentation potentielle des ventes de 50 %.

FIGURE B-12: Formules contenant des références relatives

formule
contenant
des références
relatives

les formules
copiées s'ajustent
pour conserver
la relation des
formules avec les
cellules auxquelles
elle se réfèrent

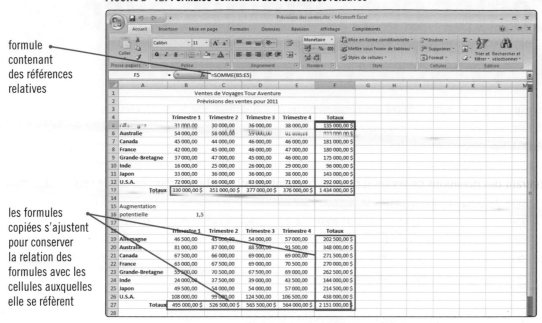

FIGURE B-13: Formules contenant des références absolues et relatives

cellule utilisée
dans les références
absolues

les références
relatives s'ajustent
dans les formules
copiées

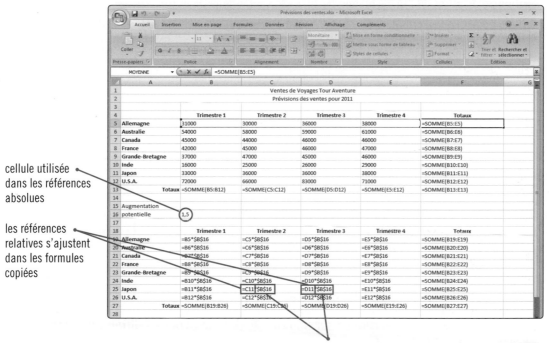

les références absolues
ne s'ajustent pas dans
les formules copiées

Utiliser d'une référence mixte

Lors de la copie d'une formule, vous pouvez avoir besoin de modifier la référence de ligne tout en conservant la référence de colonne, ou l'inverse. Ce type de référence contenant à la fois une référence absolue et une référence relative s'appelle une **référence mixte**. Par exemple, lorsqu'elle est copiée, la référence mixte C$14 modifie la colonne en relation avec le nouvel emplacement mais empêche la modification du numéro de ligne. Dans la référence

mixte $C14, la colonne demeure constante, tandis que le numéro de ligne est modifié selon le nouvel emplacement. Comme la référence absolue, la référence mixte peut être obtenue par la touche de fonction [F4]. En appuyant à plusieurs reprises sur la touche [F4], vous parcourez toutes les combinaisons possibles de références relatives, absolues et mixtes ($C$14, C$14, $C14, C14).

Copier des formules avec des références relatives

La copie et le déplacement de cellules permettent de réutiliser des formules existantes. La copie de cellules est généralement plus rapide que la récriture des formules qu'elles contiennent et aide à éviter les fautes de frappe. Vous pouvez utiliser les commandes Copier et Coller ou la poignée de recopie pour copier des formules. La flèche de liste du bouton Remplissage permet également de recopier des cellules contenant des formules, à gauche, à droite, en haut, en bas et de constituer des séries. Si les cellules que vous voulez copier contiennent des références relatives de cellules et si vous souhaitez conserver ces références relatives, aucune modification n'est nécessaire aux cellules avant de les copier. ▓▓▓▓ Vous voulez copier la formule de la cellule B21, qui calcule l'accroissement de 30 % des ventes du trimestre 1, dans les cellules C21 à E21. Vous décidez aussi de créer des formules de calcul des ventes totales de l'année pour chacun des pays visités.

ÉTAPES

1. **Cliquez dans la cellule B21, si nécessaire, puis sur le bouton Copier 🗎 du groupe Presse-papiers.**

   La formule de calcul de l'augmentation de 30 % des ventes du premier trimestre est copiée dans le Presse-papiers. Remarquez que la formule =B12*1,3 apparaît dans la barre de formule et qu'une bordure animée entoure la cellule active.

2. **Cliquez dans la cellule C21, puis cliquez sur Coller dans le groupe Presse-papiers.**

   La formule de la cellule B21 est copiée en C21 où apparaît le nouveau résultat, 445217,188. Remarquez que les références ont changé dans la barre de formule et que la cellule C12 est référencée dans la formule. Cette formule contient une référence relative qui, lors d'une copie, demande à Excel de remplacer les références afin de préserver dans le nouvel emplacement la relation existant entre les nouvelles cellules qui contiennent la formule et les cellules de la formule. Ici, Excel a modifié la formule pour que C12, la cellule située neuf lignes au-dessus de C21, remplace B12, la cellule située neuf lignes au-dessus de B21. Vous pouvez utiliser la poignée de recopie d'une cellule pour copier des cellules ou prolonger une série de données (par exemple Trimestre 1, Trimestre 2, etc.) selon le contenu des cellules précédentes. Cette option s'appelle la **recopie incrémentée**.

3. **Placez le pointeur sur la poignée de recopie de la cellule C21 jusqu'à ce qu'il se change en ✚, appuyez sur le bouton gauche de la souris, faites glisser le ✚ pour sélectionner la plage C21:E21, puis relâchez le bouton de la souris.**

   Voir la figure B-14. Une formule semblable à celle de la cellule C21 est recopiée dans la plage D21:E21. Lorsque vous relâchez le bouton de la souris, le bouton **Options de recopie incrémentée** apparaît, ce qui vous permet de ne remplir les cellules qu'avec les éléments spécifiques que vous souhaitez de la cellule copiée.

4. **Cliquez dans la cellule F4, cliquez sur Somme Σ dans le groupe Édition, puis cliquez sur ✔ dans la barre de formule.**

5. **Cliquez sur 🗎 dans le groupe Presse-papiers, sélectionnez la plage F5:F6, puis cliquez sur Coller.**

   Voir la figure B-15. Dès que vous relâchez le bouton de la souris, le bouton **Options de collage** apparaît, ce qui permet de sélectionner les éléments de la sélection copiée à coller dans les cellules sélectionnées. La barre de formule affiche les ventes des voyages en Grande-Bretagne. Vous voulez que ces totaux apparaissent aussi dans les cellules F7:F11. La commande Remplissage du groupe Édition est celle que vous allez utiliser pour recopier la formule dans les dernières cellules.

6. **Sélectionnez la plage F6:F11.**

7. **Cliquez sur la flèche de liste Remplissage 🔽 du groupe Édition, puis sur En bas.**

   Les formules sont copiées dans chaque cellule. Comparez votre feuille à celle de la figure B-16.

8. **Enregistrez le classeur.**

FIGURE B-14: Copier une formule avec la poignée de recopie

flèche de
liste Coller

poignée de
recopie

bouton Options
de recopie
incrémentée

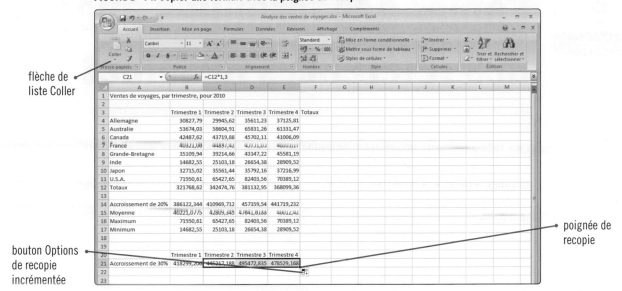

FIGURE B-15: Résultats du bouton Coller

bouton
Options
de collage

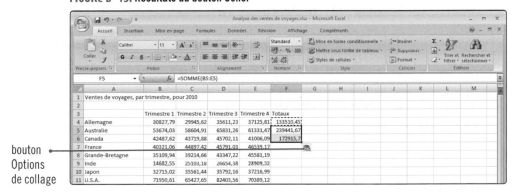

FIGURE B-16: Copie de cellules avec le Remplissage En bas

flèche de liste
Remplissage

cellules
complétées

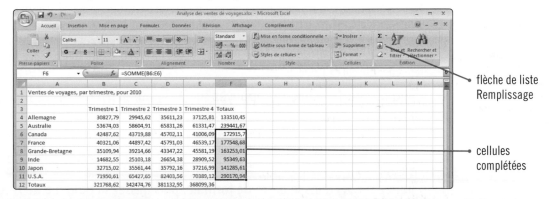

Utiliser les Options de recopie incrémentée

Lorsque vous utilisez la poignée de recopie pour copier des cellules, le bouton Options de recopie incrémentée apparaît. Les options varient selon ce que vous recopiez. Si vous avez sélectionné des cellules contenant une série (par exemple « lundi » et « mardi ») et si vous utilisez la poignée de recopie, vous obtenez des options pour continuer la série (avec des « mercredi » et « jeudi ») ou coller simplement les cellules copiées. Un clic sur le bouton Options de recopie incrémentée ouvre une liste dans laquelle vous pouvez choisir parmi les options : Copier les cellules, Incrémenter une série (si c'est le cas),

Ne recopier que la mise en forme, Recopier les valeurs sans la mise en forme. Copier les cellules signifie que la cellule et sa mise en forme seront copiées. L'option Ne recopier que la mise en forme ne modifie que les attributs de mise en forme et non la formule ni ses références de cellules. L'option Recopier les valeurs sans la mise en forme ne colle que la formule et les références de cellules, sans aucune mise en forme. Copier les cellules est l'option prédéfinie de la poignée de recopie pour une formule ; par conséquent, si vous voulez copier la cellule, ses références et sa mise en forme, vous pouvez ignorer ce bouton.

Copier des formules avec des références absolues

Lorsque vous copiez des formules, vous pouvez avoir besoin qu'une ou plusieurs références de cellules d'une formule demeurent inchangées en relation avec la formule. Dans ce cas, vous devrez appliquer une référence absolue de cellule avant de copier la formule, pour conserver une adresse de cellule spécifique au moment de la copie de la formule. Pour créer une référence absolue, placez un signe dollar ($) avant la lettre de colonne et le numéro de ligne de l'adresse (par exemple $A$1). Vous avez besoin d'analyses par hypothèses qui montrent l'influence de quelques différents pourcentages d'augmentation des ventes sur les ventes globales. Vous décidez d'ajouter une colonne qui calcule une augmentation possible du total des ventes de voyages, puis de changer le pourcentage pour en voir les résultats potentiels.

ÉTAPES

1. **Cliquez dans la cellule H1, tapez Variation, puis appuyez sur [→].**

2. **Tapez 1,1 et appuyez sur [Entrée].**

   Vous placez dans cette cellule le facteur d'accroissement qui servira aux analyses par hypothèses. La valeur 1,1 représente une augmentation de 10 % ; tout ce que vous multipliez par 1,1 renvoie un montant égal à 110 % du montant initial, soit 10 % de croissance.

3. **Cliquez dans la cellule H3, tapez Résultat ? et appuyez sur [Entrée].**

4. **Dans la cellule H4, tapez =, cliquez dans F4, tapez *, cliquez dans la cellule I1, puis cliquez sur Entrer ☑ dans la barre de formule.**

   Le résultat 146861,5 apparaît en H4. Cette valeur représente les ventes sur l'Allemagne si celles-ci accusent une augmentation de 10 %. Vous voulez effectuer une analyse par hypothèses pour chacun des pays visités.

5. **Glissez la poignée de recopie de la cellule H4 jusqu'à la cellule H11.**

   Les valeurs obtenues dans la plage H5:H11 sont toutes égales à zéro, ce qui ne correspond par au résultat que vous souhaitiez. Voir la figure B-17. Lorsqu'une formule est copiée sans précaution, elle est modifiée, si bien qu'elle devient =F5*I2 dans la cellule H5. Comme il n'y a aucune valeur en I2, le résultat est zéro, c'est-à-dire une erreur. Il faut utiliser une référence absolue dans la formule pour empêcher son ajustement. Ainsi, ce sera la cellule I1 qui servira chaque fois de base au calcul. Vous transformez une référence relative en référence absolue à l'aide de [F4].

6. **Cliquez dans la cellule H4, appuyez sur [F2] pour activer le mode Modifier et appuyez sur [F4].**

   Lorsque vous appuyez sur [F2], le sélecteur de plage affiche les arguments de l'équation en bleu et en vert. Lorsque vous appuyez sur [F4], des symboles dollar apparaissent pour modifier en référence absolue l'adresse I1.

7. **Cliquez sur ☑ dans la barre de formule, puis glissez la poignée de recopie ✚ pour étendre la sélection à la plage H4:H11.**

   La formule contient correctement une référence absolue et la valeur de H4 demeure inchangée. Les valeurs correspondant à une augmentation de 10 % apparaissent dans les cellules H4:H11. Vous souhaitez voir l'impact d'une augmentation de 20 % des ventes.

8. **Cliquez dans la cellule I1, tapez 1,2, puis cliquez sur ☑.**

   Les valeurs de la plage H4:H11 sont modifiées pour refléter l'augmentation de 20 %. Comparez vos résultats à ceux de la figure B-18.

9. **Enregistrez le classeur.**

FIGURE B-17: Création d'une référence absolue dans une formule

référence
absolue dans
la formule

valeurs incorrectes
dues aux références
relatives

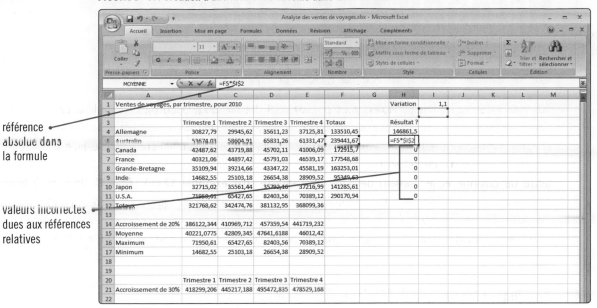

FIGURE B-18: Analyse par hypothèse avec le facteur de croissance modifié

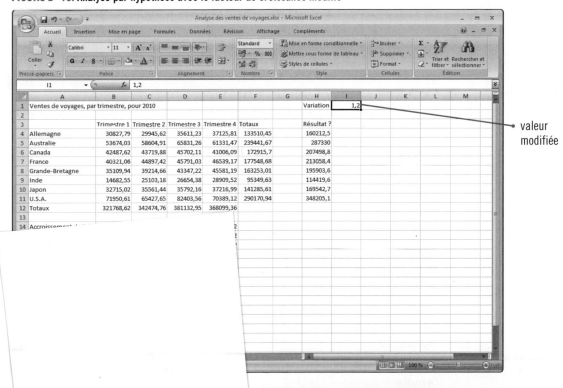

valeur
modifiée

Remplir des c...   ...ncrémentées

Il arrive souvent qu'o...   contenant Janvier jusqu'à obtenir le nombre d'étiquettes mensuelles
incrémenté : les mois...   nécessaires. Vous pouvez facilement remplir des cellules avec des
accompagné d'un no...   données incrémentées en faisant glisser la poignée de recopie. Lors
Par exemple, vous pou...   du déplacement de la poignée, Excel continue automatiquement la
certaines données pou...   série. Le contenu de la dernière cellule est affiché dans une info-bulle.
rapidement et facileme...   ...quettes avec les mois de   Utilisez la flèche de liste Remplissage du Groupe Édition, puis cliquez
l'année en tapant Janvier dans une cellule et en faisant glisser la   sur Série pour examiner les différentes options disponibles pour la
poignée de recopie. Glissez la poignée de recopie de la cellule   sélection courante.

Arrondir une valeur avec une fonction

Plus vous explorez les fonctionnalités d'Excel, plus vous découvrez de manières de simplifier votre travail et d'agrémenter efficacement vos informations. Par exemple, les cellules qui contiennent des données financières sont plus lisibles lorsqu'elles présentent moins de décimales que ce qu'Excel affiche par défaut. Vous obtiendrez ce résultat à l'aide de la fonction ARRONDI, qui permet d'arrondir vos résultats. ▓▓▓▓ Dans votre feuille de calcul, vous souhaitez arrondir à moins de décimales les résultats qui affichent les 20 % de croissance des ventes ; les cents ne sont pas utiles dans les prévisions ; seules les unités comptent. Vous demandez à Excel d'arrondir les valeurs calculées à l'entier le plus proche. Vous décidez de modifier la cellule B14 pour y inclure la fonction ARRONDI, puis de copier la formule modifiée dans les autres formules de la même ligne.

ÉTAPES

ASTUCE

Dans la boîte de dialogue Insérer une fonction, la fonction ARRONDI est dans la catégorie Math & Trigo.

1. **Cliquez dans la cellule B14, puis juste à droite du = dans la barre de formule.**

   Vous voulez insérer la fonction au début de la formule, avant toute valeur et tout argument.

2. **Tapez AR.**

   La Correction automatique vous propose une liste de fonctions commençant par AR.

PROBLÈME

Si vous avez trop ou trop peu de parenthèses, les parenthèses en excès s'affichent en vert ou une boîte de dialogue s'ouvre pour vous suggérer une solution à l'erreur détectée.

3. **Double-cliquez sur ARRONDI dans la liste de correction automatique.**

   La fonction et une parenthèse d'ouverture sont ajoutées à la formule, comme à la figure B-19. Quelques modifications supplémentaires sont nécessaires pour compléter la formule. Vous devez indiquer le nombre de chiffres auquel la fonction doit abréger le nombre et ajouter une parenthèse de fermeture à la fin des arguments qui suivent la fonction ARRONDI.

4. **Appuyez sur [Fin], tapez ;0), puis cliquez sur Entrer ☑ dans la barre de formule.**

   Le point-virgule sépare les arguments dans la formule et le 0 indique que vous ne voulez aucun chiffre après la virgule dans le nombre calculé. Lorsque vous terminez la modification, les parenthèses de début et de fin de la formule s'affichent brièvement en gras, pour indiquer que la formule possède le nombre adéquat de parenthèses d'ouverture et de fermeture et qu'elle est équilibrée.

5. **Cliquez sur la poignée de recopie de la cellule B14 et glissez le pointeur ✚ jusqu'à la cellule E14.**

   Dès que vous relâchez le bouton de la souris, la formule de la cellule B14 est copiée dans la plage sélectionnée. Toutes les valeurs sont arrondies pour n'afficher aucune décimale. Comparez votre feuille de calcul à celle de la figure B-20.

6. **Cliquez dans la cellule A25, tapez votre nom, puis cliquez sur ☑ dans la barre de formule.**

7. **Enregistrez le classeur, affichez l'Aperçu avant impression et imprimez la feuille, puis quittez Excel.**

FIGURE B-19: Ajout d'une fonction à une formule existante

la fonction ARRONDI
et une parenthèse
d'ouverture sont
insérées dans la
formule

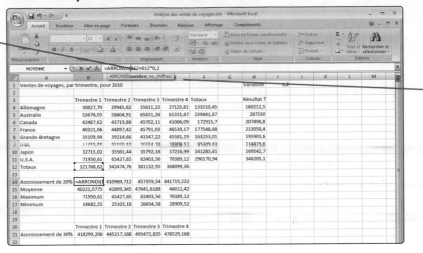

une info-bulle
indique
les informations
nécessaires

FIGURE B-20: Fonction ajoutée à la formule

la fonction
entoure
la formule
existante

les valeurs
calculées
sans décimales

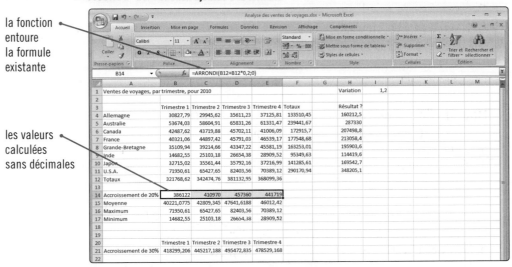

Créer un classeur à partir d'un modèle

Les **modèles** Excel sont des fichiers de classeurs prédéfinis, conçus pour gagner du temps lorsque vous créez des documents usuels tels que des feuilles de solde comptable, des feuilles de frais, des amortissements d'emprunts, des factures ou des feuilles de pointage. Ils contiennent des étiquettes, des valeurs, des formules et leur mise en forme, de sorte que votre seule tâche lorsque vous les utilisez consiste à les compléter avec vos propres informations. Excel est livré avec de nombreux modèles mais vous pouvez aussi créer les vôtres ou en trouver d'autres sur Internet. Au contraire d'un classeur normal, qui porte l'extension de nom de fichier .xlsx, un fichier de modèle porte l'extension .xltx. Pour créer un classeur à partir d'un modèle, cliquez sur le bouton Office, puis sur Nouveau. La boîte de dialogue Nouveau classeur s'ouvre. Le Nouveau classeur Excel est le modèle par défaut car c'est le modèle utilisé pour créer un classeur vide, vierge de tout contenu ou mise en forme spéciaux. Le volet de gauche énumère les modèles installés sur votre ordinateur ainsi que de nombreuses catégories de modèles disponibles sur Microsoft Office Online. Cliquez dans une catégorie, recherchez le modèle que vous souhaitez, comme indiqué à la figure B-21, cliquez sur Télécharger, puis sur Continuer. Un nouveau classeur est créé à partir du modèle donc, si vous enregistrez le nouveau fichier avec

son format par défaut, il aura l'extension normale .xlsx. Pour enregistrer un de vos propres classeurs en tant que modèle, ouvrez la boîte de dialogue Enregistrer sous, puis cliquez sur la flèche de liste Type et sélectionnez Modèle Excel dans la liste.

FIGURE B-21: Boîte de dialogue Nouveau classeur

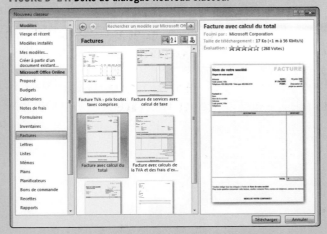

Mise en pratiqu[e]

Identifiez les éléments de la feuille Excel de la figure B 22.

FIGURE B-22

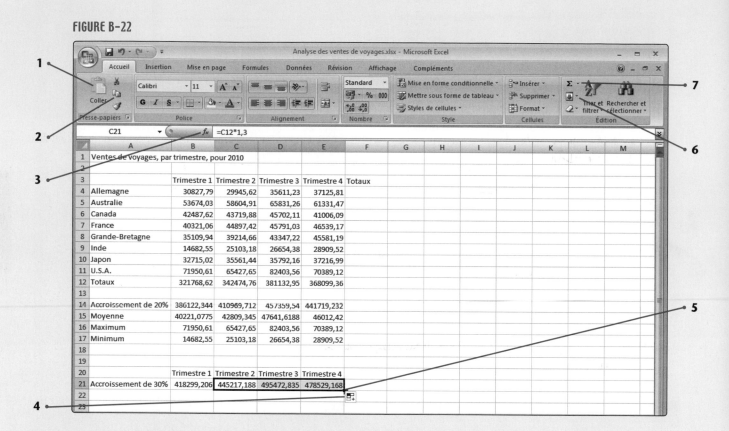

Associez chaque terme ou bouton à la description qui lui convient.

8. Lanceur
9. Correction automatique de formule
10. Glisser-Déposer
11. Poignée de recopie
12. [Suppr]

a. Efface le contenu des cellules sélectionnées.

b. Élément du ruban qui ouvre une boîte de dialogue ou un volet.

c. Permet de déplacer des données d'une cellule à une autre sans le Presse-papiers.

d. Affiche une liste alphabétique de fonctions parmi lesquelles vous choisissez celle qui vous convient.

e. Permet de copier le contenu de cellules ou de continuer une série de données dans une plage de cellules sélectionnées.

Choisissez la meilleure réponse à chaque question.

13. **Dans Excel, l'ordre de préséance détermine :**
    a. L'ordre d'impression des feuilles de calcul.
    b. Les couleurs qui servent à distinguer les références de cellules.
    c. L'ordre d'exécution des calculs.
    d. La manière de multiplier les valeurs.

14. **Quel type de référence de cellule est modifié lors de la copie ?**
    a. Circulaire
    b. Absolue
    c. Relative
    d. Spécifique

15. **De quel type de référence est C$19 ?**
    a. Relative
    b. Absolue
    c. Mixte
    d. Certaine

16. **Sur quelle touche devez-vous appuyer pour convertir une référence relative de cellule en une référence absolue de cellule ?**
    a. [F2]
    b. [F4]
    c. [F5]
    d. [F6]

17. **Les fonctionnalités suivantes permettent d'entrer une fonction, sauf :**
    a. Bouton Insérer une fonction.
    b. Correction automatique de formule.
    c. Flèche de liste du bouton Somme.
    d. Presse-papiers.

18. **Sur quelle touche appuyez-vous en même temps que le Glisser-Déposer pour copier des cellules sélectionnées ?**
    a. [Alt]
    b. [Ctrl]
    c. [F2]
    d. [Tab]

▼ RÉVISION DES TECHNIQUES

1. Créer une formule complexe.

a. Ouvrez le fichier EX B-2.xlsx de votre dossier Projets et enregistrez-le sous le nom **Inventaire fabrique de sucreries**.

b. Dans la cellule B11, créez une formule complexe qui calcule une réduction de 30 % du nombre total de caisses de barres chocolatées Snickers.

c. Utilisez le bouton Remplissage pour copier cette formule dans les cellules C11 à E11.

d. Enregistrez le classeur.

FIGURE B-23

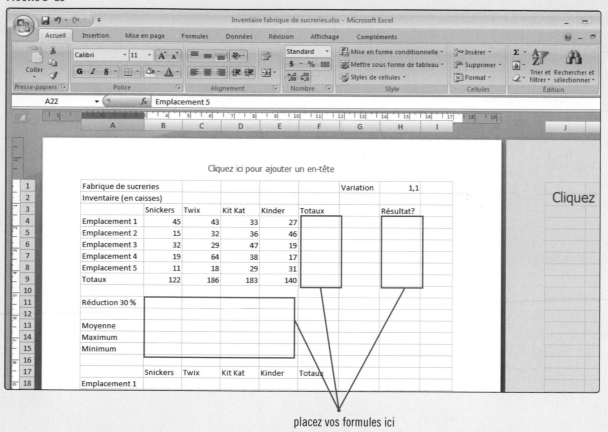

placez vos formules ici

2. Insérer une fonction

a. Utilisez le bouton Somme pour créer une formule dans la cellule B13 qui calcule la moyenne des nombres de caisses de barres chocolatées Snickers dans les emplacements de stockage. (*Indice* : Cliquez sur la flèche de liste du bouton Somme pour obtenir une liste des fonctions disponibles.)

b. À l'aide du bouton Insérer une fonction, créez une formule dans la cellule B14 qui calcule le plus grand nombre de caisses de barres Snickers parmi les emplacements.

c. Utilisez le bouton Somme pour créer une formule dans la cellule B13 qui détermine le plus petit nombre de caisses de Snickers stockées parmi les emplacements.

d. Enregistrez le classeur.

3. Taper une fonction

a. Dans la cellule C13, tapez une formule avec la fonction qui calcule la moyenne du nombre de caisses de barres chocolatées Twix. (*Indice* : Utilisez la Correction automatique de formules pour entrer la fonction.)

b. Dans la cellule C14, tapez une formule avec la fonction qui calcule le nombre maximum de caisses de Twix parmi les emplacements de stockage.

c. Dans la cellule C15, tapez une formule avec la fonction qui calcule le nombre minimum de caisses de Twix parmi les emplacements de stockage.

d. Enregistrez le classeur.

▼ RÉVISION DES TECHNIQUES (SUITE)

4. Copier et déplacer le contenu des cellules

  a. Sélectionnez la plage B3:F3.

  b. Copiez la sélection dans le Presse-papiers.

  c. Ouvrez le volet du Presse-papiers, puis collez la sélection dans la cellule B17.

  d. Sélectionnez la plage A4:A9.

  e. Par la méthode du Glisser-Déposer, copiez la sélection dans la cellule A18. (*Indice* : Les résultats doivent couvrir la plage A18:A23.)

  f. Sélectionnez la plage H1:I1.

  g. Déplacez la sélection à la cellule G1 par la méthode du Glisser-Déposer.

  h. Enregistrez le classeur.

5. Comprendre les références relatives et absolues

  a. Rédigez une brève description de la différence entre les références relatives et absolues de cellules.

  b. Énumérez au moins trois situations dans lesquelles une entreprise utiliserait une référence absolue dans des calculs. Prenez comme exemples des formules de différents types de feuilles de calcul, telles que des factures, des feuilles de pointage, des prévisions de budgets.

6. Copier des formules avec des références relatives

  a. Sélectionnez la plage C13:C15.

  b. À l'aide de la poignée de recopie, copiez ces cellules dans la plage D13:E15.

  c. Calculez le total de la cellule F4.

  d. Utilisez le bouton Remplissage pour recopier cette formule en bas, dans les cellules F5:F9.

  e. Utilisez la poignée de recopie pour copier la formule de la cellule E11 dans la cellule F11.

  f. Enregistrez le classeur.

7. Copier des formules avec des références absolues

  a. Dans la cellule H1, entrez la valeur **1,575**.

  b. Dans la cellule H4, créez une formule qui multiplie F4 et une référence absolue à la cellule H1.

  c. À l'aide de la poignée de recopie, copiez la formule de la cellule H4 dans les cellules H5 et H6.

  d. Utilisez les boutons Copier et Coller pour copier la formule de la cellule H4 dans les cellules H7 et H8.

  e. Changez la valeur de la cellule H1 en **2,3**.

  f. Enregistrez le classeur.

8. Arrondir une valeur avec une fonction

  a. Cliquez dans la cellule H4.

  b. Modifiez la formule pour y insérer la fonction ARRONDI avec un chiffre après la virgule.

  c. Recopiez la formule de la cellule H4 dans les cellules de la plage H5:H8 avec la poignée de recopie.

  d. Tapez votre nom dans la cellule A25 et comparez votre feuille à celle de la figure B-23.

  e. Enregistrez le classeur, affichez l'aperçu avant impression, imprimez la feuille, fermez le classeur et quittez Excel.

▼ EXERCICE PERSONNEL 1

Vous pensez ouvrir un petit resto routier pour proposer des petits déjeuners et des déjeuners mais, avant de passer à l'acte, vous décidez d'estimer vos dépenses mensuelles. Vous avez entamé un classeur dans lequel vous devez ajouter vos données et quelques formules.

a. Ouvrez le fichier EX B-3.xlsx de votre dossier Projets et enregistrez-le sous le nom **Estimation des dépenses du restaurant**.

b. Entrez vos propres données d'estimation de dépenses dans les cellules B4 à B10. (Les ventes mensuelles sont déjà estimées dans la feuille de calcul.)

c. Créez une formule dans la cellule C4 calculant le loyer annuel.

d. Copiez la formule de la cellule C4 dans la plage C5:C10.

e. Déplacez l'étiquette de la cellule A15 dans la cellule A14.

f. Créez une formule dans les cellules B11 et C11 qui calcule les totaux des dépenses.

g. Créez une formule dans la cellule C13 qui calcule les ventes annuelles.

h. Créez une formule dans la cellule B14 qui détermine votre bénéfice (ou votre perte) et copiez cette formule dans la cellule C14.

i. Copiez les étiquettes des cellules B3:C3 dans les cellules E3:F3.

j. Tapez **Croissance projetée** dans la cellule E1, puis tapez **,2** dans la cellule G1.

k. Créez une formule dans cellule E4 qui calcule une augmentation de la dépense mensuelle par le contenu de la cellule G1. Vous devrez copier cette formule dans les autres cellules donc pensez à utiliser une référence absolue.

l. Entrez une formule dans la cellule F4 qui calcule une augmentation annuelle sur base du calcul de la cellule E4.

m. Copiez les formules des cellules E4:F4 dans les autres dépenses mensuelles et annuelles, y compris les totaux.

n. Créez une formule dans les cellules E13 et F13 calculant les ventes mensuelles et annuelles selon l'augmentation de la cellule E4.

o. Créez une formule dans la cellule E14 qui détermine votre bénéfice (ou votre perte) et copiez cette formule dans la cellule F14.

p. Changez la valeur de la croissance projetée en **,15** et comparez votre feuille à celle de la figure B-24.

q. Entrez votre nom dans une cellule de la feuille.

r. Enregistrez le classeur, affichez l'aperçu avant impression, imprimez la feuille, fermez le classeur et quittez Excel.

FIGURE B-24

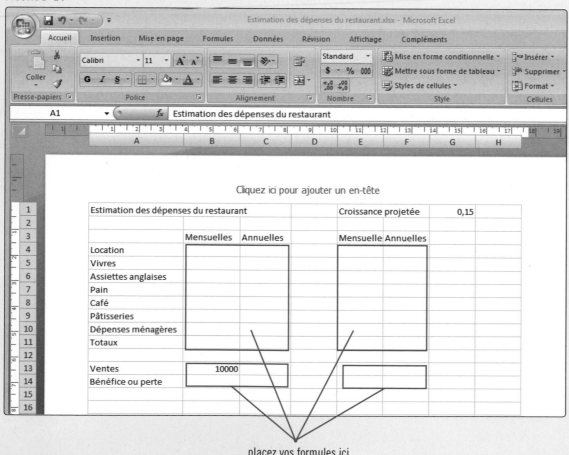

placez vos formules ici

▼ EXERCICE PERSONNEL 2

L'institut thermal Pomponnez-Vous propose des installations de détente telles que des hammams, des cabines de sauna, des bains à bulles et des piscines tempérées. Il connaît une croissance importante. Le gérant de l'institut vient de vous engager pour l'aider à classer les relevés comptables de ses dépenses. Auparavant, le comptable avait commencé à entrer les dépenses de l'année précédente dans un classeur mais l'analyse n'a jamais été achevée.

a. Démarrez Excel, ouvrez le classeur EX B-4.xlsx et enregistrez-le sous le nom **Finances de Pomponnez-Vous**. La feuille de calcul comporte déjà les étiquettes des fonctions telles que la moyenne, le maximum et le minimum des dépenses des quatre trimestres.

b. Réfléchissez aux informations importantes que le comptable doit connaître.

c. Créez des formules dans la ligne et la colonne Totaux à l'aide de la fonction SOMME.

d. Créez les formules des lignes et colonnes Moyenne, Maximum et Minimum avec la méthode de votre choix.

e. Enregistrez le classeur et comparez la feuille à la figure B-25.

Difficultés supplémentaires

- Ajoutez l'étiquette **Catégories de dépenses** dans la cellule B19.
- Dans la cellule A19, créez une formule, à l'aide de la fonction NB, qui détermine le nombre total de catégories de dépenses indiquées par trimestre.
- Enregistrez le classeur.

f. Tapez votre nom en A25.

g. Visualisez la feuille avant l'impression, puis imprimez-la.

h. Enregistrez, puis fermez le classeur et quittez Excel.

FIGURE B-25

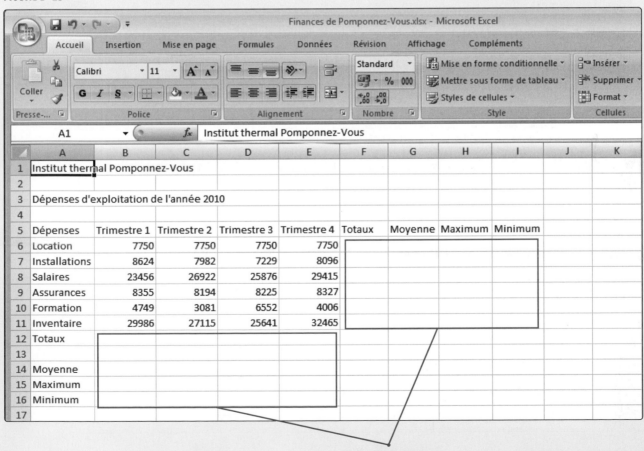

placez vos formules ici

▼ EXERCICE PERSONNEL 3

Comptable d'une petite chaîne de boutiques de vêtements, votre responsabilité réside notamment dans le calcul et le paiement à l'État des taxes sur les ventes effectuées chaque mois. Vous utilisez un classeur Excel pour établir les calculs préliminaires à votre déclaration.

a. Démarrez Excel, enregistrez un nouveau classeur vide dans votre dossier Projets, sous le nom **Relevé des taxes sur les ventes**.

b. Concevez des lignes et colonnes de votre propre cru. La feuille devra contenir les données de quatre magasins, que vous nommerez avec des numéros, en fonction de la ville, de la rue ou toute autre méthode de votre choix. Pour chacun des points de vente, vous devrez calculer les taxes totales sur les ventes en fonction du taux de taxes locales sur les ventes. Vous calculerez également le total des taxes dues sur l'ensemble des magasins.

c. Tapez des données de ventes pour les quatre boutiques.

d. Indiquez le pourcentage des taxes sur les ventes, dues par chacun des magasins (dans l'hypothèse où ce pourcentage n'est pas constant).

e. Créez les formules de calcul des taxes pour chacun des magasins. Si vous ne connaissez pas le pourcentage de taxes locales, utilisez par exemple **6,5 %**.

f. Créez une formule de calcul du total des taxes et comparez votre feuille à l'exemple de la figure B-26.

Difficultés supplémentaires

- Utilisez la fonction ARRONDI pour n'afficher que deux chiffres après la virgule dans les calculs des taxes de chacune des boutiques et le total des taxes.
- Enregistrez le classeur.

g. Ajoutez votre nom dans l'en-tête.

h. Enregistrez le classeur, affichez l'aperçu avant impression, imprimez la feuille, fermez le classeur et quittez Excel.

FIGURE B-26

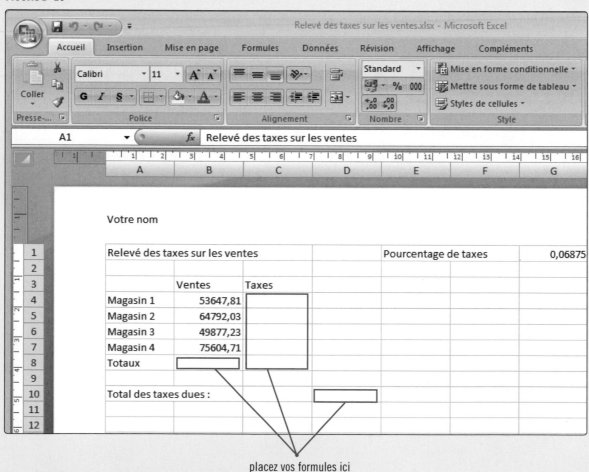

placez vos formules ici

▼ DÉFI

Nombre de vos amis achètent des maisons et vous songez à faire de même. En examinant les listes d'immeubles des agences immobilières, vous constatez que de nombreux frais interviennent lors de l'achat d'une maison. Certains de ces frais, comme les commissions d'agence, forment un pourcentage du prix d'achat, tandis que d'autres sont des montants fixes. Dans l'ensemble, ces frais semblent représenter une portion substantielle, en plus des prix de vente des maisons énumérées. Vous avez repéré trois habitations qui vous intéressent : une d'un prix modéré, une autre plus chère et la troisième encore plus coûteuse. Vous décidez de créer un classeur Excel pour évaluer le coût réel de ces propriétés.

a. Recherchez les montants ou les pourcentages types de trois surcoûts habituellement appliqués lors d'achats immobiliers et la souscription d'un crédit immobilier. (*Indice* : Si vous avez accès à Internet, recherchez des termes du genre achat immobilier ou demandez à vos amis les tarifs et taux appliqués pour des postes tels que les intérêts de prêt hypothécaire, les frais de dossier bancaire et les frais d'évaluation de la valeur ou d'inspection de l'habitation par l'organisme de crédit.)

FIGURE B-27

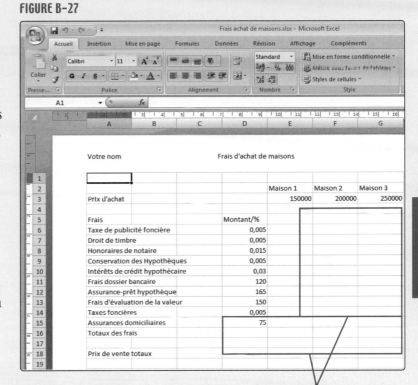

placez vos formules ici

b. Démarrez Excel, enregistrez un nouveau classeur vide dans votre dossier Projets, sous le nom **Frais achat de maisons**.

c. Créez des étiquettes et entrez des données pour trois maisons. Si vous les disposez en colonnes dans la feuille, vous devez avoir une colonne par maison, avec le prix, différent pour chaque maison, dans la cellule juste en dessous de l'étiquette.

d. Placez les étiquettes des différents frais dans une colonne et, dans une autre colonne, l'étiquette des montants ou des pourcentages. Entrez ces informations pour les trois frais que vous avez trouvés.

e. Dans la colonne de chaque maison, entrez les formules qui calculent les frais pour chaque élément. Les formules et l'usage de références absolues ou relatives dépendent du fait que les frais sont constants ou constituent un pourcentage du prix d'achat.

f. Calculez le total des frais pour chaque maison, créez les formules qui ajoutent les frais au prix de la maison et comparez votre feuille de calcul à la figure B-27.

g. Entrez le titre de la feuille dans l'en-tête.

h. Tapez votre nom dans l'en-tête, affichez l'Aperçu avant impression et imprimez la feuille.

i. Enregistrez et fermez le classeur. Quittez Excel.

▼ ATELIER VISUEL

Utilisez tout ce que vous avez appris dans ce module pour créer la feuille de calcul de la figure B-28. Enregistrez le classeur sous le nom **Analyse des ventes**. Entrez votre nom dans l'en-tête comme indiqué, affichez la feuille en Aperçu avant impression et imprimez une copie de la feuille. Imprimez une seconde copie avec les formules.

FIGURE B-28

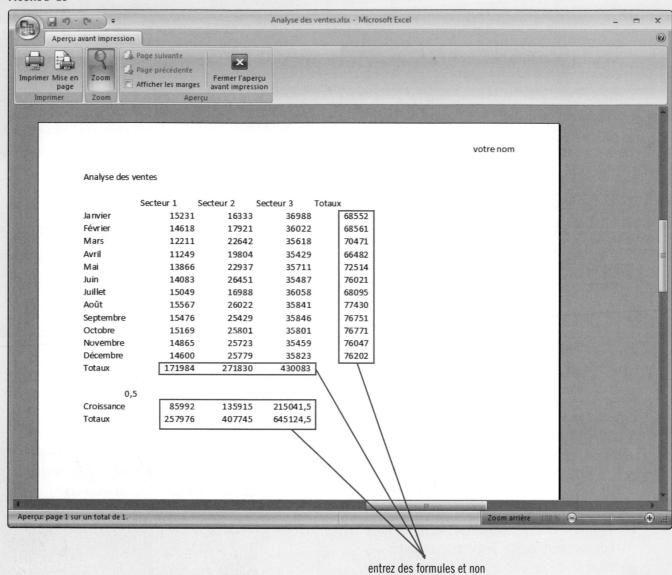

entrez des formules et non
des valeurs dans ces cellules

Excel 2007

Mettre en forme une feuille de calcul

Vous aurez besoin de ces fichiers :

EX C-1.xlsx
EX C-2.xlsx
EX C-3.xlsx
EX C-4.xlsx
EX C-5.xlsx

Les outils de mise en forme d'Excel permettent de rendre une feuille plus attrayante et plus facile à lire ou de mettre en valeur les données importantes. Vous réalisez cela en modifiant la couleur ou la police d'une cellule, en ajustant la largeur des colonnes et en insérant ou supprimant des colonnes et des lignes. Vous pouvez aussi appliquer une mise en forme conditionnelle où les cellules qui correspondent à certains critères soient mises en forme différemment. Ceci facilite la mise en évidence de certaines informations, comme les chiffres de ventes qui excèdent un certain montant ou qui, au contraire, demeurent en dessous d'un certain niveau. Les responsables du marketing de VTA demandent des informations sur les dépenses publicitaires de toutes les filiales de l'entreprise pendant les quatre derniers trimestres. Manon Lemaire a rédigé une feuille de calcul avec ces informations et elle vous demande de mettre la feuille en forme pour en faciliter la lecture et attirer l'attention sur les données essentielles.

OBJECTIFS

Mettre en forme des valeurs
Modifier la police et la taille
Modifier les attributs et l'alignement
Ajuster la largeur des colonnes
Insérer et supprimer des lignes et
   des colonnes
Utiliser la couleur, les motifs et
   les bordures
Appliquer la mise en forme
   conditionnelle
Nommer et déplacer une feuille
Vérifier l'orthographe

Mettre en forme des valeurs

Si vous n'aimez pas la façon dont se présente une valeur entrée dans une cellule, vous pouvez modifier la mise en forme de la valeur pour l'afficher autrement. La mise en forme détermine l'affichage des étiquettes et des valeurs dans les cellules, par exemple en caractères gras ou italiques ou bien avec un symbole monétaire, sans modifier les données elles-mêmes. Pour modifier la présentation d'une cellule ou d'une plage, il faut d'abord la sélectionner, puis lui appliquer une mise en forme à l'aide du ruban ou de raccourcis claviers. Les cellules et les plages peuvent être mises en forme avant ou après l'entrée de données. ▄▄▄▄▄ Manon vous a fourni une feuille de calcul avec la liste des dépenses publicitaires, dont vous devez améliorer l'apparence et la lisibilité. Vous décidez de mettre en forme quelques valeurs pour qu'elles s'affichent en tant que valeurs monétaires, pourcentages et dates.

ÉTAPES

1. **Démarrez Excel, ouvrez le classeur EX C-1.xlsx de votre dossier Projets et enregistrez-le sous le nom Dépenses publicitaires de VTA, cliquez sur l'onglet Affichage, puis sur Mise en page.**

   L'interprétation de cette feuille est malaisée car toutes les informations se ressemblent. Le contenu de certaines colonnes est tronqué parce qu'elles comportent plus d'informations que les colonnes peuvent en afficher. Vous décidez de ne pas élargir tout de suite les colonnes parce que les autres modifications que vous envisagez risquent d'affecter la largeur des colonnes et la hauteur des lignes. La première chose que vous voulez modifier est le format des données de prix de chaque publicité.

ASTUCE

Pour appliquer un format monétaire différent, tel que des euros, déroulez la liste du bouton type Monétaire, puis sélectionnez un autre type de monnaie.

2. ► **Sélectionnez la plage E4:E32, puis cliquez sur le bouton Format Nombre Comptabilité $ du groupe Nombre de l'onglet Accueil.**

   Le format par défaut du Nombre Comptabilité ajoute aux données un symbole monétaire et deux décimales après la virgule, comme à la figure C-1, et facilite leur reconnaissance visuelle. Excel ajuste automatiquement la largeur de la colonne pour afficher correctement le nouveau format. Les formats monétaire et de comptabilité permettent tous deux d'afficher des données monétaires mais le second aligne les symboles monétaires et les virgules décimales dans une même colonne.

ASTUCE

Vous sélectionnez une plage de cellules adjacentes en cliquant dans la cellule supérieure gauche, puis, tout en maintenant la touche [Maj] enfoncée, en cliquant dans la cellule inférieure droite. Ajoutez une rangée ou une colonne contiguë à la sélection, en continuant à maintenir la touche [Maj] et en appuyant sur [↓] dans le cas d'une ligne ou [→] dans le cas d'une colonne.

3. **Sélectionnez la plage G4:I32, cliquez sur le Séparateur de milliers ⌷⌷⌷ du groupe Nombre.**

   Les valeurs des colonnes G, H et I s'affichent en mode Séparateur de milliers, qui ne contient plus le signe monétaire mais permet néanmoins de présenter correctement certains types de données comptables.

4. **Sélectionnez la plage J4:J32, cliquez sur la flèche de liste Format de nombre, cliquez sur Pourcentage, puis sur Ajouter une décimale ⌷⌷⌷ dans le groupe Nombre.**

   Les données de la colonne % du total apparaissent avec un signe pourcent (%) et trois décimales après la virgule. La flèche de liste Format de nombre affiche les formats usuels de nombres et des exemples de mise en forme de la cellule ou de la plage sélectionnée si vous lui appliquez ces formats (si la sélection est une plage de cellules, les exemples montrent le résultat de la mise en forme de la première cellule de la plage). Chaque clic sur Ajouter une décimale en ajoute une après la virgule; deux clics successifs ajoutent deux décimales.

5. **Cliquez deux fois de suite sur Réduire les décimales ⌷⌷⌷ dans le groupe Nombre.**

   Deux chiffres disparaissent après la virgule de l'affichage des pourcentages.

6. **Sélectionnez la plage B4:B31, cliquez sur le lanceur ⌷ du groupe Nombre.**

   La boîte de dialogue Format de cellule s'ouvre; la catégorie Date y est sélectionnée dans l'onglet Nombre.

7. **Sélectionnez le format 14 mars 2001 (le dernier) dans la liste Type (figure C-2) et cliquez sur OK.**

   Les dates de la colonne B s'affichent sous la forme 1 janv. 2010. Le format 14 mars, 2001 affiche les mois au complet, tandis que celui que vous avez sélectionné affiche le mois en abrégé sur quatre lettres, suivi d'un point. Vous pouvez aussi ouvrir la boîte de dialogue Format de cellule d'un clic droit dans la plage sélectionnée.

ASTUCE

Examinez les données mises en forme pour vérifier que vous avez appliqué la mise en forme adéquate. Par exemple, les dates ne peuvent recevoir de format monétaire et inversement, les données monétaires ne peuvent recevoir de format de date.

8. ► **Sélectionnez la plage C4:C31, cliquez du bouton droit dans la plage, cliquez sur Format de cellule dans le menu contextuel, cliquez sur Personnalisée dans liste Catégorie, sélectionnez le type jj-mmm.**

   Le format jj-mmm affiche les dates sous la forme 14-mars, avec les jours en deux chiffres (il ajoute un zéro aux jours d'un seul chiffre) et sans l'année, tandis que le type j-mmm afficherait la même date sans le premier zéro pour les jours à un chiffre. La zone Type permet de modifier le format.

9. **Cliquez dans la zone Type, placez le pointeur à gauche du premier j, appuyez sur [Suppr], puis cliquez sur OK.**

   Comparez votre feuille de calcul à la figure C-3.

10. **Appuyez sur [Ctrl][↖] et enregistrez le classeur.**

FIGURE C-1: Feuille des dépenses publicitaires

flèche de liste
Format de nombre

bouton Format
Nombre Comptabilité

les commandes du
groupe Nombre modifient
l'apparence des nombres

bouton Mettre sous
forme de tableau

bouton Réduire
les décimales

bouton Ajouter
une décimale

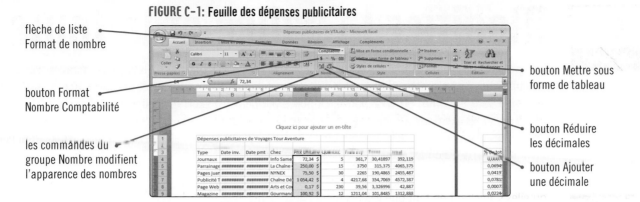

FIGURE C-2: Boîte de dialogue Format de cellule

catégories
de formats
de nombre

formats de dates

exemple de
résultat du type
sélectionné

ce format semble identique
au précédent mais il affiche
les mois en abrégé

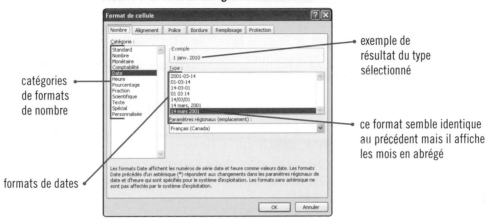

FIGURE C-3: Feuille de calcul avec les valeurs mises en forme

le nouveau format
s'affiche dans la
zone Format de
nombre

les dates mises en
forme apparaissent
sans l'année

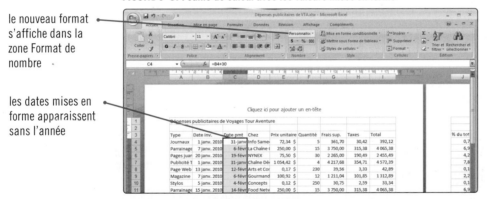

Mettre sous forme de tableau

Excel propose une soixantaine de styles de tableaux prédéfinis pour faciliter la mise des cellules sélectionnées d'une feuille de calcul sous forme de tableau. Vous pouvez ainsi appliquer un style de tableau à des plages de cellules, voire à la totalité d'une feuille de calcul. Cette fonctionnalité est particulièrement utile aux plages comportant des étiquettes dans leur colonne de gauche et dans leur ligne supérieure, ainsi que des totaux dans leur colonne de droite ou dans leur ligne inférieure. Pour mettre une plage de cellules sous forme de tableau, sélectionnez la plage ou, plus simplement, cliquez dans une des cellules de la plage car Excel est capable de détecter automatiquement une plage de cellules, cliquez sur Mettre sous forme de tableau dans le groupe Style de l'onglet Accueil, puis cliquez sur un des styles de la galerie indiquée à la figure C-4. Les styles de tableaux sont organisés en trois catégories (Clair, Moyen, Foncé). Dès que vous cliquez sur un style, Excel confirme la plage sélectionnée, puis applique le style. Lorsque vous avez mis une plage en forme de tableau, vous pouvez utiliser l'Aperçu instantané pour afficher la galerie de styles et, en déplaçant le pointeur sur les différents styles proposés, voir un aperçu de votre tableau selon le style pointé.

FIGURE C-4: Galerie des styles de tableaux

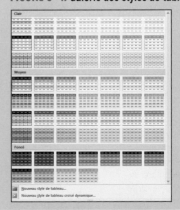

Mettre en forme une feuille de calcul

Modifier la police et la taille

Une **police** est le nom donné au dessin particulier d'un jeu de caractères (lettres, nombres, symboles et ponctuations). La taille d'une police est la grandeur physique du texte mesurée en unités nommées points. Un **point** vaut 0,35 mm ou 1/72 pouce. La police par défaut d'Excel est Calibri 11 points. Le tableau C-1 donne quelques exemples de polices en différentes tailles. Vous pouvez modifier la police, sa taille ou les deux dans toute cellule ou plage de cellules en utilisant le ruban, la boîte de dialogue ou la mini barre d'outils. Pour ouvrir la boîte de dialogue Format de cellule, cliquez sur le lanceur des groupes Police, Alignement et Nombre de l'onglet Accueil, puis sur Format de cellule dans le menu contextuel. La mini barre d'outils s'ouvre d'un clic droit dans une cellule ou une plage. Vous voulez changer la police et la taille des étiquettes et du titre de la feuille de calcul pour les mettre en évidence par rapport aux données.

ÉTAPES

ASTUCE

Pour visualiser les modifications de police et de taille de police directement dans les cellules sélectionnées avant de les appliquer, utilisez le groupe Police de l'onglet Accueil ; l'Aperçu instantané montre la police, la taille, la couleur de police et la couleur de remplissage lorsque vous déplacez le pointeur au-dessus des éléments de ces listes et palettes.

1. **Cliquez du bouton droit dans la cellule A1, cliquez ensuite sur Format de cellule dans le menu contextuel, puis cliquez si nécessaire sur l'onglet Police de la boîte de dialogue Format de cellule.**
   Voir figure C-5.

2. **Déroulez la liste des polices pour afficher en ordre alphabétique les polices disponibles sur votre ordinateur, sélectionnez Times New Roman dans la liste, cliquez sur 20 dans la liste Taille, contrôlez le résultat dans l'Aperçu, puis cliquez sur OK.**
   Le titre apparaît en Times New Roman 20 points et le groupe Police de l'onglet Accueil affiche le nom et la taille de la nouvelle police.

3. **Cliquez deux fois sur Augmenter la taille de police A˚ dans le groupe Police.**
   La taille du titre atteint 24 points.

ASTUCE

Vous pouvez aussi mettre en forme toute une ligne, en cliquant sur l'en-tête de ligne (ou toute une colonne en cliquant sur l'en-tête de colonne).

4. **Sélectionnez la plage A3:J3, cliquez du bouton droit, puis cliquez sur la flèche de liste Police de la mini barre d'outils.**
   La mini barre d'outils reprend les outils de mise en forme les plus courants, ce qui la rend utile pour des modifications rapides de mise en forme. Remarquez que les noms des polices s'affichent dans cette liste dans la police qu'ils désignent.

ASTUCE

Une fois que vous avez cliqué dans la liste des polices, vous accédez rapidement à une police en tapant les premiers caractères de son nom.

5. **Cliquez sur Times New Roman, déroulez la liste Taille de police, et sélectionnez 14.**
   La mini barre d'outils se ferme dès que vous déplacez le pointeur en dehors de la sélection. Comparez la présentation de votre feuille à celle de la figure C-6. Remarquez que quelques étiquettes de colonnes sont trop grandes pour s'afficher entièrement. Excel n'ajuste pas automatiquement la largeur des colonnes; vous devez le faire manuellement, ce que vous verrez dans une leçon ultérieure.

6. **Enregistrez votre travail.**

TABLEAU C-1: Exemples de polices et de tailles de polices

Police	12 points	24 points
Calibri	Excel	Excel
Playbill	Excel	Excel
Comic Sans MS	Excel	Excel
Times New Roman	Excel	Excel

FIGURE C-5: Onglet Police dans la boîte de dialogue Format de cellule

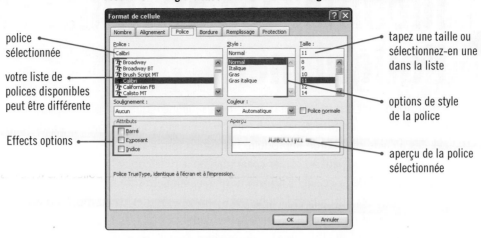

police
sélectionnée

votre liste de
polices disponibles
peut être différente

Effects options

tapez une taille ou
sélectionnez-en une
dans la liste

options de style
de la police

aperçu de la police
sélectionnée

Excel 2007

FIGURE C-6: Titre et étiquettes mis en forme dans la feuille

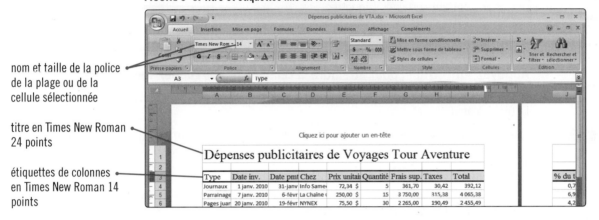

nom et taille de la police
de la plage ou de la
cellule sélectionnée

titre en Times New Roman
24 points

étiquettes de colonnes
en Times New Roman 14
points

Insérer une image clipart et d'autres images

Vous pouvez ajouter des images clipart et d'autres images à vos feuilles de calcul pour les rentre plus attrayantes. Un **clip** est un fichier multimédia qui peut être un dessin, un son, une animation ou un film. Une **image clipart** est plus particulièrement un fichier graphique contenant un logo d'entreprise, un dessin ou une photo. Microsoft Office est fourni avec de nombreux clips prêts à l'emploi. Pour ajouter une image, cliquez sur Images clipart dans le groupe Illustrations de l'onglet Insertion. Le volet Images clipart apparaît. Vous pouvez y lancer la recherche d'une image en tapant un ou plusieurs mots-clés (mots relatifs au sujet recherché) dans la zone Rechercher, puis en cliquant sur OK. Les images obtenues apparaissent dans le volet Office (figure C-7). Cliquez sur l'image choisie (vous obtiendrez des résultats plus nombreux sur Microsoft Office Online en plus de ceux de votre ordinateur si vous avez choisi l'installation standard d'Office et si vous disposez d'une connexion Internet) et elle s'insère à l'emplacement de la cellule active. Il est aussi possible d'insérer vos propres images dans une feuille en cliquant sur l'onglet Insertion, puis sur Image dans le groupe Illustrations. Localisez le fichier souhaité, puis cliquez sur Insérer. Pour redimensionner une image, faites glisser la poignée de redimension-nement d'un de ses coins. Pour déplacer une image, placez le pointeur dans l'image jusqu'à ce qu'il se change en ⁙, puis faites-la glisser.

FIGURE C-7: Résultat de la recherche d'images clipart

indiquez le
ou les mots clés

cliquez pour lancer
la recherche

Excel 2007

Modifier les attributs et l'alignement

Les attributs sont des styles – gras, italique et souligné – que l'on peut appliquer pour modifier l'affichage du texte ou des nombres dans une feuille. Vous pouvez copier la mise en forme d'une cellule dans d'autres cellules à l'aide du bouton Reproduire la mise en forme du groupe Presse-papiers de l'onglet Accueil du ruban. Celui-ci équivaut au copier-coller mais au lieu de copier le contenu d'une cellule, il ne copie que la mise en forme de la cellule. L'**alignement** des étiquettes peut se faire à gauche, à droite ou au centre d'une cellule. Les attributs et l'alignement peuvent être définis au moyen de l'onglet Accueil, la boîte de dialogue Format de cellule ou la mini barre d'outils. Le tableau C-2 donne une description des principaux boutons d'attribut et d'alignement disponibles dans l'onglet Accueil du ruban et la mini barre d'outils. Vous souhaitez améliorer la présentation de la feuille de calcul en appliquant les attributs gras et souligné et en centrant certaines étiquettes.

ÉTAPES

1. **Appuyez sur [Ctrl][↖] pour atteindre la cellule A1, puis cliquez sur Gras G dans le groupe Police.**

   Le titre apparaît en gras.

ASTUCE

Utilisez les raccourcis clavier pour mettre en forme une plage sélectionnée : [Ctrl] [G] pour Gras, [Ctrl] [I] pour Italique et [Ctrl] [U] pour Souligné.

2. **Cliquez dans la cellule A3, puis cliquez sur Souligner S dans le groupe Police.**

   L'en-tête de cette colonne est à présent souligné, bien que ce soit peu visible dans la cellule sélectionnée.

3. **Cliquez sur Italique I dans le groupe Police, puis sur Gras G.**

   Le mot « Type » apparaît en gras italique souligné. Remarquez que les boutons Gras, Italique et Souligner du groupe Police sont tous sélectionnés.

4. **Cliquez sur ▮.**

   La cellule A3 perd l'attribut italique mais conserve les attributs gras et souligné.

ASTUCE

L'abus des attributs peut distraire et rendre la feuille moins lisible. Soyez constant en plaçant la mise en valeur toujours de la même façon sur des éléments semblables d'une même feuille et dans tous les classeurs traitant des mêmes sujets.

5. **Cliquez sur Reproduire la Mise en forme ❤ dans le groupe Presse-papiers, puis sélectionnez la plage B3:J3.**

   La mise en forme de la cellule A3 est recopiée dans les autres étiquettes des en-têtes de colonnes. Pour désactiver le bouton Reproduire la mise en forme, appuyez sur [Echap] ou cliquez sur ❤. Le titre se présenterait mieux s'il était centré au-dessous des colonnes de données.

6. **Sélectionnez la plage A1:J1, puis cliquez sur Fusionner et centrer ▦ dans le groupe Alignement.**

   L'action « Fusionner » crée une cellule à partir des dix cellules sélectionnées et « centrer » positionne le texte au centre de cette grande cellule. Le titre « Dépenses publicitaires de Voyages Tour Aventure » est centré sur les dix colonnes. Vous pouvez changer l'alignement des cellules individuelles avec les boutons de la barre d'outils. Il est possible de scinder une cellule fusionnée en ses composants d'origine en cliquant dans la cellule, puis en cliquant sur Fusionner et centrer.

ASTUCE

Pour enlever toute la mise en forme d'une plage sélectionnée, cliquez sur la flèche de liste Effacer ✎ du groupe Édition, puis sur Effacer les formats.

7. **Sélectionnez la plage A3:J3, cliquez du bouton droit, puis cliquez sur Centrer ▤ dans la mini barre d'outils.**

   Comparez l'écran obtenu à celui de la figure C-8. Bien qu'elles puissent demeurer difficiles à lire, remarquez que toutes les étiquettes sont centrées dans leurs cellules.

8. **Enregistrez votre travail.**

boutons de mise en forme sélectionnés

titre centré dans les colonnes

bouton Fusionner et centrer

Bouton Centrer

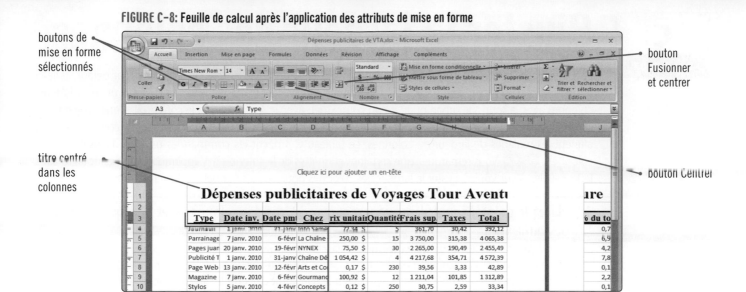

étiquettes de colonnes centrées, soulignées et mises en gras

Excel 2007

Faire pivoter et mettre en retrait le contenu des cellules

Outre la modification des polices et des attributs de mise en forme, vous pouvez faire pivoter ou mettre en retrait les données d'une cellule pour modifier davantage sa présentation. La rotation du texte dans la cellule est une option d'alignement. Pour modifier l'alignement, sélectionnez les cellules à modifier, cliquez sur le lanceur ☐ du groupe Alignement, puis sur l'onglet Alignement dans la boîte de dialogue Format de cellule. Choisissez une position

dans la section Orientation ou tapez une valeur dans la zone degrés pour modifier l'alignement horizontal par défaut. Cliquez ensuite sur OK. Vous mettez en retrait vers la droite ou la gauche le contenu d'une cellule sélectionnée en cliquant respectivement sur Augmenter le retrait ☐ ou Diminuer le retrait ☐ du groupe Alignement de l'onglet Accueil du ruban.

TABLEAU C-2: Boutons d'attributs et d'alignement usuels

Bouton	Description	Bouton	Description
G	Met le texte en gras	▤	Aligne le texte à gauche de la cellule
I	Met le texte en italique	▤	Centre le texte horizontalement dans la cellule
S	Souligne le texte	▤	Aligne le texte à droite de la cellule
▦	Ajoute des traits ou des bordures	▦	Centre le texte dans les colonnes et crée une cellule à partir d'une ou de plusieurs cellules

Ajuster la largeur des colonnes

Pour mettre la feuille en forme, il peut être nécessaire de modifier la largeur des colonnes. Par défaut, celle-ci est définie à 10,71 caractères, soit 2,33 centimètres. On peut changer la largeur d'une ou de plusieurs colonnes avec la souris, le ruban ou le menu contextuel. Avec la souris, glissez le côté droit d'une étiquette de colonne ou double-cliquez sur ce côté droit. Le ruban et le menu contextuel offrent des commandes qui affinent les réglages de largeur de colonnes. Le tableau C-3 décrit les commandes usuelles d'ajustement de colonnes. ▓▓▓▓ Vous remarquez que certaines étiquettes de la colonne A n'apparaissent pas en totalité dans leurs cellules. Vous voulez ajuster la largeur des colonnes pour que les étiquettes s'affichent correctement.

ÉTAPES

ASTUCE

Pour rétablir la largeur par défaut des colonnes, sélectionnez-les, cliquez sur Format dans le groupe Cellules, cliquez sur Largeur par défaut, puis sur OK dans la boîte de dialogue Largeur standard.

ASTUCE

Si une étiquette de colonne est sélectionnée, vous pouvez changer la largeur en cliquant du bouton droit, puis sur Largeur de colonne dans le menu contextuel.

ASTUCE

Si « ###### » apparaît dans une cellule après la modification d'une largeur de colonne, ceci indique que la colonne est trop étroite pour afficher la valeur en entier. Il faut alors élargir la colonne.

1. **Placez le pointeur sur la ligne séparant les en-têtes des colonnes A et B jusqu'à ce qu'il devienne ↔.**

   Voir figure C-9. L'**en-tête de colonne** est la case grise ou jaune lorsque la colonne est sélectionnée, affichant une lettre au sommet de chaque colonne. Avant d'ajuster la largeur d'une colonne à l'aide de la souris, il est nécessaire de placer le pointeur sur le côté droit de l'en-tête de colonne à ajuster. Les étiquettes Parrainage TV sont les plus larges de la colonne.

2. **Cliquez et faites glisser le pointeur ↔ vers la droite jusqu'à ce que la colonne affiche en totalité Parrainage TV dans la cellule A5.**

3. **Placez le pointeur sur la ligne séparant les en-têtes des colonnes B et C jusqu'à ce qu'il devienne ↔, puis double-cliquez.**

   La largeur de la colonne B s'ajuste automatiquement pour afficher l'entrée la plus large, ici l'étiquette de colonne. Le double-clic active l'**ajustement automatique**, qui permet de redimensionner une colonne afin qu'elle puisse afficher entièrement la plus large entrée de la colonne.

4. **Utilisez l'ajustement automatique pour modifier la largeur des colonnes C, D et J.**

5. **Sélectionnez la plage F5:I5.**

   Vous pouvez modifier en une fois la largeur de plusieurs colonnes en sélectionnant soit les en-têtes de ces colonnes, soit au moins une cellule de chacune des colonnes.

6. **Cliquez sur Format dans le groupe Cellules, puis cliquez sur Largeur de colonne.**

   La boîte de dialogue Largeur de colonne apparaît. La largeur des colonnes est mesurée différemment selon le mode d'affichage de la feuille. En mode Normal, elle se fonde sur le nombre de caractères que peut contenir la colonne pour la police et la taille de police par défaut (ici, Calibri 11 points). En mode Mise en page, elle se mesure en centimètres.

7. **S'il y a lieu, déplacez la boîte de dialogue en faisant glisser sa barre de titre afin de voir les colonnes sélectionnées, tapez 2 dans la zone de texte Largeur de colonne, puis cliquez sur OK.**

   La largeur des colonnes E, G, H et I prend la nouvelle valeur (figure C-10).

8. **Enregistrez votre travail.**

Modifier la hauteur des lignes

Modifier la hauteur des lignes est aussi simple que de modifier la largeur des colonnes. Comme la largeur des colonnes, la hauteur est mesurée différemment selon le mode d'affichage de la feuille de calcul. En mode d'affichage Normal, la hauteur est mesurée en points, comme les polices; un point vaut 1/72 pouce ou 0,35 cm. La hauteur de la ligne doit être supérieure à la taille de police utilisée. En mode d'affichage Mise en page, la hauteur des lignes se mesure en centimètres. Il n'est habituellement pas nécessaire d'ajuster manuellement les hauteurs de lignes parce qu'Excel en ajuste automatiquement la hauteur pour accueillir les modifications de mise en forme. Si vous utilisez une police plus grande, Excel ajuste automatiquement la hauteur de ligne en fonction de la nouvelle taille de police. Vous disposez toutefois d'autant de façons d'ajuster la hauteur des lignes que de manières d'ajuster la largeur des colonnes. À l'aide de la souris, placez le pointeur ↕ sur la ligne de séparation entre l'en-tête de ligne et celui de la ligne en dessous, glissez la ligne de séparation pour atteindre la hauteur voulue; double-cliquez sur cette ligne de séparation pour ajuster la hauteur de la ligne en fonction de son contenu. Vous pouvez également sélectionner une ou plusieurs lignes, cliquer du bouton droit dans la sélection, puis cliquer sur Hauteur de ligne dans le menu contextuel ou encore cliquer sur Format dans le groupe Cellules de l'onglet Accueil, puis sur Hauteur de ligne ou Ajuster au contenu dans le menu contextuel qui apparaît.

FIGURE C-9: Prêt à modifier la largeur de la colonne

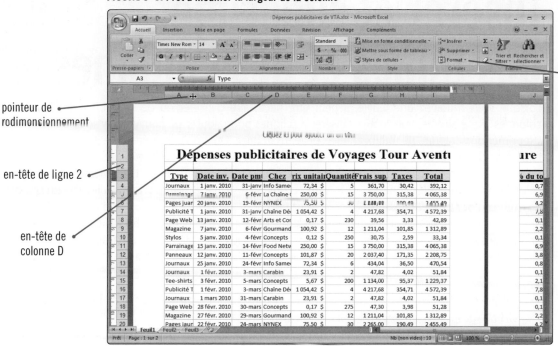

pointeur de
rodimonsionnement

en-tête de ligne 2

en-tête de
colonne D

cliquez pour
modifier la mise
en forme de
colonne ou
de ligne

FIGURE C-10: Largeurs des colonnes ajustées dans la feuille

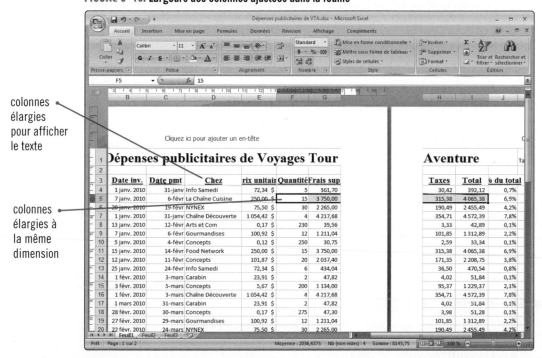

colonnes
élargies
pour afficher
le texte

colonnes
élargies à
la même
dimension

TABLEAU C-3: Commandes de sous-menu usuelles de mise en forme de colonnes

Commande	Description	Accessible par
Largeur de colonne	Définit la largeur en nombre de caractères ou en centimètres	bouton Format, menu contextuel
Ajuster la largeur de colonne	Ajuste une colonne à sa plus large entrée	bouton Format, souris
Masquer et afficher	Masque ou affiche une ou des colonnes masquées	bouton Format, menu contextuel
Largeur par défaut	Modifie la largeur prédéfinie des colonnes de la feuille active	bouton Format

Insérer et supprimer des lignes et des colonnes

Lorsque vous modifiez une feuille, il peut être nécessaire d'insérer ou de supprimer des lignes et des colonnes. Par exemple, vous pouvez insérer des lignes pour ajouter de nouveaux articles en inventaire ou supprimer une colonne de totaux annuels devenus inutiles. Quand vous insérez une ligne, le contenu de la feuille de calcul se décale vers le bas à partir de la nouvelle ligne insérée et, quand vous insérez une colonne, le contenu de la feuille de calcul se décale vers la droite à partir de l'emplacement de la nouvelle colonne. Excel insère les lignes au-dessus du pointeur de cellule et insère les nouvelles colonnes à gauche de celui-ci. Pour insérer plusieurs lignes, cliquez puis glissez le pointeur sur autant d'en-têtes de lignes que de lignes à insérer. Vous décidez d'éclaircir l'apparence générale de la feuille de calcul en insérant une ligne entre la dernière ligne de données et les totaux. De plus, vous avez appris que la ligne 27, incorrecte, et la colonne J, superflue, doivent disparaître de la feuille de calcul.

ÉTAPES

1. **Cliquez du bouton droit dans la cellule A32, puis cliquez sur Insérer dans le menu contextuel.**
   La boîte de dialogue Insertion de cellule s'ouvre (figure C-11). Vous pouvez choisir d'insérer une ligne ou une colonne entière ou vous pouvez décaler les cellules vers la droite ou vers le bas. Une nouvelle ligne placée après les données séparera ces dernières des totaux.

2. **Cliquez sur Ligne entière, puis sur OK.**
   Une ligne vierge est insérée entre les totaux et les données des panneaux d'affichage. Le résultat de la formule de la cellule E33 n'a pas changé. Le bouton Options d'insertion apparaît sous la cellule A33. Lorsque vous placez le pointeur sur ce bouton, celui-ci affiche une flèche de liste, sur lequel vous pouvez cliquer pour choisir une des options suivantes : Format identique à celui du dessus, Format identique à celui du dessous ou Effacer la mise en forme. Vous préférez la mise en forme par défaut, identique à celle du dessus.

3. **Cliquez sur l'en-tête de la ligne 27.**
   Toute la ligne 27 est sélectionnée (figure C-12).

4. **Cliquez sur le bouton Supprimer dans le groupe Cellules; *ne cliquez pas sur la flèche de liste du bouton.***
   Excel supprime la ligne 27 et toutes les lignes situées dessous sont déplacées vers le haut. Vous devez utiliser le bouton Supprimer ou la commande Supprimer du menu contextuel pour supprimer une ligne ou une colonne; appuyer sur [Suppr] au clavier ne supprime pas la ligne mais le contenu d'une ligne ou d'une colonne sélectionnée.

5. **Cliquez sur l'en-tête de colonne J.**
   Les pourcentages sont calculés ailleurs et ne sont plus nécessaires dans cette feuille de calcul.

6. **Cliquez sur le bouton Supprimer dans le groupe Cellules.**
   Excel supprime la colonne J et les colonnes à sa droite sont déplacées d'une colonne vers la gauche.

7. **Enregistrez votre travail.**

Masquer et afficher des colonnes et des lignes

Lorsque vous ne voulez plus qu'une colonne ou une ligne soit visible, mais que vous ne voulez pas la supprimer, vous pouvez masquer cette colonne ou cette ligne. Pour masquer une colonne sélectionnée, cliquez sur le bouton Format du groupe Cellule, pointez sur Masquer et afficher, puis cliquez sur Masquer les colonnes. La présence d'une colonne masquée est indiquée par une un trait vertical noir à son emplacement d'origine. Ce trait noir disparaît quand vous cliquez ailleurs dans la feuille. Pour afficher une colonne masquée, sélectionnez les colonnes de part et d'autre de ce trait Noir, puis cliquez sur le bouton Format du groupe Cellule, pointez Masquer et afficher, puis cliquez sur Afficher les colonnes. (Pour masquer ou afficher une ou plusieurs lignes, substituez Masquer les lignes et Afficher les lignes à Masquer les colonnes et Afficher les colonnes dans ces explications.)

FIGURE C-11: Boîte de dialogue Insertion de cellule

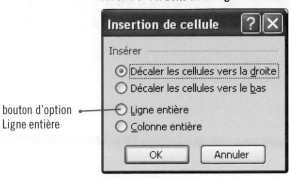

bouton d'option
Ligne entière

FIGURE C-12: Ligne 27 sélectionnée dans la feuille

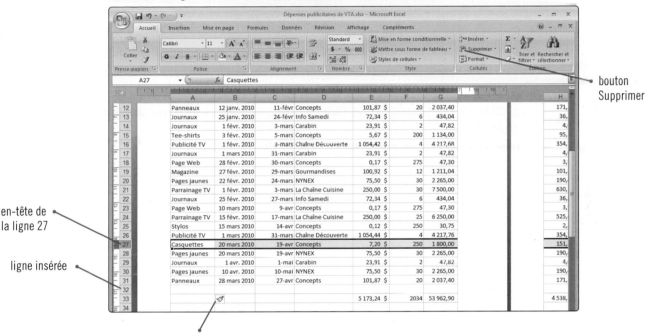

bouton
Supprimer

en-tête de
la ligne 27

ligne insérée

le bouton Options d'insertion
peut apparaître ailleurs ou
ne pas être visible

Ajouter ou supprimer des commentaires

Le travail réalisé avec Excel est souvent partagé au sein d'une équipe de collaborateurs. Vous pouvez communiquer des idées à vos équipiers au moyen de commentaires joints à des cellules sélectionnées. Pour insérer un commentaire, cliquez dans la cellule concernée, cliquez dans l'onglet Révision, puis sur Nouveau commentaire dans le groupe Commentaires. Une zone de texte dimensionnable donnant le nom de l'utilisateur apparaît, prête à recevoir le commentaire. Un petit triangle rouge apparaît dans le coin supérieur droit de la cellule contenant un commentaire. Si les commentaires ne sont pas encore visibles dans un classeur, l'utilisateur du classeur peut pointer une cellule marquée pour afficher son commentaire. Pour voir tous les commentaires, comme dans la figure C-13, cliquez sur Afficher tous les commentaires dans le groupe Commentaires. Pour modifier un commentaire, cliquez dans la cellule qui le contient, puis cliquez sur Modifier le commentaire du groupe Commentaires. Pour le supprimer, cliquez dans la cellule qui le contient, puis sur Supprimer dans le groupe Commentaires.

FIGURE C-11: Commentaires dans la feuille de calcul

Utiliser la couleur, les motifs et les bordures

La présentation et la lisibilité d'une feuille peuvent être améliorées par l'utilisation de couleurs, de motifs et de bordures. Ces enrichissements peuvent se réaliser à l'aide des boutons Bordures et Couleur de remplissage dans le groupe Police de l'onglet Accueil du ruban et dans la mini barre d'outils ou à l'aide des onglets Bordure et Remplissage de la boîte de dialogue Format de cellule. Vous pouvez appliquer des couleurs à une cellule, à une plage ou à leur contenu et vous pouvez appliquer des motifs à l'arrière-plan d'une cellule ou d'une plage. Vous pouvez ajouter une bordure à toutes les cellules ou à une sélection de cellules pour attirer l'attention sur certaines informations. Pour gagner du temps, vous pouvez aussi appliquer des **styles de cellules**, des combinaisons prédéfinies d'attributs de mise en forme. Vous voulez ajouter un motif, une bordure et de la couleur au titre de la feuille pour lui donner un aspect plus professionnel.

ÉTAPES

1. Sélectionnez la cellule A1, déroulez la zone de liste Couleur de remplissage ▧▾ du groupe Police, puis déplacez la souris au-dessus de la couleur Turquoise, Accentuation2 (première ligne, sixième colonne à partir de la gauche).

L'Aperçu instantané montre ce que donne la couleur avant de l'appliquer (figure C-14).

> **ASTUCE**
>
> La couleur affichée dans les boutons Couleur de remplissage et Couleur de police est celle de la dernière couleur sélectionnée.

2. Cliquez sur Turquoise, Accentuation2.

La cellule reçoit un arrière-plan turquoise. Remarquez que le contenu de la cellule A1 s'étend sur les colonnes A à I, suite à la commande Fusionner et centrer utilisée pour le titre.

3. Cliquez du bouton droit sur la cellule A1, puis cliquez sur Format de cellule dans le menu contextuel.

La boîte de dialogue Format de cellule s'ouvre. L'ajout d'un motif de fond à certaines cellules complète l'intérêt visuel d'une feuille de calcul. Pour mettre en forme la totalité d'une ligne ou d'une colonne, cliquez sur l'en-tête de ligne ou de colonne.

> **ASTUCE**
>
> Utilisez parcimonieusement la couleur car son abus peut distraire l'attention des données de la feuille.

4. Cliquez sur l'onglet Remplissage, déroulez la liste Style de motif, cliquez sur Gris 6,25 % (première ligne, sixième colonne à partir de la gauche), puis cliquez sur OK.

> **ASTUCE**
>
> Créez des bordures sur mesure pour agrémenter vos documents. Déroulez la liste Bordure du groupe Police, cliquez sur Autres bordures, puis sur les boutons de bordures pour définir des bordures ou des cadres.

5. Déroulez la liste Bordures ▦▾ du groupe Police et cliquez sur Bordure épaisse en bas.

Au contraire du soulignement, qui est un attribut de police, les bordures s'étendent sur toute la largeur des cellules. Elles peuvent apparaître sur le côté inférieur, supérieur ou des deux côtés d'une cellule. Il peut être difficile de voir une bordure lorsque la plage à laquelle elle est appliquée est sélectionnée.

6. Sélectionnez la plage A3:I3, déroulez la liste Couleur de police ▲▾ du groupe Police, puis cliquez sur Bleu, Accentuation1 (première ligne des Couleurs du thème, cinquième colonne à partir de la gauche) dans la palette.

La nouvelle couleur est appliquée au texte de la sélection.

7. Sélectionnez la plage J1:K1, déroulez la liste Styles de cellules du groupe Style, puis cliquez sur Neutre (première ligne, troisième colonne à partir de la gauche) dans la palette.

La police et la couleur sont modifiées (figure C-15).

8. Enregistrez votre travail.

FIGURE C-14: Aperçu instantané de la couleur de remplissage

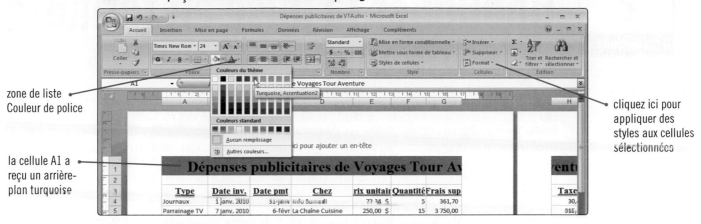

zone de liste
Couleur de police

la cellule A1 a
reçu un arrière-
plan turquoise

cliquez ici pour
appliquer des
styles aux cellules
sélectionnées

FIGURE C-15: Couleurs, motifs, bordures et styles appliqués à la feuille

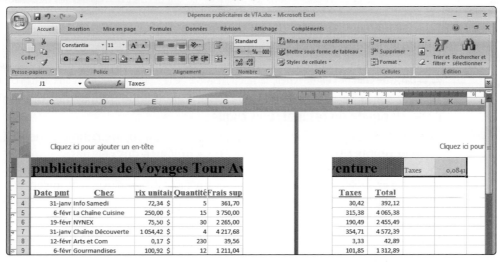

Épargner du temps avec les styles et les thèmes de cellules

Vous gagnerez du temps de mise en forme grâce aux thèmes et aux styles de cellules. Un **thème** est un ensemble prédéfini d'attributs conçus pour donner à vos feuilles Excel un aspect professionnel. Les couleurs, les polices, les traits et les effets de remplissage sont autant d'options de mise en forme proposées dans les thèmes. Un thème peut être appliqué à l'aide du bouton Thèmes du groupe Thème de l'onglet Mise en page du ruban (figure C-16). Les **styles de cellules** sont des ensembles d'attributs fondés sur les thèmes, de sorte qu'ils sont automatiquement mis à jour si vous changez de thème. Par exemple, si vous appliquez le style 20 % Accentuation1 à la cellule A1 dans une feuille de calcul qui ne possède pas de thème, la couleur de remplissage est modifiée en Bleu clair et la police en Constantia. Si vous appliquez ensuite le thème Métro à la feuille, la couleur de la cellule A1 est modifiée en Vert clair et la police en Corbel, parce que ce sont les attributs coordonnés au thème sélectionné. L'usage des thèmes et des styles de cellules garantit la cohérence d'aspect des feuilles de calcul et évite de perdre du temps de correction des mises en forme lors des modifications.

FIGURE C-16: Thèmes

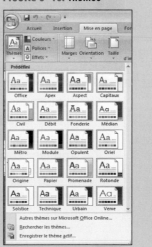

Appliquer la mise en forme conditionnelle

Jusqu'ici, vous avez utilisé la mise en forme pour modifier l'apparence de différents types de données, comme des dates, des montants monétaires, des titres de feuille de calcul et des étiquettes de colonne. La mise en forme permet également de mettre en évidence des aspects importants des données elles-mêmes. Par exemple, vous pouvez définir une mise en forme qui modifie automatiquement en rouge la couleur de police des cellules où le prix d'une publicité dépasse 100 $ et en vert quand le prix est inférieur à 50 $. Ce genre de mise en forme s'appelle la **mise en forme conditionnelle** parce qu'Excel applique automatiquement des formats différents en fonction de conditions que vous imposez. Si les données répondent aux critères, Excel applique le format indiqué. La mise en forme est mise à jour chaque fois que vous modifiez les données de la feuille. Les barres de données sont un type de mise en forme conditionnelle qui illustre visuellement les différences parmi des valeurs. Manon Lemaire s'inquiète des coûts publicitaires qui dépassent le budget annuel. Vous décidez de mettre à profit la mise en forme conditionnelle pour attirer l'attention sur certaines tendances et constances dans les données, ce qui permet de repérer les dépenses extrêmes.

ÉTAPES

1. **Sélectionnez la plage I4:I30, cliquez sur le bouton Mise en forme conditionnelle du groupe Style, pointez Barres de données, puis Barre de données bleu clair (deuxième ligne, deuxième colonne).**
   L'Aperçu instantané montre la mise en forme dans la feuille de calcul (figure C-17). Remarquez que la largeur de la barre de chaque cellule reflète la valeur relative de la valeur par rapport aux autres cellules de la sélection.

2. **Pointez sur la Barre de données verte (première ligne, deuxième colonne) et voyez l'Aperçu rapide du résultat, puis cliquez.**

3. **Sélectionnez la plage G4:G30, cliquez sur Mise en forme conditionnelle dans le groupe Style et pointez sur Règles de mise en surbrillance des cellules.**
   Le menu de mise en forme conditionnelle affiche des options pour créer des types divers de règles de mise en forme. Par exemple, vous pouvez créer une règle pour les valeurs plus grandes qu'un seuil donné, plus petites qu'un certain montant ou situées entre deux montants.

4. **Cliquez sur Entre.**
   La boîte de dialogue Entre apparaît. Selon l'opérateur logique choisi dans le menu Règles de mise en surbrillance des cellules (comme « Supérieur à », « Inférieur à »), la boîte de dialogue présente différents arguments. Vous pouvez définir plusieurs conditions distinctes et attribuer à chacune une mise en forme, mais vous devez d'abord définir les conditions. Comme vous avez choisi l'option Entre, la boîte de dialogue présente deux zones de texte où vous indiquez les valeurs de seuil minimale et maximale de la condition. Ces valeurs peuvent être des constantes, des formules, des références de cellules ou des dates. Le réglage par défaut pour la mise en forme, dans la troisième zone de liste déroulante, est exactement ce que vous voulez : Remplissage rouge clair avec texte rouge foncé. Vous ne les voyez pas parce qu'Excel les impose au choix du menu Entre, mais deux autres conditions sont définies au préalable dans cette boîte de dialogue, que vous pouvez interpréter comme « Valeur de la cellule » est « comprise entre ».

5. **Tapez 2000 dans la première zone de texte, tapez 4000 dans la deuxième zone de texte et comparez vos réglages à ceux de la figure C-18, puis cliquez sur OK.**
   Toutes les cellules de la colonne G qui contiennent une valeur comprise entre 2000 et 4000 sont affichées en rouge foncé sur fond rouge clair.

6. **Cliquez dans la cellule G7, tapez 3975,55 et appuyez sur [Entrée].**
   Dès que la valeur de G7 change, la mise en forme est modifiée parce que la nouvelle valeur remplit les conditions pour appliquer la mise en forme. Comparez vos résultats à ceux de la figure C-19.

7. **Appuyez sur [Ctrl][↖] pour sélectionner la cellule A1, puis enregistrez votre travail.**

Gérer les règles de mise en forme conditionnelle

Lorsque vous avez créé une règle de mise en forme conditionnelle et que vous souhaitez modifier les conditions pour refléter une valeur différente ou appliquer une autre mise en forme, il n'est pas nécessaire de créer une nouvelle règle car il suffit de corriger la règle existante à l'aide du gestionnaire de règles. Sélectionnez la plage contenant la mise en forme conditionnelle, cliquez sur Mise en forme conditionnelle dans le groupe Style et cliquez sur Gérer les règles. La boîte de dialogue Gestionnaire des règles de mise en forme conditionnelle s'ouvre. Sélectionnez la règle que vous souhaitez modifier ou supprimer, cliquez sur Modifier la règle, modifiez les réglages de la zone Modifier la description de la règle, cliquez sur OK, puis encore sur OK pour fermer la boîte de dialogue. La règle est modifiée et les nouvelles conditions sont appliquées aux cellules sélectionnées.

FIGURE C-17: Aperçu instantané des barres de données

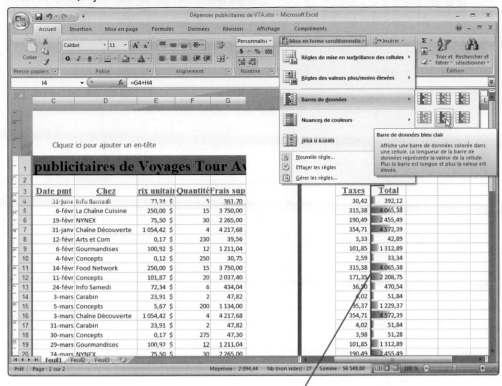

les barres de données s'affichent
dans la feuille de calcul

FIGURE C-18: Réglage des conditions dans la boîte de dialogue Entre

FIGURE C-19: Résultat de la mise en forme conditionnelle

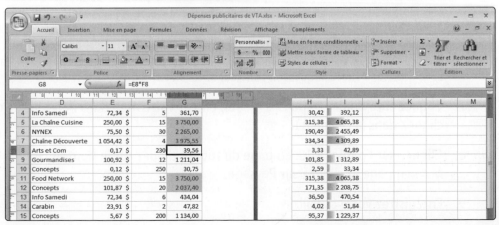

Nommer et déplacer une feuille

Chaque classeur Excel contient au départ trois feuilles de calcul nommées Feuil1, Feuil2 et Feuil3. La première est la feuille active à l'ouverture du classeur. Pour vous déplacer d'une feuille à l'autre, cliquez sur l'onglet voulu, dans le bas de la fenêtre Excel. Des boutons de défilement d'onglet, situés à la gauche des onglets, permettent un déplacement rapide parmi les feuilles si le nombre de feuilles est trop élevé pour voir tous les onglets d'un seul coup. Pour mieux identifier les feuilles d'un classeur, le nom des feuilles est affiché sur leur onglet, vous pouvez les renommer, en changer la couleur et les reclasser d'une façon logique. Par exemple, pour mieux suivre les objectifs de performance, vous pourriez renommer chaque feuille du classeur selon les noms des vendeurs pour les classer ensuite par ordre alphabétique. Dans votre feuille de calcul, la Feuil1 contient les dépenses relatives à la publicité, la Feuil2 contient les prévisions de dépenses publicitaires et la Feuil3 ne contient aucune donnée. Vous voulez renommer les feuilles du classeur pour identifier clairement leur contenu, appliquer une couleur distincte aux feuilles et changer leur ordre.

ÉTAPES

1. Cliquez sur l'onglet Feuil2.

La feuille Feuil2 devient active et elle apparaît à l'avant-plan de l'onglet Feuil1. Cette feuille contient les dépenses projetées (figure C-20).

ASTUCE

Pour renommer une feuille, vous pouvez aussi cliquer avec le bouton droit sur l'onglet, cliquer sur renommer, taper le nouveau nom, puis appuyer sur [Entrée].

2. Cliquez sur l'onglet Feuil1.

Feuil1, qui contient les données réelles, redevient la feuille active.

3. Double-cliquez sur l'onglet Feuil2, tapez Projetées et appuyez sur [Entrée].

Le nouveau nom est placé dans l'onglet de la feuille. Un nom de feuille peut être formé d'au plus 31 caractères, y compris les espaces et la ponctuation.

ASTUCE

Pour supprimer une feuille, sélectionnez-la, déroulez la liste du bouton Supprimer dans le groupe Cellules, puis cliquez sur Supprimer une feuille. Pour insérer une feuille, cliquez sur le bouton Insérer une feuille 🖹, à droite des onglets de feuilles.

4. Cliquez du bouton droit sur l'onglet Projetées, pointez sur Couleur d'onglet dans le menu contextuel, puis cliquez sur Vert brillant, Accentuation4, plus clair 80 %, comme à la figure C-21.

La couleur de l'onglet est modifiée en un dégradé vert clair.

5. Double-cliquez sur l'onglet Feuil1, tapez Dépenses réelles et appuyez sur [Entrée].

Observez que la couleur de l'onglet Projetées change selon que la feuille est ou non active; lorsque l'onglet Dépenses réelles est actif, l'onglet Dépenses projetées devient vert foncé. Vous décidez de modifier l'ordre des feuilles pour placer Dépenses projetées avant Dépenses réelles.

6. Cliquez sur l'onglet Projetées, maintenez la touche de la souris enfoncée, glissez le pointeur à gauche de l'onglet Dépenses réelles (figure C-22) et relâchez la souris.

Durant le glissement, le pointeur prend la forme ⬚, le pointeur de déplacement de feuille et un petit triangle noir indiquent la nouvelle position. La feuille Dépenses projetées est maintenant la première feuille du classeur (figure C-23). Lorsque tous les noms d'onglets ne sont pas visibles, cliquez sur le bouton de défilement d'onglet à l'extrême gauche pour afficher le premier onglet et sur le bouton de défilement de droite pour atteindre le dernier onglet. Les boutons de défilement vers la gauche et vers la droite permettent de se déplacer d'une feuille à la fois dans leur direction respective.

7. Cliquez sur l'onglet Dépenses réelles, entrez votre nom dans l'en-tête de gauche et cliquez dans la cellule A1.

8. Cliquez sur l'onglet Mise en page du ruban, cliquez sur le bouton Orientation du groupe Mise en page et cliquez sur Paysage.

9. Enregistrez votre travail.

FIGURE C-20: Onglets du classeur

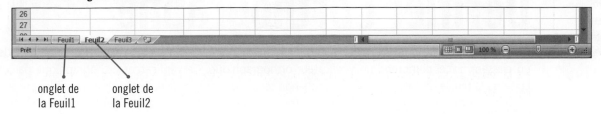

onglet de   onglet de
la Feuil1   la Feuil2

FIGURE C-21: Palette de la Couleur d'onglet

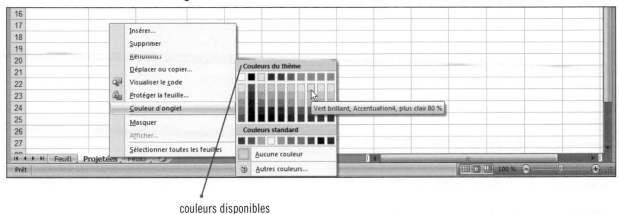

couleurs disponibles

FIGURE C-22: La feuille pendant le déplacement

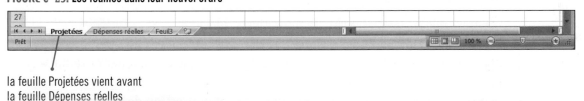

pointeur de   la Feuil1   indique
déplacement   renommée   l'onglet actif
de feuille

FIGURE C-23: Les feuilles dans leur nouvel ordre

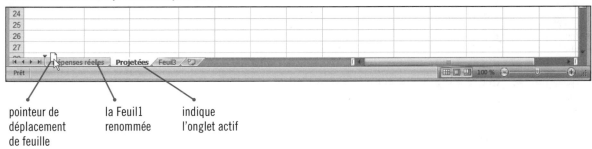

la feuille Projetées vient avant
la feuille Dépenses réelles

Copier des feuilles de calcul

Il est parfois nécessaire de copier une feuille de calcul. Par exemple, un classeur contient une feuille avec les dépenses du premier trimestre et vous voulez l'utiliser comme base pour une feuille contenant les dépenses du deuxième trimestre. Pour copier une feuille au sein du même classeur, maintenez la touche [Ctrl] enfoncée en faisant glisser l'onglet de la feuille à l'emplacement désiré et relâchez le bouton de la souris avant de relâcher la touche [Ctrl]. Un doublon de la feuille initiale apparaît avec le même nom que celle d'origine, suivi de « (2) », ce qui indique que c'est une copie. Renommez ensuite la nouvelle feuille d'un nom intelligible et sans confusion. Pour copier ou déplacer une feuille dans un classeur distinct du premier, les deux classeurs, initial et de destination, doivent être ouverts. Sélectionnez la feuille à copier ou à déplacer, cliquez du bouton droit sur son onglet, puis cliquez sur Déplacer ou Copier dans le menu contextuel. Complétez les informations de la boîte de dialogue Déplacer ou copier. N'oubliez pas de cocher la case Créer une copie si vous voulez copier et non simplement déplacer la feuille. Vérifiez soigneusement les résultats de vos calculs lorsque vous copiez ou déplacez une feuille.

C

Vérifier l'orthographe

Un seul mot mal orthographié peut susciter un doute quant à la validité et la valeur professionnelle de tout un classeur. Excel comprend un vérificateur orthographique. Ce vérificateur orthographique parcourt le texte de la feuille de calcul, affiche les mots non reconnus par son dictionnaire et, si possible, propose des suggestions de remplacement. Pour vérifier toutes les feuilles d'un classeur, il faut les afficher une à une et lancer chaque fois la vérification orthographique. Comme le dictionnaire ne peut pas contenir tous les mots nécessaires, il est possible de lui ajouter des mots, tels les noms de société, des acronymes ou des termes techniques particuliers. Ces mots ne seront plus repris comme inexacts par la suite. Le dictionnaire d'Excel est partagé par Word, PowerPoint et Access; les mots ajoutés au dictionnaire dans ces programmes sont disponibles dans Excel. Une autre fonctionnalité, la Correction automatique, corrige automatiquement certaines erreurs à mesure que vous tapez. Avant de distribuer ce classeur à Manon Lemaire et aux directeurs du marketing, vous en vérifiez l'orthographe.

ÉTAPES

ASTUCE

Le dictionnaire utilisé est celui de la langue définie dans vos paramètres régionaux. Vous pouvez changer de langue en déroulant la liste Langue.

1. **Cliquez sur l'onglet Révision du ruban, puis sur le bouton Orthographe du groupe Vérification.**
   La boîte de dialogue Orthographe s'ouvre (figure C-24) en indiquant le premier mot mal orthographié de la feuille. Vous pouvez choisir d'ignorer, de remplacer ou d'ajouter le mot au dictionnaire actif. À chaque mot non reconnu (comme pmt ou NYNEX), vous avez le choix de l'ignorer une fois, de l'ignorer toujours lorsqu'il est rencontré ou d'ajouter le mot au dictionnaire.

2. **Cliquez sur Ignorer tout.**
   Ensuite, le vérificateur trouve le mot « juanes » qu'il suggère de remplacer par « jaunes ».

3. **Vérifiez que le mot jaunes est sélectionné dans la liste Suggestions, puis cliquez sur Remplacer.**
   Après la vérification de tous les mots, Excel affiche un message indiquant que la vérification est terminée.

4. **Cliquez sur OK.**

ASTUCE

Pour adapter la Correction automatique à vos besoins, cliquez sur le bouton Office, cliquez sur Options Excel, cliquez sur Vérification, cliquez sur Options de correction automatique, sélectionnez les options de la boîte de dialogue Correction automatique que vous désirez, puis cliquez deux fois sur OK.

5. **Cliquez sur l'onglet Accueil du ruban, cliquez sur Rechercher et sélectionner dans le groupe Édition, puis sur Remplacer.**
   La boîte de dialogue Rechercher et remplacer s'ouvre. Cette boîte de dialogue permet de remplacer un mot ou une phrase. Ce peut être un mot mal orthographié que le vérificateur n'a pas reconnu comme tel ou une expression que vous souhaitez modifier. Manon vient de vous demander de remplacer toutes les occurrences de « Panneaux » par « Signalisation ».

6. **Tapez Panneaux dans la zone de texte Rechercher, appuyez sur [Tab], puis tapez Signalisation dans la zone de texte Remplacer par.**
   Comparez votre boîte de dialogue à celle de la figure C-25.

7. **Cliquez sur Remplacer tout, cliquez sur OK pour fermer le message d'avertissement, puis cliquez sur Fermer pour clore la boîte de dialogue Rechercher et remplacer.**
   Excel a effectué deux remplacements.

ASTUCE

L'option Ajuster est sous l'onglet Page de la boîte de dialogue Mise en page.

8. **Enregistrez votre travail, affichez l'Aperçu avant impression de la feuille Dépenses réelles, cliquez sur le bouton Mise en page du ruban, ajustez la feuille à une page et revenez à l'Aperçu avant impression.**
   Comparez votre feuille à celle de la figure C-26.

9. **Imprimez une copie de la feuille, fermez le classeur et quittez Excel.**

Envoyer un classeur par courrier électronique

Dès la correction orthographique accomplie, vous pouvez expédier un classeur complet par courrier électronique directement depuis Excel par l'entremise du programme de courrier électronique (Microsoft Office Outlook ou Outlook Express). Pour envoyer un classeur en pièce jointe d'un courrier électronique, ouvrez le classeur, cliquez sur le bouton Office, pointez sur Envoyer, cliquez sur Courrier électronique. Un message électronique s'ouvre avec le classeur automatiquement placé en pièce jointe; le nom de fichier du classeur apparaît dans la zone de texte Attaché. Complétez les zones de texte À et éventuellement Cc., ajoutez un message si vous le souhaitez, puis cliquez sur Envoyer.

FIGURE C-24: Boîte de dialogue Orthographe

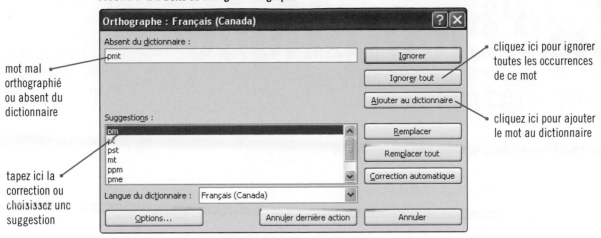

mot mal
orthographié
ou absent du
dictionnaire

cliquez ici pour ignorer
toutes les occurrences
de ce mot

cliquez ici pour ajouter
le mot au dictionnaire

tapez ici la
correction ou
choisissez une
suggestion

FIGURE C-25: Boîte de dialogue Rechercher et remplacer

FIGURE C-26: Aperçu de la feuille en mode Aperçu avant impression

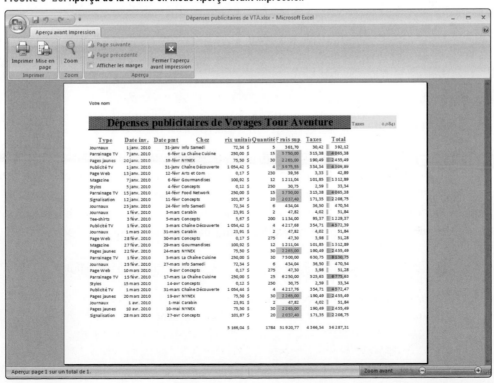

Mise en pratique

▼ RÉVISION DES CONCEPTS

Identifiez les éléments de la feuille Excel de la figure C-27.

FIGURE C-27

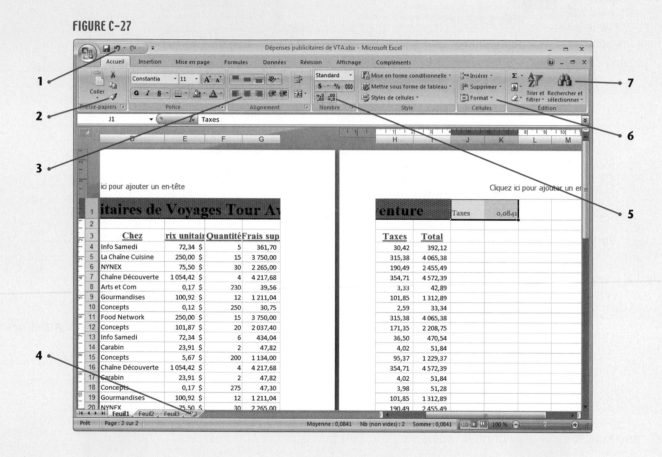

Associez chaque terme ou bouton à la description qui lui convient.

8. **Bouton Orthographe**

9. [icône]

10. [icône]

11. **[Ctrl][↖]**

12. **Mise en forme conditionnelle**

13. **[Suppr]**

a. Efface le contenu d'une cellule.

b. Modifie la mise en forme d'une cellule selon le contenu de la cellule.

c. Déplace le pointeur de cellule dans la cellule A1.

d. Vérifie la présence de mots apparemment mal orthographiés.

e. Supprime une colonne dans une feuille de calcul après en avoir sélectionné l'en-tête.

f. Centre le contenu d'une cellule sur plusieurs cellules.

Choisissez la meilleure réponse à chaque question.

14. Quel est le résultat obtenu par le format Nombre Comptabilité?
- **a.** 5555
- **b.** 5 555,55 $
- **c.** 55,55 %
- **d.** 5 555,55

15. Quelle fonctionnalité permet de supprimer une règle de mise en forme conditionnelle?
- **a.** Rappel de règle
- **b.** Gestionnaire de règles de mise en forme conditionnelle
- **c.** Gestionnaire de règles de mise en forme
- **d.** Gestionnaire de format

16. Quel est le bouton qui permet d'ôter l'attribut Gras de cellules sélectionnées?
- **a.** _I_
- **b.** **G**
- **c.** ↔.00
- **d.** **G**

17. Quel est le bouton qui ouvre la boîte de dialogue Format de cellule?
- **a.** ⌐
- **b.** ◀
- **c.** **C**
- **d.** ↰

18. Quel est le nom de la fonctionnalité qui permet de redimensionner une colonne pour afficher son entrée la plus large?
- **a.** Mise en forme automatique
- **b.** Ajustement automatique
- **c.** Redimensionnement automatique
- **d.** Réajustement automatique

19. Quel est le bouton qui augmente le nombre de décimales dans les cellules sélectionnées?
- **a.** ▤
- **b.** .00→.0
- **c.** ←.0.00
- **d.** ▤

20. Quel est le bouton qui applique plusieurs styles de mise en forme aux cellules sélectionnées?
- **a.** ↰
- **b.** ◀
- **c.** ▦▾
- **d.** ▨⁺

▼ RÉVISION DES TECHNIQUES

1. Mettre en forme des valeurs.
- **a.** Démarrez Excel, ouvrez le fichier EX C-2.xlsx de votre dossier Projets et enregistrez-le sous le nom **Primes assurance maladie**.
- **b.** Entrez une formule dans la cellule B10 qui calcule le total du nombre d'employés.
- **c.** Créez une formule dans la cellule C5 qui calcule la prime d'assurance mensuelle du département Comptabilité. (*Indice*: Vérifiez que vous utilisez le type de référence de cellule adéquat dans la formule. Pour calculer la prime mensuelle, multipliez le nombre d'employés par la prime mensuelle.)
- **d.** Copiez votre formule de la cellule C5 dans la plage C6:C10.
- **e.** Appliquez à la plage C6:C10 le format Nombre Comptabilité.
- **f.** Modifiez le format de la plage C6:C9 en Séparateur de milliers.
- **g.** Réduisez à zéro le nombre de décimales de la cellule B14, à l'aide d'un bouton du groupe Nombre.
- **h.** Enregistrez votre travail.

2. Modifier la police et la taille.
- **a.** Sélectionnez la plage des cellules qui contiennent les étiquettes de colonnes (ligne 4).
- **b.** Modifiez la police de cette sélection en Times New Roman.
- **c.** Portez la taille de police de la sélection à 12 points.
- **d.** Augmentez la taille de police de l'étiquette de la cellule A1 pour la porter à 14 points.
- **e.** Enregistrez vos modifications.

3. Modifier les attributs et l'alignement.
- **a.** Appliquez les attributs gras et italique au titre de la feuille de calcul, Siège social de VTA.
- **b.** Avec le bouton Fusionner et centrer, centrez l'étiquette Primes d'assurance maladie sur les colonnes A à C.
- **c.** Appliquez l'attribut italique à l'étiquette Primes d'assurance maladie.
- **d.** Ajoutez l'attribut gras aux étiquettes de la ligne 4.
- **e.** À l'aide du bouton Reproduire la mise en forme, copiez la mise en forme de la cellule A4 dans la plage A5:A10.
- **f.** Appliquez la mise en forme de la cellule C10 à la cellule B14.

g. Modifiez l'alignement de la cellule A10 pour l'aligner à droite.

h. Sélectionnez la plage des cellules qui contiennent les titres de colonnes et centrez-les.

i. Ôtez l'attribut italique à l'étiquette Primes d'assurance maladie, puis portez la taille de sa police à 14.

j. Déplacez l'étiquette Primes d'assurance maladie vers la cellule A3 et ajoutez-lui les attributs gras et souligné.

k. Ajoutez une bordure double en bas à la cellule C9.

l. Enregistrez vos modifications.

4. Ajuster la largeur des colonnes.

a. Redimensionnez la colonne C à une largeur de 13 (caractères).

b. À l'aide de l'ajustement automatique, redimensionnez les colonnes A et B.

c. Effacez le contenu de la cellule A13, sans supprimer la cellule.

d. Dans la cellule A14, modifiez le texte en **Prime d'assurance mensuelle**, puis modifiez la largeur de la colonne pour l'amener à 26 (caractères).

e. Redimensionnez les autres colonnes pour qu'elles affichent correctement toutes les données.

f. Enregistrez vos modifications.

5. Insérer et supprimer des lignes et des colonnes.

a. Insérez une ligne entre les lignes 5 et 6.

b. Ajoutez à cette ligne un nouveau département, **Aide humanitaire**. Tapez **5** pour le nombre d'employés.

c. Copiez la formule de la cellule C5 dans la cellule C6.

d. Ajoutez ce commentaire à la cellule A6 : **Nouveau département**. Affichez le commentaire, puis glissez-le si nécessaire, pour qu'il ne masque aucune donnée.

e. Ajoutez une colonne entre les colonnes Département et Employé, avec le titre **Couverture familiale**, puis ajustez automatiquement la largeur de colonne.

f. Supprimez la ligne du département Juridique.

g. Déplacez la valeur de la cellule C14 vers la cellule B14.

h. Déplacez à nouveau le commentaire pour qu'il ne masque aucune donnée.

i. Enregistrez vos modifications.

6. Utiliser la couleur, les motifs et les bordures.

a. Ajoutez des bordures extérieures autour de la plage A4:D10.

b. Appliquez la couleur de remplissage Vert d'eau, Accentuation5, plus clair 80 % aux étiquettes de la colonne Département, à l'exception du Total.

c. Appliquez la couleur de remplissage Orange, Accentuation6, plus clair 60 % à la plage A4:D4.

d. Appliquez aux cellules de la plage A4:D4 la couleur de police Rouge, Accentuation2, plus sombre 25 %.

e. Ajoutez au titre de la cellule A1 un motif de remplissage Gris 12,5 %.

f. Appliquez à la plage A14:B14 le style de cellule Accent1. (*Indice* : le style Accent1 est le premier à partir de la gauche et le quatrième sous les Styles de cellules avec thème.)

g. Enregistrez vos modifications.

7. Appliquer la mise en forme conditionnelle.

a. Sélectionnez la plage D5:D9, créez une mise en forme conditionnelle qui colorie en remplissage vert avec texte en vert foncé les cellules dont la valeur est comprise entre 4000 et 7000.

b. Sélectionnez la plage C5:C9, ajoutez une mise en forme conditionnelle qui colorie le texte en rouge si le nombre d'employés dépasse 10.

c. Sélectionnez la plage C5:C9 et créez des barres de données bleues.

d. À l'aide du Gestionnaire de règles de mise en forme conditionnelle, corrigez la mise en forme conditionnelle de la cellule C5 pour qu'elle affiche en texte rouge et gras le contenu de la cellule qui correspond au critère.

e. Fusionnez et centrez le titre sur les colonnes A à D.

8. Nommer et déplacer une feuille.

a. Nommez l'onglet Feuil1 **Données assurances**.

b. Nommez l'onglet Feuil3 **Données employés**.

c. Colorez l'onglet Données assurances en Rouge, Accentuation2, plus clair 40 %.

d. Colorez l'onglet Données employés en Vert d'eau, Accentuation5, plus clair 40 %.

▼ RÉVISION DES TECHNIQUES (SUITE)

e. Déplacez la feuille Données employés pour la placer juste à droite de la feuille Données assurances.

f. Activez la feuille Données assurances, entrez votre nom dans la cellule A20 et enregistrez votre travail.

9. Vérifier l'orthographe.

a. Placez le pointeur de cellule en A1.

b. Utilisez Rechercher et sélectionner pour remplacer l'étiquette Comptabilité de la cellule A5 par Comptabilité/Juridique.

c. Vérifiez l'orthographe de la feuille de calcul et corrigez les erreurs.

d. Enregistrez vos modifications.

e. Affichez la feuille Données assurances en mode Aperçu avant impression, imprimez la feuille, comparez le résultat à la figure C-28, fermez le classeur et quittez Excel.

FIGURE C-28

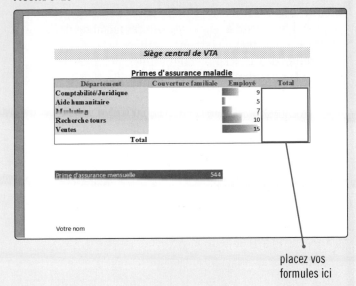

placez vos formules ici

▼ EXERCICE PERSONNEL 1

Vous gérez un cabinet comptable indépendant et vous comptez parmi vos nouveaux clients le salon de beauté Si Belle. Vous venez de convertir les données comptables en une feuille Excel et la propriétaire du salon de beauté souhaite que vous analysiez l'inventaire. Bien que d'autres articles s'ajouteront par la suite, un nombre suffisant de données ont déjà été entrées dans une feuille pour commencer le travail.

a. Démarrez Excel, ouvrez le classeur EX C-3.xlsx de votre dossier Projets et enregistrez-le sous le nom **Inventaire Si Belle**.

b. Écrivez une formule dans la cellule E4 calculant la valeur en stock de chaque produit en fonction du coût de l'article indiqué dans la cellule B4. Appliquez à la cellule le format Séparateur de milliers.

c. Utilisez une référence absolue pour calculer le prix de vente de l'article dans la cellule F4, en utilisant la marge donnée dans la cellule I1.

d. Copiez les formules créées ci-dessus dans la plage E5:F14 mais auparavant, convertissez si nécessaire les références aux cellules en références absolues pour que les formules recopiées soient correctes.

e. Ajoutez l'attribut gras aux étiquettes de colonnes et l'attribut italique aux articles de la colonne A.

f. Adaptez la largeur de toutes les colonnes pour que les données et les étiquettes qu'elles contiennent soient lisibles au complet.

g. Appliquez le format Nombre Comptabilité avec deux décimales après la virgule aux données de la colonne Prix de vente.

h. Modifiez le format des données de la colonne Coût pour qu'elles s'affichent avec le Séparateur de milliers et deux décimales après la virgule.

FIGURE C-29

i. Ajoutez une ligne en dessous des Bigoudis N°2 pour des **Limes à ongles**, coûtant **0,31 $**, vendus à l'**unité** et dont le stock est de **56** unités.

j. Vérifiez toutes les formules de la feuille. Apportez les modifications nécessaires et vérifiez l'orthographe.

k. Utilisez la mise en forme conditionnelle pour attirer l'attention sur les articles dont la quantité en stock est de 20 articles ou moins. Utilisez un remplissage jaune avec texte jaune foncé.

l. Créez un jeu d'icônes dans la plage D4:D14 avec les symboles de votre choix.

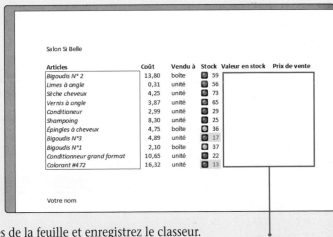

m. Ajoutez des bordures extérieures autour des données de la colonne Articles.

n. Supprimez la ligne contenant les Barrettes.

o. Entrez votre nom dans une cellule libre, sous les données de la feuille et enregistrez le classeur.

p. Affichez l'aperçu avant impression, imprimez la feuille, comparez votre travail à l'exemple de page 1 de la figure C-29, fermez le classeur et quittez Excel.

placez vos formules ici

Excel 2007

▼ EXERCICE PERSONNEL 2

Vous offrez quelques heures de votre temps chaque semaine à la Ligue d'Assistance de votre ville, une association philanthropique qui aide les entreprises locales dans certaines démarches administratives. Dans ce contexte, vous avez la responsabilité de tenir à jour le registre des membres de l'association. Vous pensez planifier une campagne de publipostage destinée aux membres de certains quartiers de la ville. Vous souhaitez envoyer une lettre de renouvellement de leur cotisation aux membres de l'association dont l'adhésion arrive à échéance. Vous décidez d'apporter une forme à la liste pour en améliorer la présentation et faciliter la planification de vos prochaines tâches.

a. Démarrez Excel, ouvrez le classeur EX C-4.xlsx de votre dossier Projets et enregistrez-le sous le nom **Ligue Assistance**.

b. Supprimez les colonnes vierges.

c. Créez une mise en forme conditionnelle dans la colonne code postal pour que les entrées supérieures à 46649 apparaissent en rouge foncé sur fond rouge clair.

d. Ajustez la largeur des colonnes pour afficher les données en entier.

e. Améliorez la présentation en modifiant la police et la taille de police et en appliquant des attributs au texte pour le rendre plus lisible.

f. Centrez les étiquettes de colonnes.

g. Utilisez la mise en forme conditionnelle pour que les entrées de la colonne Année Expiration comprises entre 2011 et 2013 s'affichent en gras, avec des couleurs contrastées.

h. Ajustez tous les éléments nécessaires et vérifiez l'orthographe.

i. Renommez la Feuil1 en un nom qui reflète le contenu de la feuille et ajoutez une couleur d'onglet de votre choix.

j. Entrez votre nom dans une cellule vierge et enregistrez votre travail.

k. Avant d'imprimer, vérifiez le résultat dans l'Aperçu avant impression, apportez les dernières modifications qui vous semblent utiles, puis imprimez une copie de la feuille. Comparez votre feuille à celle de la figure C-30.

l. Fermez le classeur et quittez Excel.

FIGURE C-30

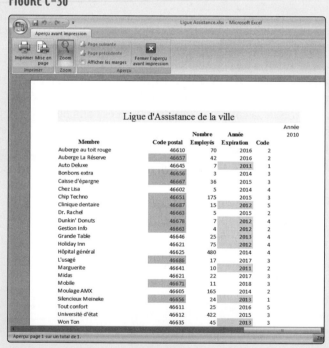

Mettre en forme une feuille de calcul

▼ EXERCICE PERSONNEL 3

Bureau classique est un fabricant de crayons et de stylos de grande qualité. Une de vous responsabilités à titre de directeur des finances est d'analyser les rapports mensuels des cinq bureaux régionaux. Votre supérieure, Valérie Pomerleau, vous a demandé de préparer un rapport des ventes trimestrielles pour la prochaine réunion et elle insiste sur l'importance de l'aspect professionnel du rapport. Elle veut en particulier que vous mettiez l'accent sur l'augmentation des profits du dernier mois et que vous fassiez ressortir que les ventes de la région Nord-Est continuent de dépasser celles des autres régions.

a. Concevez et construisez une feuille présentant les ventes des trois derniers mois de la société. N'oubliez pas d'inclure :
- Le nombre de stylos vendus et le chiffre d'affaires total dans chacune des cinq régions qui sont : Nord-Est, Centre, Sud-Est, Sud et Ouest.
- Les calculs des totaux mensuels de janvier, février et mars, ainsi que du cumulatif trimestriel.
- Les calculs du pourcentage du résultat réalisé dans chaque région (pourcentage du chiffre d'affaires).
- Des étiquettes qui identifient les données mensuelles et les données cumulées.
- Des attributs de mise en forme et des barres de données mettant en valeur les résultats du dernier mois et la position en tête de la région Nord-Est.

b. Posez-vous les questions suivantes à propos de l'organisation et de la présentation de la feuille : De quels titres de feuille et étiquettes avez-vous besoin ? Comment allez-vous calculer les totaux ? Quelles formules peuvent être copiées pour épargner du temps ? Est-ce que certaines formules doivent utiliser des références absolues ? Comment allez-vous afficher les montants ? Quelles sont les informations qui doivent apparaître en gras ? Allez-vous utiliser plusieurs polices ? Plusieurs tailles de police ?

c. Démarrez Excel et enregistrez un nouveau classeur vierge sous le nom **Bureau classique** dans votre dossier Projets.

d. Construisez une feuille avec vos propres données. Tapez les titres et les étiquettes, puis les valeurs et les formules. Servez-vous du tableau C-4 pour démarrer.

e. Ajustez la largeur des colonnes au besoin.

f. Attribuez une hauteur de 33 points à la première ligne.

g. Mettez en forme les étiquettes et les valeurs; modifiez les attributs et l'alignement.

h. Redimensionnez les colonnes au besoin et ajustez les attributs de mise en forme.

i. Ajoutez des barres de données aux colonnes Nbre d'articles.

j. Ajoutez une colonne calculant une augmentation de 25 % des ventes. Utilisez une référence absolue dans ces calculs.

k. Créez une nouvelle colonne nommée Augmentation projetée qui indique le nouveau chiffre d'affaires en fonction de l'augmentation. Vérifiez que la mise en forme des données s'applique également aux nouvelles valeurs.

TABLEAU C-4

Bureau classique									
Rapport des ventes du premier trimestre									
		Janvier		Février		Mars		Chiffre d'affaires total	
Région	Prix un.	Nbre d'articles	Valeur	Nbre d'articles	Valeur	Nbre d'articles	Valeur	Nbre d'articles	Valeur
Nord-Est									
Centre									
Sud-Est									
Sud									
Ouest									

▼ EXERCICE PERSONNEL 3

Difficultés supplémentaires

■ Utilisez l'outil Mettre sous forme de tableau pour appliquer un style de votre choix aux données.

■ Insérez une image clipart en relation avec les stylos à un emplacement adéquat et redimensionnez-la au besoin.

■ Enregistrez votre travail.

l. Tapez votre nom dans une cellule vide de la feuille.

m. Vérifiez l'orthographe du classeur et enregistrez votre travail.

n. Affichez l'Aperçu avant impression de la feuille, comparez-la à la figure C-31, puis imprimez la feuille en orientation Paysage.

o. Fermez le classeur et quittez Excel.

FIGURE C-31

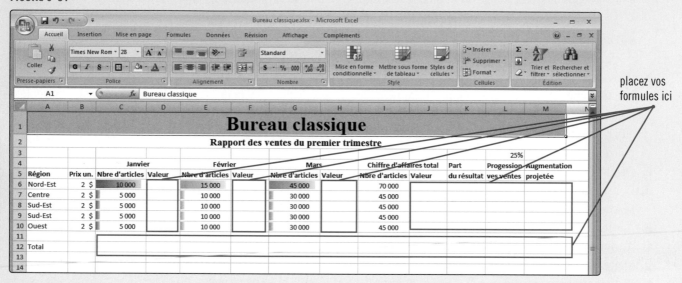

▼ DÉFI

Vous épargnez de l'argent pour vous offrir le voyage autour du monde dont vous avez toujours rêvé. Vous comptez visiter sept pays durant deux mois et concevez votre budget de manière à dépenser le même montant global dans chacun de ces pays. À cette fin, vous voulez créer une feuille de calcul qui reprenne, pour un montant fixe de base dans votre devise, l'équivalent en monnaie locale de chacun des pays que vous visiterez. Ce classeur vous donnera une idée des cours de chacune des devises que vous devrez posséder.

a. Démarrez Excel et enregistrez un nouveau classeur vierge sous le nom **Budget tour du monde** dans votre dossier Projets.

b. Réfléchissez et déterminez sept pays que vous souhaiteriez visiter, créez ensuite les étiquettes de colonnes et de lignes dans la feuille. (*Indice* : Par exemple, définissez une étiquette de ligne pour chacun des pays, une colonne pour l'équivalent d'un dollar en monnaie locale, l'équivalent en monnaie locale dont vous disposerez dans chaque pays, ainsi que le nom de la devise locale.)

c. Décidez du montant que vous souhaitez allouer à la visite de chaque pays (par exemple 1000 $) et indiquez ce montant dans la feuille.

d. Servez-vous d'un moteur de recherche pour trouver des informations sur les conversions monétaires (*Indice* : Utilisez l'expression « conversion de devises » dans vos recherches.)

e. Trouvez l'équivalent de 1 $ US dans la devise de chaque pays de votre liste. Ajoutez également le nom de la monnaie locale de chacun des pays.

f. Créez une formule qui calcule le montant en monnaie locale dont vous disposerez dans chaque pays avec une référence absolue au montant alloué en dollars US.

▼ DÉFI (SUITE)

g. Modifiez le format des entrées de la colonne B pour afficher trois décimales après la virgule et de la colonne C pour afficher deux décimales, avec la monnaie correcte pour chaque pays. (*Indice* : Utilisez l'onglet Nombre de la boîte de dialogue Format de cellule, sélectionnez le format monétaire dans la liste Symbole, avec deux décimales.)

h. Créez une mise en forme conditionnelle qui modifie les attributs de police de la colonne C en rouge et en gras si le montant est supérieur ou égal à 500 unités de la monnaie locale.

i. Fusionnez et centrez le titre sur l'ensemble des colonnes utilisées.

j. Ajoutez des attributs de mise en forme aux étiquettes de colonnes et redimensionnez les colonnes si nécessaire.

k. Ajoutez une couleur de remplissage au titre.

Difficultés supplémentaires

- Modifiez la mise en forme conditionnelle de la colonne C pour que les entrées comprises entre 1500 et 3999 s'affichent en rouge et en gras, tandis que les entrées supérieures à 4000 apparaissent en bleu et en gras.
- Supprimez les feuilles inutilisées du classeur.
- Enregistrez le classeur sous le nom **Budget tour du monde DS** dans votre dossier Projets.
- Si vous disposez d'un accès à une messagerie électronique, envoyez le classeur à votre responsable ou à votre formateur en tant que pièce jointe à un courrier.

l. Tapez votre nom dans l'en-tête de la feuille.

m. Vérifiez l'orthographe, enregistrez le classeur, visualisez la feuille en Aperçu avant impression et comparez votre feuille à celle de la figure C-32, puis imprimez la feuille.

n. Fermez le classeur et quittez Excel.

FIGURE C-32

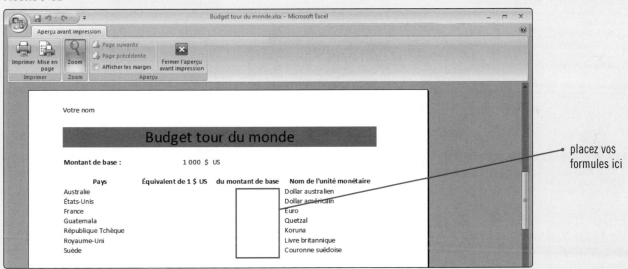

Ouvrez le classeur EX C-5.xlsx de votre dossier Projets et enregistrez-le sous le nom **Liste du personnel**. Utilisez tout ce que vous avez appris dans ce module pour mettre la feuille en forme et lui donner l'aspect de la figure C-33. Créez une mise en forme conditionnelle dans la colonne Niveau pour que les entrées supérieures à 3 apparaissent en texte rouge. Ajoutez une mise en forme conditionnelle dans la colonne Cycle révision pour que toute valeur égale à 4 s'affiche en texte vert et en gras. Dans la colonne Département, remplacez l'étiquette Comptabilité par Juridique. (*Indice* : La seule police qui diffère du texte normal est à la ligne 1, en Times New Roman, 16 points.) Entrez votre nom dans la cellule A25, vérifiez l'orthographe de la feuille, puis enregistrez et imprimez votre travail.

FIGURE C-33

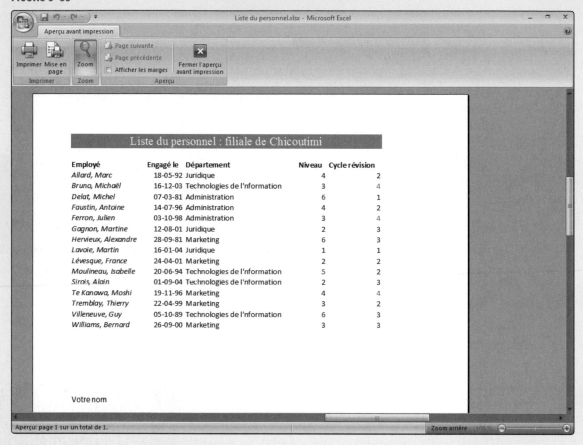

Travailler avec des graphiques

Vous aurez besoin de ces fichiers :

EX D-1.xlsx
EX D-2.xlsx
EX D-3.xlsx
EX D-4.xlsx
EX D-5.xlsx
EX D-6.xlsx

Les feuilles de calcul offrent une bonne façon d'organiser et de calculer les informations mais leur disposition en tableau n'est pas toujours le meilleur mode de présentation des données dès qu'il s'agit de communiquer avec d'autres personnes. La création d'un graphique facilite l'interprétation des données. Les **graphiques** ou graphes présentent les informations dans une forme visuelle imagée qui permet de dégager des tendances, des constances et des relations parmi les données. Dans ce module, vous verrez comment créer et modifier un graphique, changer le type de graphique, ajouter du texte et des flèches, afficher et imprimer un graphique. Lors de la prochaine assemblée annuelle, Manon Lemaire souhaite mettre en évidence la tendance à la croissance de Voyages Tour Aventure. Elle vous demande de créer un graphique qui montre l'augmentation des ventes durant les quatre derniers trimestres.

OBJECTIFS

Concevoir un graphique
Créer un graphique
Déplacer et redimensionner
    un graphique
Modifier la disposition générale
    d'un graphique
Modifier les détails d'un graphique
Mettre en forme un graphique
Ajouter une note et dessiner sur
    un graphique
Créer un graphique en secteurs

Concevoir un graphique

Avant de créer un graphique, il faut réfléchir aux informations à transmettre et à sa présentation. Pendant cette phase de conception préalable, vous décidez du type de graphique que vous allez créer et de la manière dont vous devez organiser les données. La bonne compréhension des parties d'un graphique facilite sa mise en forme et la modification des éléments qu'il comporte, pour atteindre la meilleure illustration des données. En guise de préparation à la création du graphique qui fera partie de la présentation de Manon, vous identifiez les buts et abordez la conception du graphique.

DÉTAILS

Utilisez les indications suivantes pour concevoir un graphique :

- **Déterminer l'objectif du graphique et identifier les relations entre les données à communiquer graphiquement**

  Vous voulez créer un graphique présentant les ventes trimestrielles de Voyages Tour Aventure. La feuille de calcul de la figure D-1 montre les informations sous forme d'un tableau de données. Au premier trimestre, le service Marketing a lancé une campagne publicitaire internationale qui a porté ses fruits puisqu'elle s'est soldée par une augmentation des ventes dès le deuxième trimestre. Vous souhaitez créer un graphique qui illustre l'augmentation et compare les ventes tout au long des trimestres dans chaque pays.

- **Déterminer les résultats voulus et décider du type de graphique le mieux adapté**

  Les types de graphiques ont chacun leurs forces et affichent les données de façons différentes. Par exemple, le graphique en secteurs compare les parties d'un tout, ce qui le rend particulièrement utile pour montrer la proportion d'un budget global, dépensée pour des publicités dans la presse, par rapport aux dépenses affectées aux publicités par courrier électronique ou à la TV. Les graphiques en courbes et en histogrammes présentent plus efficacement les tendances sur une période donnée. Pour choisir le meilleur type de graphique à appliquer à vos données, vous devez d'abord déterminer la manière dont vous voulez afficher et interpréter vos informations. Le tableau D-1 décrit quelques types de graphiques différents qu'Excel permet de créer et les boutons correspondants dans l'onglet Insertion du ruban. Comme vous voulez comparer les ventes de VTA dans plusieurs pays sur une période de quatre trimestres, vous décidez d'utiliser un histogramme.

- **Identifier les données de la feuille à illustrer dans le graphique**

  Dans certains cas, vous utiliserez toutes les données d'une feuille de calcul pour créer un graphique, dans d'autres cas, vous devrez sélectionner une plage de données au sein de la feuille de calcul. La feuille de calcul dont vous disposez contient des données des ventes de l'année précédente et vous devez utiliser toutes les données trimestrielles contenues dans cette feuille.

- **Comprendre les éléments d'un graphique**

  Le graphique de la figure D-2 contient les éléments de base d'un graphique, où les pays d'activité de VTA se présentent sur l'axe horizontal (**abscisse** ou **axe des X**) et les ventes mensuelles sont sur l'axe vertical (**ordonnée** ou **axe des Y**). On appelle également **axe des catégories** l'axe horizontal parce qu'il contient souvent les noms des groupes de données, comme les emplacements, les mois ou les années. L'axe vertical porte aussi le nom d'**axe des valeurs** parce qu'il reprend souvent les valeurs numériques qui permettent d'interpréter la taille des éléments du graphique. Les graphiques en trois dimensions (ou en 3D) possèdent en plus un **axe des Z**, dont le rôle est de comparer les données selon d'autres catégories ou valeurs. La zone à l'intérieur des axes est appelée la zone de traçage. Les **graduations** sur l'axe des Y montrent les divisions de l'échelle de cet axe. Chaque valeur d'une cellule affichée dans le graphique est un **point de données**. Dans tous les types de graphiques, une **marque de donnée** représente visuellement chaque valeur; dans cet exemple, chaque valeur est représentée par une colonne. Un ensemble de points liés logiquement est une **série de données**. Dans ce graphique, il y a quatre séries de données (Trimestre 1, Trimestre 2, Trimestre 3, Trimestre 4), vous incluez donc une **légende** pour les identifier.

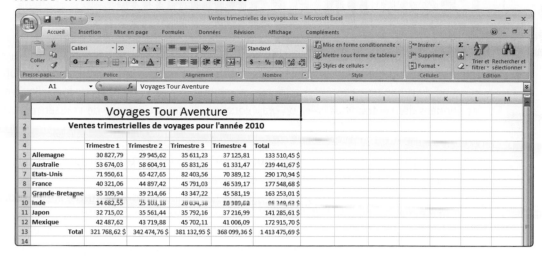

point de données

graduations

axe vertical

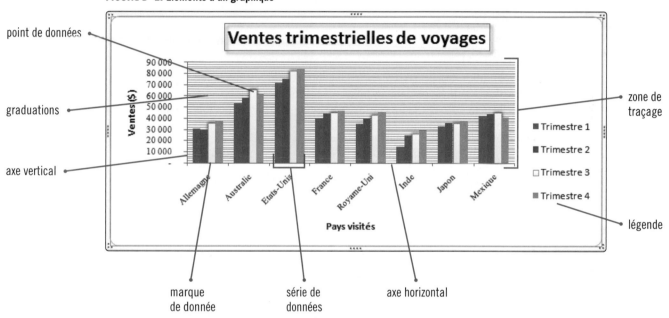

zone de traçage

légende

marque de donnée

série de données

axe horizontal

TABLEAU D-1: Types usuels de graphiques

Type	Bouton	Description
Histogramme		Compare des objets dans le temps dans un format vertical; c'est le format par défaut d'Excel. Il peut s'appeler histogramme vertical dans d'autres tableurs.
Courbes		Compare des tendances sur des intervalles égaux; il est assez similaire à un graphique en aires dans l'accentuation du total.
Secteurs		Compare des données à un tout; utilisé pour une seule série de valeurs.
Barres		Compare des objets dans le temps dans un format horizontal; il est parfois appelé histogramme horizontal dans d'autres tableurs.
Aires		Montre comment les quantités évoluent dans le temps par rapport aux quantités totales.
Nuage de points		Compare des tendances sur des intervalles inégaux dans le temps; utilisé en sciences et en ingénierie pour l'extrapolation et la recherche de tendances.

Créer un graphique

Avant de créer un graphique sous Excel, vous devez d'abord sélectionner la plage de la feuille de calcul contenant les données. Une fois cette sélection effectuée, vous pouvez utiliser les boutons de l'onglet Insertion du ruban pour créer et modifier un graphique. ▓▓▓▓ Au départ de la feuille de calcul contenant les données des ventes, vous créez un graphique qui illustre la tendance de croissance des ventes.

ÉTAPES

1. Démarrez Excel, ouvrez le classeur EX D-1.xlsx de votre dossier Projets et enregistrez-le sous le nom Ventes trimestrielles de voyages.

Vous voulez que le graphique comprenne les chiffres d'affaires trimestriels, ainsi que les étiquettes des trimestres et des pays où VTA exerce ses activités. Vous n'incluez ni la colonne ni la ligne de totaux car les valeurs trimestrielles forment les totaux et ces derniers chiffres fausseraient le graphique.

2. Sélectionnez la plage A4:E12, puis cliquez sur l'onglet Insertion du ruban.

L'onglet Insertion contient des groupes autorisant l'insertion de types d'objets variés, dont des graphiques. Le groupe Graphiques reprend des boutons pour les principaux types de graphiques et un bouton Autres graphiques pour d'autres types de graphiques, tels que les graphiques de stock pour la mise en graphes de variations de stock.

3. Cliquez sur le bouton Colonne, puis sur Histogramme groupé dans la palette Colonne (figure D-3).

Le graphique est inséré au centre de la feuille de calcul et trois onglets supplémentaires d'Outils de graphique contextuels s'affichent dans le ruban : Création, Disposition et Mise en forme. Sous l'onglet Création, actuellement à l'avant plan, vous trouvez des options pour modifier rapidement le type, l'aspect et la mise en forme du graphique. Vous pouvez également permuter les données entre les colonnes et les lignes. Pour l'instant, les pays sont disposés le long de l'axe horizontal et les ventes trimestrielles, le long de l'axe vertical. Cette disposition facilite la comparaison des ventes trimestrielles pour chaque pays.

4. Cliquez sur Intervertir les lignes/colonnes dans le groupe Données de l'onglet Création.

Un clic sur ce bouton permute les données des colonnes et des lignes (figure D-4), de sorte que les ventes trimestrielles s'alignent le long de l'abscisse, tandis que les pays sont tracés sous forme de points de données le long de l'ordonnée.

5. Cliquez sur le bouton Annuler ↺ de la barre d'outils Accès rapide.

Le graphique revient à sa configuration initiale.

6. Cliquez sur l'onglet Disposition, cliquez sur le bouton Titre du graphique du groupe Étiquettes, puis sur Au-dessus du graphique dans la palette d'options.

Un cadre d'invite apparaît pour le titre du graphique au-dessus de celui-ci.

7. Cliquez dans le cadre Titre du graphique, appuyez sur [Ctrl] [A] pour sélectionner le texte, tapez Ventes trimestrielles de voyages, puis cliquez dans le graphique en dehors du titre pour le désélectionner.

L'ajout d'un titre facilite l'identification du graphique. Ce type de graphique est dit **intégré** parce qu'il est inséré directement dans la feuille de calcul actuelle. Les **poignées de redimensionnement**, les petits points aux coins et sur les bordures du graphique, indiquent que le graphique est sélectionné (figure D-5). Le graphique que vous avez créé peut être ailleurs dans votre feuille de calcul ou se présenter différemment. Vous apprendrez à le redimensionner dans le module suivant. Chaque fois qu'un graphique est sélectionné, comme en ce moment, un cadre bleu entoure la plage des données qui interviennent dans ce graphique, un cadre violet entoure les étiquettes de lignes et un cadre vert entoure les étiquettes de colonnes. L'intégration du graphique dans la feuille de calcul active est la sélection par défaut lors de la création d'un graphique mais vous pouvez le placer sur une feuille différente ou dans une feuille de graphique nouvelle. Une **feuille de graphique** est une feuille d'un classeur qui ne contient qu'un graphique, lié aux données du classeur.

8. Enregistrez votre travail.

FIGURE D-3: Palette de graphiques Colonne

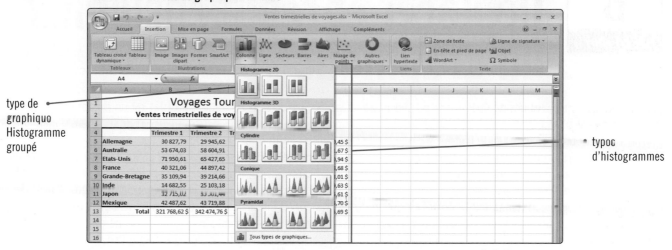

type de graphique Histogramme groupé

typoc d'histogrammes

FIGURE D-4: Histogramme groupé avec les lignes et colonnes permutées

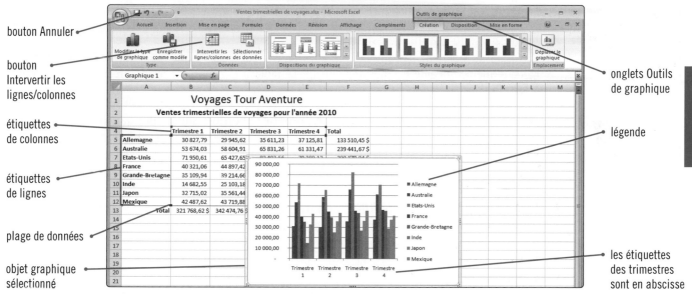

bouton Annuler

bouton Intervertir les lignes/colonnes

étiquettes de colonnes

étiquettes de lignes

plage de données

objet graphique sélectionné

onglets Outils de graphique

légende

les étiquettes des trimestres sont en abscisse

FIGURE D-5: Graphique avec son titre et les lignes et colonnes restaurées à leur réglage initial

titre

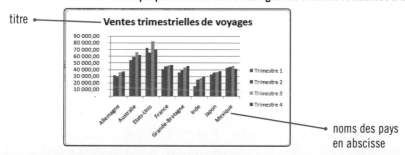

noms des pays en abscisse

Utiliser les onglets contextuels Outils de graphique

Lorsqu'un graphique est sélectionné, les trois onglets contextuels Outils de graphique (Création, Disposition, Mise en forme) apparaissent dans le ruban. Ces onglets vous guident dans le développement et l'affinage du graphique. L'onglet Création permet de modifier les couleurs et l'emplacement globaux des objets, ainsi que les plages de données et la configuration du graphique. L'onglet Disposition propose des outils pour ajouter et modifier des éléments du graphique comme les titres et les étiquettes, ou ajouter des graphismes comme des images, des formes et

des zones de texte. L'onglet Mise en forme intervient pour mettre en forme des objets tels que des formes et du texte, disposer plusieurs objets pour qu'ils s'alignent d'une manière agréable, et redimensionner tout objet avec précision. Si ces onglets structurent les outils de graphique dans un ordre logique, il n'est pas indispensable de les utiliser dans cet ordre. Autrement dit, vous pouvez évoluer de l'onglet Création à l'onglet Mise en forme pour revenir à la Création et passer ensuite à la Disposition, comme bon vous semble.

Déplacer et redimensionner un graphique

Les graphiques sont des objets dessinés qui ne possèdent pas d'adresse de cellule ni de plage. Un **objet** est un élément indépendant sur une feuille de calcul. Vous sélectionnez un objet en cliquant entre ses bordures pour afficher ses poignées de redimensionnement. Vous pouvez déplacer un objet graphique partout sur une feuille sans affecter les formules ni les données de cette feuille. Cependant, toute modification des données de la feuille sera répercutée dans le graphique. Vous redimensionnez un graphique pour améliorer sa présentation, en faisant glisser ses poignées de redimensionnement. Vous pouvez même placer un graphique sur une autre feuille sans vous préoccuper des formules. Les objets graphiques contiennent d'autres objets, tels un titre et une légende, que vous pouvez déplacer et redimensionner. Les commandes de l'onglet Disposition du ruban permettent de définir les emplacements de ces éléments mais vous pouvez aussi déplacer librement un objet à l'aide de la souris. Il suffit alors de le sélectionner, de le glisser ou encore de le couper puis de le coller à un autre emplacement. Lorsque le pointeur de souris se déplace au-dessus d'un objet d'un graphique, le nom de cet objet apparaît dans une info-bulle à l'écran. ▨▨▨▨▨ Vous voulez agrandir le graphique, le placer sous les données de la feuille et déplacer la légende.

ÉTAPES

ASTUCE

Pour supprimer un graphique, sélectionnez-le et appuyez sur

1. **Vérifiez que le graphique est sélectionné, puis placez le pointeur sur le graphique.**
   La forme du pointeur ⁺ᶀ indique que vous pouvez déplacer le graphique ou le redimensionner à l'aide d'une poignée de redimensionnement. Le tableau D-2 présente les pointeurs usuels des objets graphiques.

PROBLÈME

Pour déplacer un graphique, sélectionnez une zone de celui-ci libre de tout objet, sinon vous risquez de déplacer un élément dans le graphique au lieu du graphique dans sa globalité.

2. **Placez le pointeur ⁺ᶀ dans une zone libre, près de la bordure supérieure gauche du graphique, maintenez le bouton gauche de la souris enfoncé et glissez le coin supérieur gauche du graphique dans le coin supérieur gauche de la cellule A16, puis relâchez le bouton de la souris.**
   Un contour du graphique en trait fin est affiché pendant le déplacement. Le graphique est maintenant à sa nouvelle position.

3. **Placez le pointeur sur la poignée de redimensionnement du centre de la bordure droite jusqu'à ce qu'il prenne la forme ↔, puis faites glisser la bordure droite du graphique jusqu'à sur le côté droit de la colonne G.**
   Le graphique est agrandi (figure D-6).

ASTUCE

Pour dimensionner un objet d'un graphique selon des réglages précis, cliquez sur l'onglet Mise en forme du ruban, et indiquez la hauteur et la largeur dans le groupe Taille.

4. **Placez le pointeur sur la poignée de redimensionnement au centre de la bordure supérieure jusqu'à ce qu'il prenne la forme ↕, puis faites glisser la bordure jusqu'au côté supérieur de la ligne 15.**

5. **Faites défiler l'écran vers le bas, placez le pointeur sur la poignée de redimensionnement au milieu de la bordure inférieure jusqu'à ce qu'il se changer en ↕ et faites glisser la bordure inférieure jusqu'en bas de la ligne 26.**
   Vous pouvez déplacer tout objet contenu dans un graphique. Vous voulez aligner le haut de la légende avec le haut de la zone de traçage.

ASTUCE

Bien que les poignées de redimensionnement des objets au sein d'un graphique semblent différentes de celles qui entourent le graphique, elles se comportent exactement de la même manière.

6. **Cliquez sur la légende pour la sélectionner, maintenez la touche [Maj] enfoncée, faites glisser la légende vers le haut à l'aide de ⁺ᶀ, jusqu'à ce que le cadre de la légende dépasse de quelques millimètres la zone de traçage, puis relâchez [Maj].**
   Des poignées de dimensionnement apparaissent autour de la légende lorsque vous cliquez dessus et le mot « Légende » s'affiche dans une info-bulle quand la souris passe au-dessus du cadre de l'objet. Un contour pointillé apparaît lorsque vous déplacez la légende. Le fait d'appuyer sur [Maj] fige la position horizontale de la légende pendant que vous la déplacez verticalement.

7. **Cliquez dans la cellule A9, tapez Royaume-Uni, cliquez sur le bouton Entrer ✓ de la barre de formule, utilisez l'Ajustement automatique pour corriger la largeur de la colonne A, puis appuyez sur [Ctrl][↖]. Enregistrez votre travail.**
   L'étiquette de l'abscisse est modifiée pour refléter le contenu de la cellule corrigée (figure D-7). La modification de toute donnée de la feuille de calcul entraîne la modification de l'étiquette ou de la valeur correspondante dans le graphique. Comme le graphique n'est plus sélectionné, les onglets Outils de graphique ont disparu du ruban.

FIGURE D-6: Graphique redimensionné et déplacé

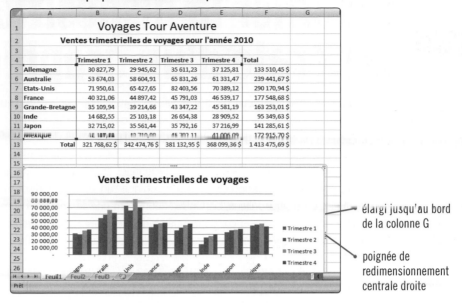

élargi jusqu'au bord de la colonne G

poignée de redimensionnement centrale droite

FIGURE D-7: Graphique avec la légende et les étiquettes modifiées

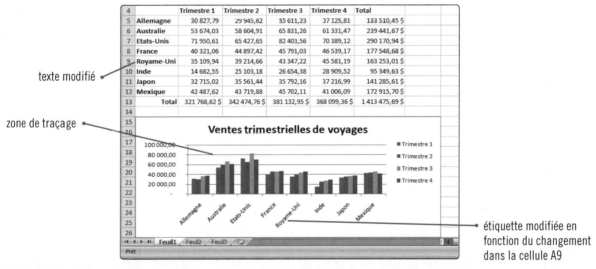

texte modifié

zone de traçage

étiquette modifiée en fonction du changement dans la cellule A9

TABLEAU D-2: Pointeur usuels

Nom	Pointeur	Utilisation	Nom	Pointeur	Utilisation
Dimensionnement diagonal	↗ou↘	Redimensionner un graphique à partir des coins.	En I	I	Modifier le texte d'un graphique.
Dessin	+	Créer des formes.	Déplacement	⊹	Changer l'emplacement d'un graphique.
Dimensionnement horizontal	↔	Redimensionner un graphique dans le sens de la longueur.	Dimensionnement vertical	↕	Redimensionner un graphique dans la sens de la hauteur.

Déplacer un graphique intégré vers une feuille

Admettons que vous ayez créé un graphique dans une feuille de données et que vous décidiez de changer l'emplacement de ce graphique pour l'insérer dans une feuille de graphique à part entière. Cette opération est réalisable sans nécessiter de nouvelle création de ce graphique. Cliquez sur le graphique pour le sélectionner, cliquez sur l'onglet Création des Outils de graphique, puis cliquez sur le bouton Déplacer le graphique du groupe Emplacement. La boîte de dialogue Déplacer le graphique s'ouvre. Si le graphique est intégré, cliquez sur Nouvelle feuille, puis sur OK. À l'inverse, si le graphique est dans sa propre feuille, cliquez sur l'option Objet dans et indiquez la feuille ou vous voulez le déposer, puis cliquez sur OK.

Modifier la disposition générale d'un graphique

Il est facile de modifier un graphique après sa création. Changez les valeurs dans la feuille et le graphique sera automatiquement actualisé en fonction des nouvelles données. Les onglets des Outils de graphique comportent des commandes qui, chacune, apportent des modifications spécifiques à un graphique. Sous l'onglet Création, le groupe Type permet de changer de type de graphique, le groupe Données intervient sur la plage et la configuration des données, le groupe Disposition du graphique modifie la présentation des objets, le groupe Styles du graphique sélectionne les schémas de couleurs coordonnées et le groupe Emplacement autorise le déplacement du graphique. Les propositions de présentations du groupe Styles du graphique suggèrent des dispositions préconfigurées des objets du graphique, tels que la légende, le titre ou un quadrillage; ces présentations sont une alternative à la mise en forme et aux modifications manuelles.  Vous examinez votre graphique et constatez que les données des deuxième et quatrième trimestres sont incorrectes pour les États-Unis. Après avoir corrigé les données, vous voulez essayer d'autres types et présentations de graphiques.

ÉTAPES

1. **Cliquez dans la cellule C7, tapez 75432,29, appuyez deux fois sur [Tab], tapez 84295,27, puis appuyez sur [Entrée].**
   Dans la feuille de calcul, les données des trimestres 2 et 4 des États-Unis sont modifiées, ainsi que les totaux de la colonne F et de la ligne 13 (figure D-8).

ASTUCE

Vous obtenez d'autres choix de dispositions générales de graphiques en cliquant sur le bouton Autres du groupe Disposition de graphique.

2. **Sélectionnez le graphique en cliquant dans une zone vide entre les bordures du graphique, cliquez sur l'onglet Création parmi les Outils de graphique du ruban, puis cliquez sur Mise en forme 3 dans le groupe Dispositions du graphique.**
   La légende se déplace au bas du graphique. Vous préférez la disposition précédente.

3. **Cliquez sur Annuler ⤺ dans la barre d'outils Accès rapide, puis sur le bouton Modifier le type de graphique du groupe Type.**
   La boîte de dialogue Modifier le type de graphique s'ouvre (figure D-9) où vous pouvez choisir parmi toutes les catégories et tous les types de graphiques. Le volet de gauche résume les catégories disponibles tandis que le volet de droite affiche individuellement les types. Une bordure orange indique le type de graphique sélectionné actuellement.

ASTUCE

Pour imprimer un graphique sur une imprimante noir et blanc, préférez un style de graphique noir et blanc, pour que l'affichage soit comparable à l'impression réelle.

4. **Cliquez sur la catégorie Barres dans le volet de gauche de la boîte de dialogue Modifier le type de graphique, vérifiez que le type Barres groupées est sélectionné, puis cliquez sur OK.**
   Le graphique en histogrammes se transforme en barres groupées (figure D-10). Vous décidez de voir si la forte augmentation des ventes est plus visible dans un histogramme en trois dimensions.

5. **Cliquez sur Modifier le type de graphique dans le groupe Type, cliquez sur Histogramme dans le volet de gauche de la boîte de dialogue Modifier le type de graphique, cliquez sur Histogramme 3D groupé (première ligne, quatrième colonne à partir de la gauche), puis sur OK.**
   Un histogramme tridimensionnel apparaît. Vous remarquez que la dimension supplémentaire donne une impression de volume mais qu'elle produit un graphique plus serré qu'en deux dimensions.

ASTUCE

Le bouton Annuler de la barre d'outils Accès rapide permet également de revenir à un type de graphique précédent.

6. **Cliquez sur Modifier le type de graphique dans le groupe Type, cliquez sur Histogramme groupé (première ligne et première colonne), puis sur OK.**

7. **Cliquez sur le bouton Style 3 du groupe Styles du graphique.**
   Les barres sont colorées dans des variations de bleu. Vous préférez le style de coloriage précédent.

8. **Cliquez sur ⤺ dans la barre d'outils Accès rapide, puis enregistrez votre travail.**

Créer un graphique combiné

L'application d'un type de graphique à une série de données d'un graphique existant peut conduire à la création d'un graphique combiné. Dans le graphique existant contenant plusieurs séries de données, obligatoirement de type 2D, sélectionnez la série de données que vous voulez tracer selon un axe secondaire, puis ouvrez la boîte de dialogue Mise en forme des séries de données (à l'aide du menu contextuel ou en cliquant sur Mise en forme de la sélection dans le groupe Sélection active de l'onglet Mise en forme du ruban).

Dans la boîte de dialogue, cliquez si nécessaire sur Options des séries, dans le volet de gauche, cliquez sur Axe secondaire dans la zone Tracer la série avec, puis cliquez sur Fermer. Cliquez ensuite sur l'onglet Disposition du ruban, sur Axes dans le groupe Axes, puis sur le type d'axe secondaire que vous souhaitez et comment vous voulez qu'il apparaisse. Pour terminer, cliquez sur Modifier le type de graphique dans le groupe Type de l'onglet Création et sélectionnez un type de graphique pour l'axe secondaire.

FIGURE D-8: Nouvelles données pour les États-Unis

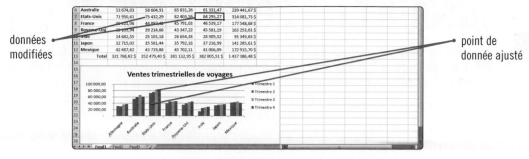

données modifiées

point de donnée ajusté

FIGURE D-9: Boîte de dialogue Modifier le type de graphique

type de graphique actuel

catégorie Barres

catégories de types de graphiques

FIGURE D-10: Graphique en colonne changé en histogramme

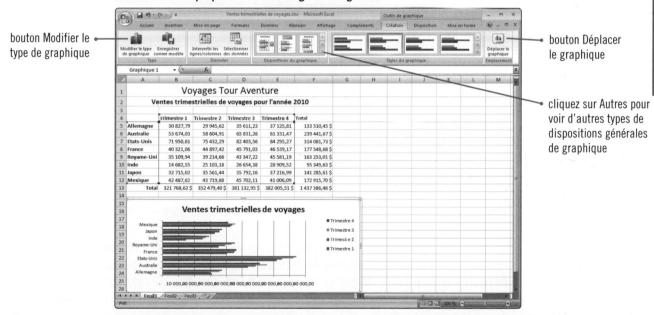

bouton Modifier le type de graphique

bouton Déplacer le graphique

cliquez sur Autres pour voir d'autres types de dispositions générales de graphique

Excel 2007

Travailler avec les graphiques en 3D

Excel comprend de vrais types de graphiques en 3D, ainsi que des types de graphiques simplement présentés en 3D. Dans un vrai graphique en 3D, un troisième axe, l'**axe des Z**, permet de comparer des points de données au-delà des catégories et des valeurs. L'axe des Z s'étend sur la profondeur du graphique, de sorte qu'il semble avancer de l'arrière du graphique. Pour créer un vrai graphique 3D, recherchez les sous types de graphiques qui comportent la mention « 3D », comme Histogramme 3D. Il en va tout autrement des graphiques présentés en 3D, qui ne travaillent que sur deux axes mais dont la présentation donne une illusion tridimensionnelle. Par exemple, l'Histogramme 3D groupé affiche les colonnes en trois dimensions mais ne contient aucun axe des Z sur lequel vous puissiez agir. Pour créer un graphique présenté en 3D, recherchez les sous-types de graphiques utilisant des formes cylindriques, pyramidales et coniques mais qui ne portent pas la mention « 3D ». Dans un même graphique

en 3D, certaines séries de données d'un même graphique ont tendance à s'obscurcir ou à se masquer mutuellement. Vous pouvez toutefois faire pivoter le graphique pour obtenir un meilleur angle de vue. Cliquez du bouton droit sur le graphique, cliquez sur Rotation 3D. La boîte de dialogue Forme de la zone de graphique s'ouvre avec la catégorie Rotation 3D sélectionnée. Cette boîte de dialogue permet en outre de modifier les remplissages, les traits et les styles de traits, l'ombre et le format 3D. Les options de Rotation 3D vous donnent le choix de l'orientation et de la perspective de la zone du graphique, de la zone de traçage, des murs et du plancher d'un graphique en 3D. Ces options de rotation améliorent l'apparence des données tracées dans un graphique. Les options de Format 3D permettent de choisir les effets tridimensionnels que vous souhaitez appliquer aux éléments sélectionnés du graphique. Notez que les options de Format 3D ne sont pas toutes disponibles pour tous les types de graphiques.

Modifier les détails d'un graphique

Excel 2007

Modifier les détails d'un graphique implique d'ajouter, de supprimer et de modifier individuellement les éléments du graphique tels que le titre, la zone de traçage, le quadrillage et les séries de données. L'onglet Création des Outils de graphique inclut des présentations globales préconfigurées que l'on peut appliquer telles quelles, tandis que l'onglet Disposition regroupe les outils de création et de modification des objets individuels qui constituent le graphique. Les commandes de cet onglet permettent en outre d'ajouter des formes et du texte à un graphique, d'ajouter ou de modifier des étiquettes, de changer l'affichage des axes et de modifier l'arrière-plan de la zone de traçage. Vous pouvez aussi éliminer ou changer l'aspect du quadrillage. Les **quadrillages** sont les ensembles de lignes horizontales et verticales qui aident l'oeil à mieux situer une valeur sur un axe. ▰▰▰▰ Vous voulez modifier quelques détails à la présentation du graphique, pour en faciliter l'interprétation et en améliorer l'apparence générale.

ÉTAPES

ASTUCE

Les onglets Outils de graphique apparaissent sur le ruban seulement lorsqu'un graphique ou un de ses objets est sélectionné.

1. **Vérifiez que le graphique est sélectionné, cliquez sur l'onglet Disposition des Outils de graphique du ruban, cliquez sur le bouton Quadrillage du groupe Axes, pointez Quadrillage horizontal principal, puis cliquez sur Aucun.**

   Les lignes de quadrillage qui s'étendaient des graduations de l'axe des valeurs dans la totalité de la zone de traçage disparaissent du graphique (figure D-11).

2. **Cliquez sur le bouton Quadrillage du groupe Axes, pointez Quadrillage horizontal principal, puis cliquez sur Quadrillage principal et secondaire.**

   Les quadrillages principal et secondaire apparaissent à présent dans le graphique. Le **quadrillage secondaire** montre les valeurs comprises entre les graduations. Vous pouvez ensuite changer la couleur des colonnes pour mieux distinguer les séries de données.

ASTUCE

Pour modifier le texte d'un élément de graphique, placez le pointeur sur la zone de texte sélectionnée jusqu'à ce qu'il prenne la forme I, cliquez dans la zone de texte, puis corrigez le texte.

3. **Cliquez sur Titres des axes dans le groupe Étiquettes, pointez Titre de l'axe horizontal principal, cliquez sur Titre en dessous de l'axe, triple-cliquez sur le titre de l'axe, appuyez sur [Ctrl] [A] pour sélectionner le texte, puis tapez Pays visités.**

   Ce texte descriptif de l'axe des catégories aide le lecteur à comprendre le graphique.

4. **Cliquez sur Titres des axes dans le groupe Étiquettes, pointez Titre de l'axe vertical principal, puis cliquez sur Titre pivoté.**

   Une zone de texte intitulée Titre de l'axe est ajoutée à la gauche de l'axe vertical.

5. **Triple-cliquez sur le Titre de l'axe, appuyez sur [Ctrl] [A], puis tapez Ventes ($).**

   Le texte « Ventes ($) » apparaît désormais à gauche de l'axe vertical (figure D-12).

ASTUCE

Déplacez un titre à un autre emplacement en cliquant sur un des côtés du texte, puis en le faisant glisser jusqu'à l'endroit voulu.

6. **Cliquez du bouton droit sur les étiquettes d'axe horizontal (« Allemagne », « Australie », etc.), déroulez la liste Police de la mini barre d'outils, cliquez sur Times New Roman, déroulez la liste Taille de police de la mini barre d'outils, cliquez sur 8, puis sur OK.**

   La police des textes de l'axe horizontal est modifiée en Times New Roman et elle est réduite, laissant plus de place à la zone de traçage.

7. **Cliquez du bouton droit sur les étiquettes d'axe vertical, déroulez la liste Police de la mini barre d'outils, cliquez sur Times New Roman, déroulez la liste Taille de police de la mini barre d'outils, cliquez sur 8, puis sur OK.**

8. **Cliquez du bouton droit sur le titre du graphique (« Ventes trimestrielles de voyages »), cliquez sur Mise en forme du titre du graphique dans le menu contextuel, cliquez sur Couleur de la bordure dans le volet de gauche, puis sur l'option Trait plein dans le volet de droite.**

   L'ajout d'une bordure en trait plein est la première étape de la création d'un cadre en relief entourant le titre car il n'est possible d'ajouter de l'ombre à une zone de texte que si elle possède une bordure.

9. **Cliquez sur Ombre dans le volet de gauche, déroulez la liste Valeurs prédéfinies, cliquez sur le style Décalage diagonal vers le bas à droite (première ligne et première colonne à partir de la gauche) dans la zone Externe, cliquez sur Fermer et enregistrez votre travail.**

   Un cadre ombré entoure le titre. Comparez votre feuille à celle de la figure D-13.

FIGURE D-11: Quadrillage supprimé du graphique

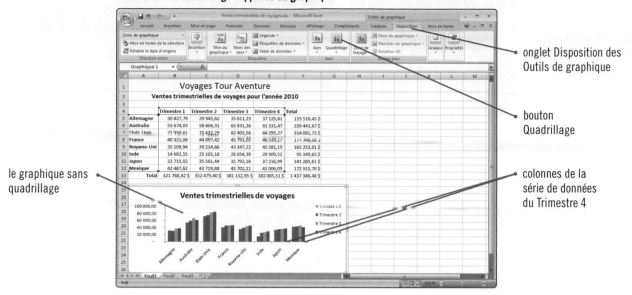

onglet Disposition des Outils de graphique

bouton Quadrillage

le graphique sans quadrillage

colonnes de la série de données du Trimestre 4

FIGURE D-12: Titres d'axes ajoutés au graphique

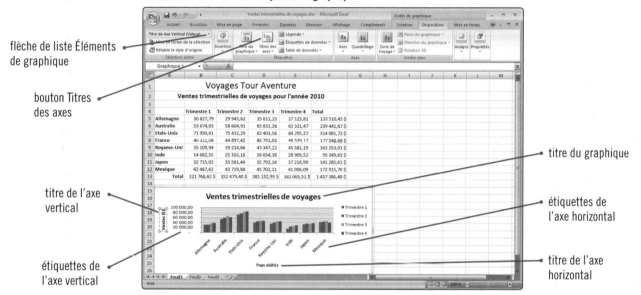

flèche de liste Éléments de graphique

bouton Titres des axes

titre de l'axe vertical

étiquettes de l'axe vertical

titre du graphique

étiquettes de l'axe horizontal

titre de l'axe horizontal

FIGURE D-13: Graphique amélioré

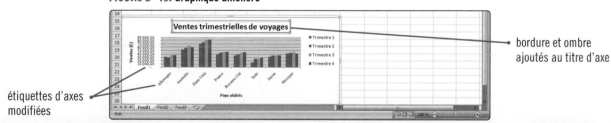

étiquettes d'axes modifiées

bordure et ombre ajoutés au titre d'axe

Ajouter des étiquettes de données à un graphique

Vous apporterez parfois un peu plus à votre auditoire si vous lui permettez de voir les étiquettes de données sur un graphique. Ces étiquettes peuvent identifier le nom de la série de données, le nom d'une catégorie et (ou) la valeur d'une ou plusieurs données importantes. Sélectionnez le graphique, sous l'onglet Disposition des Outils de graphique du ruban, cliquez sur Étiquettes de données.

Dès que vous avez ajouté les étiquettes de données, appliquez-leur une mise en forme de votre choix ou supprimez individuellement des étiquettes de données. Pour supprimer les étiquettes de données particulières, cliquez dessus, attendez que les poignées de redimensionnement entourent le jeu d'étiquettes et appuyez sur [Suppr].

Mettre en forme un graphique

Excel 2007

La mise en forme d'un graphique en facilite la lecture et l'interprétation. Excel propose de nombreuses possibilités sous l'onglet Mise en forme des Outils de graphique, notamment changer les couleurs ou appliquer un style à une série de données avec le groupe Styles de formes. Les styles permettent d'appliquer en un seul clic plusieurs mises en forme comme une cadre, des couleurs de remplissage et de texte. Le groupe Styles de forme autorise aussi des sélections individuelles de cadre, de couleur de remplissage et d'autres effets. Le groupe Styles WordArt crée du texte incurvé ou stylisé. Vous vous proposez d'améliorer la présentation du graphique en apportant quelques modifications aux couleurs des séries de données.

ÉTAPES

1. **Sélectionnez le graphique si nécessaire, cliquez sur l'onglet Mise en forme des Outils de graphique du ruban, puis sur une colonne de la série de données du Trimestre 4.**

   L'onglet Mise en forme découvre tous les groupes de boutons associés et des bordures de redimensionnement entourent toutes les colonnes de la série de données du Trimestre 4, indiquant que cette série est sélectionnée en totalité.

2. **Cliquez sur Mise en forme de la sélection dans le groupe Sélection active.**

3. **Dans le volet de gauche de la boîte de dialogue Mise en forme des séries de données, cliquez sur Remplissage, puis cliquez sur Remplissage uni dans le volet de droite.**

> **ASTUCE**
>
> Pour appliquer un style WordArt à un texte, sélectionnez un objet texte, comme le titre du graphique, puis cliquez sur un des Styles rapides de WordArt.

4. **Déroulez la liste Couleur, cliquez sur Orange, Accentuation6 (première ligne, dernière colonne) comme à la figure D-14, puis cliquez sur Fermer.**

   Les colonnes de la série deviennent oranges et la légende est modifiée pour correspondre à la nouvelle couleur. Vous pouvez aussi changer la couleur d'objets sélectionnés en leur appliquant un style de forme.

5. **Cliquez sur une colonne de la série de données du Trimestre 3.**

   Les poignées de redimensionnement apparaissent autour de chacune des colonnes de la série Trimestre 3.

6. **Cliquez sur Autres dans la galerie de Styles de formes, pointez Effet modéré - 3 accentué (cinquième ligne, quatrième colonne) comme à la figure D-15.**

7. **Cliquez sur Effet discret – 3 accentué (quatrième ligne, quatrième colonne) dans la palette.**

   La couleur de la série de données est modifiée (figure D-16).

8. **Enregistrez votre travail.**

Modifier l'alignement des textes et des titres d'axes

Les boutons de l'onglet Disposition offrent peu d'options d'alignement des textes et des titres d'axes. En revanche, la boîte de dialogue Mise en forme (ou Format) autorise un réglage très précis de la position et de la rotation de ceux-ci. On peut modifier l'alignement du texte d'un axe pour le rendre plus lisible ou l'ajuster à la zone de traçage. Sélectionnez le graphique, cliquez du bouton droit sur le texte d'axe à modifier, puis cliquez sur Mise en forme de l'axe dans le menu contextuel. La boîte de dialogue Format de l'axe s'ouvre avec des options spécifiques pour l'élément sélectionné. Cliquez sur Alignement, puis sur l'option appropriée. Pour ajuster l'angle de rotation, déroulez la liste Orientation du texte, sélectionnez Horizontal, puis réglez l'angle au nombre de degrés voulu dans la zone de texte Angle personnalisé. Les modifications réalisées, cliquez sur Fermer.

FIGURE D-14: Boîte de dialogue Mise en forme des séries de données

cliquez sur Couleur de la
bordure pour modifier
l'affichage des bordures

cliquez sur Ombre
pour ajuster les
réglages de l'ombre

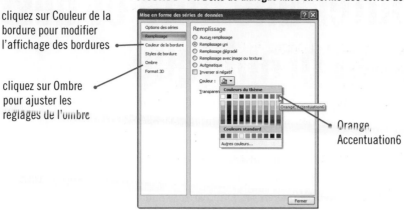

Orange,
Accentuation6

FIGURE D-15: Graphique avec la mise en forme des séries de données

effet discret –
3 accentué

effet modéré –
3 accentué

à l'étape 6, pointez
ce style

aperçu instantané
du style pointé

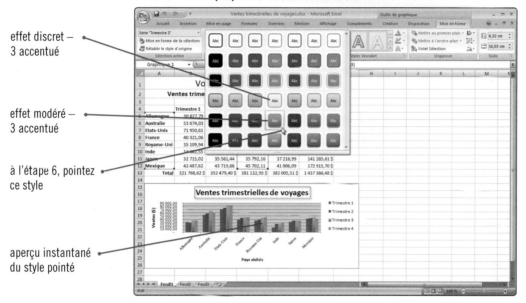

FIGURE D-16: Couleur de la série de données modifiée

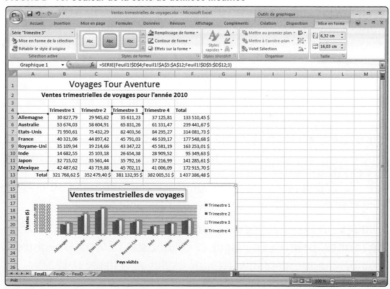

Ajouter une note et dessiner sur un graphique

Les **notes** sont des étiquettes de texte que vous pouvez ajouter à un graphique pour décrire plus amplement les données. Vous pouvez dessiner des lignes ou des flèches pointant vers les endroits à mettre en lumière. Excel permet d'ajouter des formes telles que des flèches et des cadres soit avec le groupe Illustrations de l'onglet Insertion, soit avec le bouton Insertion de l'onglet Disposition des Outils de graphique du ruban. Ces groupes servent aussi pour insérer des photos et des images clipart. Vous souhaitez faire ressortir l'augmentation des ventes en Inde en ajoutant que une note et une flèche vers cette information.

ÉTAPES

1. **Vérifiez que le graphique est sélectionné, cliquez sur l'onglet Disposition des Outils de graphique, cliquez sur Zone de texte dans le groupe Insertion, et déplacez le pointeur sur la feuille de calcul.**

   Le pointeur se transforme en ↓, indiquant que vous pourrez commencer à taper du texte lorsque vous cliquerez.

ASTUCE

Vous pouvez aussi ajouter un texte en cliquant sur Zone de texte dans le groupe Texte de l'onglet Insertion.

2. **Cliquez à droite du graphique (*en dehors* des bordures du graphique).**

   Une zone de texte s'affiche dans la feuille de calcul et l'onglet Format des Outils de dessin apparaît dans le ruban pour permettre la mise en forme ce nouvel objet. Vous tapez d'abord le texte.

3. **Tapez Forte croissance.**

   Le texte est inséré au fur et à mesure dans la zone de texte sélectionnée et le graphique n'est plus sélectionné (figure D-17).

4. **Pointez une des bordures de la zone de texte jusqu'à ce que le pointeur se change en ⭤, faites glisser la zone de texte dans le graphique, à droite du titre de graphique (figure D-18), puis relâchez le bouton de la souris.**

   Vous voulez ajouter une flèche simple dans le graphique.

ASTUCE

Une note peut aussi être ajoutée à l'aide d'une des formes de la catégorie des Bulles et légendes de la palette des Formes, soit en cliquant sur Formes dans le groupe Illustration de l'onglet Insertion, soit en cliquant sur le bouton Insertion puis sur Formes de l'onglet Disposition des Outils de graphique.

5. **Cliquez dans le graphique pour le sélectionner, cliquez sur l'onglet Disposition des Outils de graphique, cliquez sur Formes dans le groupe Insertion, puis, dans la catégorie Lignes de la palette, sur Flèche. Enfin, placez le pointeur sur le graphique.**

   Le pointeur prend la forme + et la barre d'état affiche « Cliquez et faites glisser pour insérer une forme automatique. » Lorsque vous dessinez une flèche, la pointe s'affiche à l'opposé du point de départ de la flèche. Quand le + entre dans le voisinage de la zone de texte Forte croissance, les poignées de celle-ci se colorent en rouge. Ces poignées rouges agissent comme des ancres qui attirent le point de départ de la flèche.

6. **Placez le + sur le carré rouge à gauche du F du mot « Forte » de la zone de texte, maintenez le bouton gauche de la souris enfoncé et glissez la ligne jusqu'à la colonne du Trimestre 2 de la série de données Inde, puis relâchez le bouton de la souris.**

   Une flèche apparaît, qui pointe vers les ventes du deuxième trimestre en Inde. L'onglet Format des Outils de dessin affiche toutes sortes d'options de mise en forme de ce nouvel objet. Vous pouvez le redimensionner, lui appliquer des styles ou des mises en forme ou simplement le supprimer comme tout autre objet d'un graphique.

7. **Cliquez sur l'onglet Mise en forme, déroulez la liste Contour de forme du groupe Styles de formes, pointez Épaisseur et cliquez sur 1 1/2 pt. Enregistrez votre travail.**

   Comparez votre graphique terminé à celui de la figure D-19.

FIGURE D-17: Zone de texte ajoutée

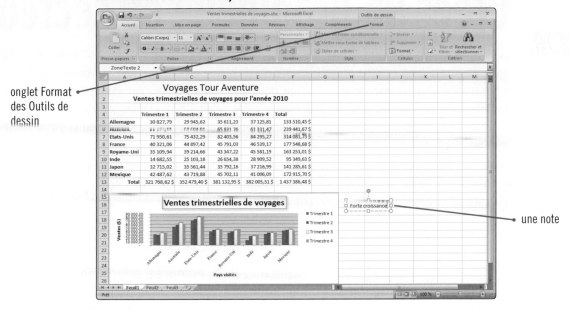

onglet Format
des Outils de
dessin

une note

FIGURE D-18: Note dans le graphique

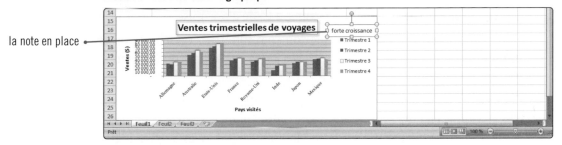

la note en place

FIGURE D-19: Objet dessin ajouté au graphique

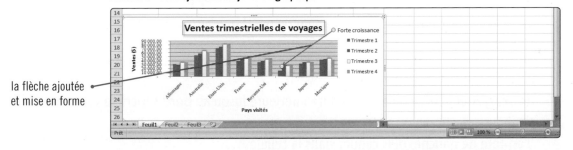

la flèche ajoutée
et mise en forme

Ajouter un graphisme SmartArt

En plus de graphiques, d'annotations et d'objets dessinés, vous pouvez ajouter à une feuille de calcul toute une série de diagrammes à l'aide de SmartArt. Parmi les types proposés, citons les catégories de diagrammes Liste, Processus, Cycle, Hiérarchie, Relation, Matrice et Pyramide. Pour insérer un diagramme SmartArt, cliquez sur SmartArt dans le groupe Illustrations de l'onglet Insertion du ruban, cliquez sur la catégorie de diagramme que vous souhaitez dans le volet de gauche, puis cliquez sur le style précis dans le volet central. Le volet de droite montre un exemple de ce que donne votre sélection (figure D-20). Le diagramme s'affiche dans la feuille de calcul sous forme d'un objet intégré avec des poignées de redimensionnement. Une fenêtre supplémentaire s'ouvre pour vous aider à entrer les textes du diagramme.

FIGURE D-20: Boîte de dialogue Choisir un graphique SmartArt

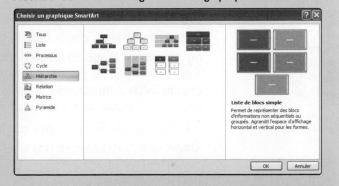

Créer un graphique en secteurs

Vous pouvez créer plusieurs graphiques à partir des mêmes données d'une feuille de calcul. Si un histogramme illustre bien certains aspects importants d'un jeu de données, rien ne vous empêche d'ajouter un autre graphique pour mettre en valeur un point précis à souligner. Par exemple, avec un graphique en secteur, vous pouvez **éclater** un point de donnée, c'est-à-dire extraire son secteur de l'ensemble du graphique en secteurs. Une fois satisfait de votre graphique, vous pouvez l'examiner avant de l'imprimer, tout comme vous le feriez avec une feuille de calcul, et vérifier le résultat avant de le figer sur papier. Vous pouvez imprimer un graphique seul ou comme élément d'une feuille. Lors d'une prochaine réunion, Manon envisage de débattre du total des ventes de voyages et des pays qui nécessitent une promotion particulière. Vous voulez créer un graphique en secteur qu'elle puisse utiliser pour illustrer les ventes totales et, à cette fin, vous décidez d'imprimer la feuille de calcul et les graphiques.

ÉTAPES

1. **Sélectionnez la plage A5:A12, maintenez [Ctrl] enfoncée, sélectionnez la plage F5:F12, relâchez [Ctrl], cliquez sur l'onglet Insertion, cliquez sur le bouton Secteurs, puis cliquez sur Secteurs en 3D dans la galerie.**

   Le nouveau graphique apparaît au centre de la feuille de calcul affichée. Vous pouvez ensuite déplacer le graphique et le mettre en forme à l'aide d'une mise en forme de graphique rapide.

> **ASTUCE**
>
> Le bouton Secteurs éclatés en 3D crée un graphique en secteurs dont tous les secteurs sont éclatés.

2. **Faites glisser le graphique pour que son coin supérieur gauche se place dans le coin supérieur gauche de la cellule G1, puis cliquez sur le bouton Mise en forme 2 dans le groupe Dispositions du graphique.**

3. **Cliquez sur le secteur du point de donnée Inde, cliquez à nouveau pour ne sélectionner que ce point, cliquez du bouton droit, puis cliquez sur Format de point de données.**

   La boîte de dialogue Mettre en forme le point de données s'ouvre (figure D-21). La glissière Éclatement de point contrôle la distance du secteur éclaté par rapport au reste du graphique; vous pouvez aussi taper une valeur dans la zone de texte Éclatement de point.

> **ASTUCE**
>
> Si la commande Mettre en forme une série de données s'affiche à la place de Mettre en forme le point de données, double-cliquez sur le point de données du secteur que vous voulez éclater avant de cliquer du bouton droit.

4. **Double-cliquez sur le 0 dans la zone de texte Éclatement de point, tapez 40, puis cliquez sur Fermer.**

   Comparez votre graphique à celui de la figure D-22. Vous décidez de visualiser le graphique et les données dans l'Aperçu avant impression.

5. **Faites glisser si nécessaire la bordure inférieure jusqu'au bord supérieur de la ligne 15.**

6. **Cliquez dans la cellule A1, basculez en mode Mise en page, tapez votre nom dans l'en-tête de gauche, puis cliquez dans la cellule A1.**

   Vous pensez que le graphique et les données s'imprimeraient mieux sur la page s'ils l'étaient en l'orientation **paysage**, c'est-à-dire avec le texte imprimé dans le sens de la longueur du papier.

7. **Cliquez sur l'onglet Mise en page, cliquez sur Orientation, puis cliquez sur Paysage.**

> **ASTUCE**
>
> Pour n'afficher que l'aperçu avant impression d'un graphique, cliquez sur le bouton Office (🞔), pointez Imprimer, puis cliquez sur Aperçu avant impression.

8. **Ouvrez la fenêtre Aperçu avant impression, cliquez sur Mise en page de l'onglet Aperçu avant impression, cliquez sur le bouton d'option Ajuster et vérifiez que le contenu sera ajusté dans 1 page en largeur sur 1 page en hauteur, puis cliquez sur OK.**

   Les données et les graphiques se positionnent horizontalement pour occuper une seule page (figure D-23). L'imprimante que vous avez sélectionnée affecte l'apparence de votre écran d'aperçu et, si votre imprimante est monochrome, l'image apparaît en noir et blanc.

9. **Cliquez sur Imprimer dans l'onglet Aperçu avant impression, imprimez une copie de la page, enregistrez votre travail et fermez le classeur, puis quittez Excel.**

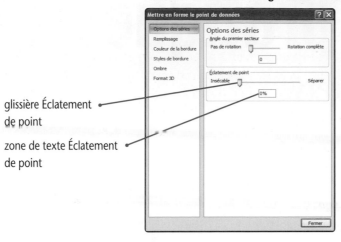

glissière Éclatement de point

zone de texte Éclatement de point

FIGURE D-22: Secteur éclaté du graphique

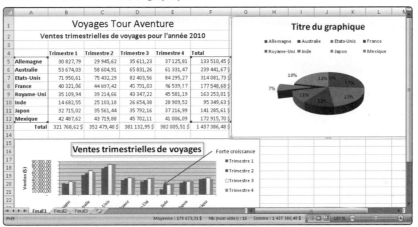

FIGURE D-23: Aperçu en mode paysage des graphiques terminés

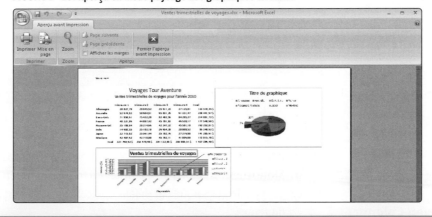

Utiliser la boîte de dialogue Mise en page pour un graphique

Quand un graphique (ou la feuille d'un graphique) est sélectionné et la fenêtre Aperçu avant impression est affichée, vous pouvez apporter des modifications en cliquant sur Mise en page dans le groupe Imprimer de l'onglet Aperçu avant impression. Cependant, la boîte de dialogue Imprimer n'affiche pas toutes les options habituellement disponibles. Par exemple, les options Centrer horizontalement et verticalement de l'onglet Marges ne sont pas toujours accessibles, tandis que les options d'échelle de l'onglet Page sont inactives et affichées en gris. C'est directement dans l'Aperçu avant impression

que vous ajoutez ces réglages. En effet, si vous cochez la case Afficher les marges du groupe Aperçu sous l'onglet Aperçu avant impression, vous pouvez ensuite ajuster avec précision l'emplacement du graphique sur la page. Les traits de marges apparaissent à l'écran et vous indiquent comment les marges sont disposées sur la page. L'emplacement exact d'une marge s'affiche dans la barre d'état lorsque vous maintenez le bouton de la souris enfoncé avec le pointeur sur un trait de marge. Vous pouvez ensuite glisser ces traits à votre guise pour obtenir le résultat optimal.

Excel 2007

Mise en pratique

▼ RÉVISION DES CONCEPTS

Identifiez les éléments de la feuille Excel de la figure D-24.

FIGURE D-24

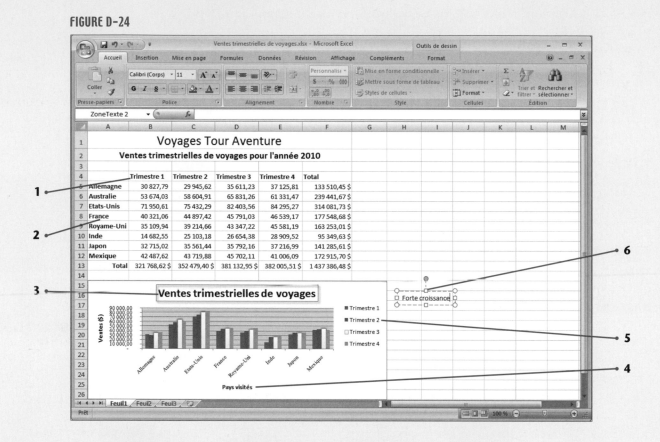

Associez chaque type de graphique à la description qui lui convient.

7. **Ligne**
8. **Secteurs**
9. **Aires**
10. **Histogramme (ou Colonne)**
11. **Combiné**

a. Compare des tendances dans des intervalles de temps.

b. Montre les variations de quantités en fonction du temps.

c. Le type de graphique par défaut d'Excel compare des données en fonction du temps.

d. Affiche un graphique en colonnes et (ou) en courbes avec plusieurs échelles de mesure.

e. Compare des données faisant partie d'un tout.

Choisissez la meilleure réponse à chaque question.

12. Quel onglet du ruban utilisez-vous pour créer un graphique ?

a. Création

b. Insertion

c. Disposition

d. Mise en forme

13. Quel onglet, parmi les suivants, n'apparaît que lorsqu'un graphique est sélectionné ?

a. Insertion

b. Mise en forme des Outils de graphique

c. Révision

d. Page

14. Quel pointeur apparaît quand vous redimensionnez un graphique ?

a. ┼

b. I

c. ↓

d. ↕

15. Comment déplacez-vous un graphique intégré dans une feuille de graphique ?

a. Cliquer sur un bouton de l'onglet Création des Outils de graphique.

b. Glisser le graphique jusqu'à la feuille de graphique.

c. Supprimer le graphique, sélectionner la feuille de graphique, puis créer un nouveau graphique.

d. Utiliser les outils Couper et Coller du ruban.

16. L'objet qui, dans un graphique, identifie les tendances de chacune des séries de données s'appelle un(e) :

a. Marque de donnée

b. Point de données

c. Organiseur

d. Légende

17. Une collection de points de données associés dans un graphique s'appelle un(e) :

a. Série de données

b. Graduation de données

c. Adresse de cellule

d. Intitulé de valeurs

▼ RÉVISION DES TECHNIQUES

1. Concevoir un graphique.

a. Démarrez Excel, ouvrez le classeur EX D-2.xlsx de votre dossier Projets et enregistrez-le sous le nom **Utilisation de logiciels par service**.

b. Décrivez le type de graphique que vous pourriez choisir pour représenter ces données.

c. Quel type de graphique utiliseriez-vous pour comparer les dépenses totales par service ?

d. Quel terme sert à décrire la représentation visuelle de chaque valeur d'une plage de feuille de calcul utilisée dans un graphique ?

2. Créer un graphique.

a. Dans la feuille de calcul, sélectionnez la plage contenant les données et les titres.

b. Cliquez sur l'onglet Insertion, si nécessaire.

c. Créez un histogramme groupé, puis ajoutez le titre **Utilisation de logiciels par service** au-dessus du graphique.

d. Enregistrez votre travail.

3. Déplacer et redimensionner un graphique.

a. Vérifiez que le graphique est sélectionné.

b. Placez le graphique sous les données.

c. Redimensionnez le graphique pour l'étendre jusqu'au côté gauche de la colonne I.

d. À l'aide de l'onglet Disposition des Outils de graphique, déplacez la légende sous les données du graphique.

e. Redimensionnez le graphique pour que sa bordure inférieure soit sur le côté supérieur de la ligne 25.

f. Enregistrez votre travail.

4. Modifier la disposition générale d'un graphique.

a. Tapez **25** dans la cellule B3 et observez la modification du graphique.

b. Sélectionnez le graphique.

c. À l'aide du groupe Dispositions du graphique de l'onglet Création des Outils de graphique, appliquez la Mise en forme 7, puis annulez la modification.

d. À l'aide du bouton Modifier le type de graphique du groupe Type de l'onglet Création, changez le type de graphique en barres groupées.

e. Changez le type de graphique en histogramme 3D groupé, puis revenez à l'histogramme groupé.

f. Enregistrez votre travail.

5. Modifier les détails d'un graphique.

    a. À l'aide de l'onglet Disposition, masquez le quadrillage du graphique.

    b. Utilisez la police Times New Roman pour les étiquettes des axes horizontal et vertical.

    c. Affichez les traits de quadrillage principaux des axes horizontal et vertical.

    d. Modifiez le titre du graphique pour lui donner la police Times New Roman et la taille de police 20.

    e. Tapez **Services** comme titre de l'axe horizontal.

    f. Tapez **Nombres d'utilisateurs** comme titre de l'axe vertical. (*Indice* : Choisissez un titre pivoté.)

    g. Modifiez le titre de l'axe horizontal si nécessaire, pour lui donner la taille de police 10.

    h. Modifiez le titre de l'axe vertical si nécessaire, pour lui donner la taille de police 10.

    i. Dans la feuille de calcul, renommez l'étiquette de colonne Personnel en **Ressources humaines**. (*Indice* : Remplacez l'étiquette dans la feuille de calcul et redimensionnez la colonne.)

    j. Portez à 14 la taille de police de la légende.

    k. Ajoutez au titre du graphique une ombre externe de type décalage diagonal vers le bas à droite. (*Indice* : Appliquez d'abord une bordure en trait plein de la couleur par défaut.)

    l. Enregistrez votre travail.

6. Mettre en forme un graphique.

    a. Vérifiez que le graphique est sélectionné, puis cliquez si nécessaire sur l'onglet Mise en forme.

    b. Modifiez la couleur de la série de données Excel en Vert olive, Accentuation3, plus sombre 50%.

    c. Modifiez l'effet de forme de la série de données Excel en Biseau, Cercle.

    d. Enregistrez vos modifications.

7. Ajouter une note et dessiner sur un graphique.

    a. Sélectionnez le graphique et ajoutez la note **Nouveaux utilisateurs nécessaires**.

    b. Déplacez la note sous le titre et centrez-la par rapport à celui-ci.

    c. À l'aide du groupe Formes de l'onglet Insertion, dessinez une flèche de 1 $\frac{1}{2}$ pt d'épaisseur qui pointe de la note vers les utilisateurs d'Excel du service Recherche.

    d. Désélectionnez le graphique.

    e. Enregistrez vos modifications.

8. Créer un graphique en secteurs.

    a. Sélectionnez la plage A1:F2, puis créez un graphique de type Secteurs en 3D.

    b. Faites glisser le graphique en dessous de l'autre graphique.

    c. Tapez **Utilisateurs d'Excel** à la place du titre du graphique.

    d. Appliquez le Style 26 au graphique.

    e. Éclatez le secteur des Ressources humaines avec un éclatement de point de 25 %.

    f. Écrivez votre nom dans la section gauche de l'en-tête de page.

▼ RÉVISION DES TECHNIQUES (SUITE)

g. Affichez la feuille et les graphiques en mode Aperçu avant impression, vérifiez que tout s'inscrit dans une seule page, puis comparez le résultat à la figure D-25.

h. Enregistrez votre travail.

i. Fermez le classeur et quittez Excel.

FIGURE D–25

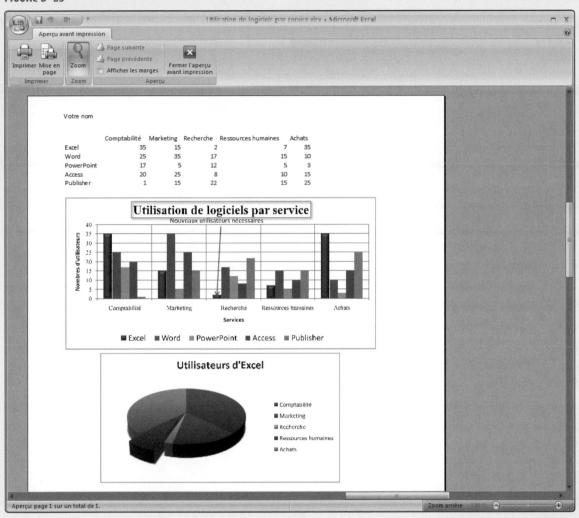

▼ EXERCICE PERSONNEL 1

Vous êtes le directeur du théâtre La Relève. Chaque année, la ville demande des fonds au Ministère de la Culture au nom de ses différents récipiendaires. Le service du marketing de la ville vous demande des graphiques qui serviront à la présentation d'un rapport sur les productions théâtrales des années précédentes. Vous devez créer des graphiques montrant le nombre de pièces produites.

a. Démarrez Excel, ouvrez le classeur EX D-3.xlsx de votre dossier Projets et enregistrez-le sous le nom **Théâtre La Relève**.

b. Rédigez un brouillon décrivant comment vous allez créer les graphiques. Quel type de graphique convient le mieux aux données à présenter ? Quelles améliorations devrez-vous apporter aux graphiques ? Un effet 3D rendra-t-il votre graphique plus compréhensible ?

c. Créez un histogramme groupé des données. Comparez votre graphique à celui de la figure D-26.

FIGURE D-26

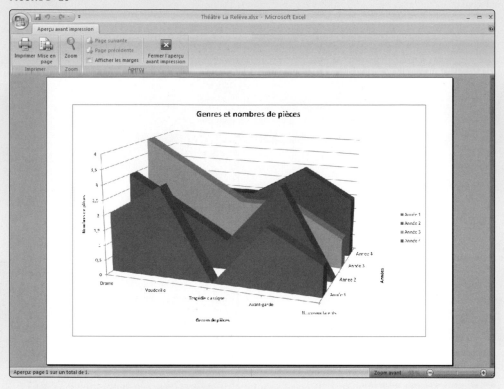

d. Changez au moins une des couleurs des séries de données.

e. Apportez les modifications nécessaires au graphique pour en faciliter la lecture et la compréhension, tout en le rendant visuellement attrayant. Placez des titres de graphique, d'axes de catégories et de valeurs, une légende en vous servant des suggestions du tableau D-3.

TABLEAU D-3

Améliorations suggérées de l'histogramme	
Titre	Genres et nombres de pièces
Légende	Année1, Année 2, Année 3, Année 4.
Titre de l'ordonnée	Nombres de pièces
Titre de l'abscisse	Genres de pièces

f. Créez au moins deux autres graphiques avec les mêmes données pour montrer les différences d'affichage des types de graphiques. Placez dans sa propre feuille chacun des nouveaux graphiques et nommez leur feuille en fonction du type de graphique créé. Un de ces graphiques sera un graphe en secteurs, l'autre sera à votre discrétion. Apportez les modifications nécessaires aux graphiques pour les rendre efficaces et visuellement attrayants.

g. Entrez votre nom dans l'en-tête de la feuille de calcul.

h. Enregistrez votre travail. Examinez l'aperçu avant impression pour vérifier les graphiques. Apportez les modifications nécessaires.

i. Imprimez les feuilles (données et graphiques).

j. Fermez le classeur et quittez Excel.

▼ EXERCICE PERSONNEL 2

FIGURE D-27

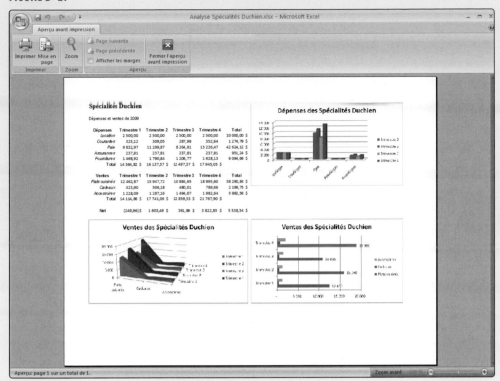

Une de vos responsabilités chez Spécialités Duchien, une entreprise de fabrication et de vente d'articles et de nourriture pour chiens, est de tenir le registre des ventes et des dépenses à l'aide d'Excel. Une autre est de convaincre le personnel qu'Excel peut faciliter et accélérer les décisions quotidiennes. Pour la prochaine réunion mensuelle, vous avez décidé de créer des graphiques des dépenses de l'année précédente, reprenant les frais de location, les coûts de fonctionnement et la paie du personnel.

a. Démarrez Excel, ouvrez le classeur EX D-4.xlsx de votre dossier Projets et enregistrez-le sous le nom **Analyse Spécialités Duchien**.

b. Décidez quelles données contiendra le graphique. Quel type de graphique convient le mieux aux données à présenter ? Quelles améliorations devrez-vous apporter aux graphiques ?

c. Créez un histogramme 3D groupé à partir des lignes de données dans la feuille de calcul, qui montre les dépenses des quatre trimestres. (*Indice* : N'incluez pas les totaux.)

d. Changez l'échelle de l'ordonnée (données des dépenses) pour n'afficher aucune décimale après la virgule. (*Indice* : Cliquez du bouton droit sur l'échelle de l'axe à modifier, cliquez sur Format des données de l'axe, cliquez dans la catégorie Nombre, corrigez le nombre de décimales et cliquez sur Fermer.)

e. À partir des données des ventes, créez deux autres graphiques dans la feuille de calcul qui illustrent les tendances des données. (*Indice* : Placez chaque graphique dans une zone libre de la feuille de calcul, désélectionnez le graphique avant de créer le suivant.)

f. Dans un des graphiques de ventes, changez la couleur des séries de données et, dans l'autre, ajoutez des étiquettes de points de données.

g. Apportez toutes les modifications nécessaires à la mise en forme pour améliorer l'attrait des graphiques, puis entrez votre nom dans une cellule de la feuille de calcul.

h. Enregistrez votre travail.

i. Avant d'imprimer, examinez les graphiques dans l'aperçu avant impression. Réduisez les données et les graphiques à une seule page, puis imprimez une copie. Comparez votre travail à la figure D-27.

j. Fermez le classeur et quittez Excel.

▼ EXERCICE PERSONNEL 3

FIGURE D-28

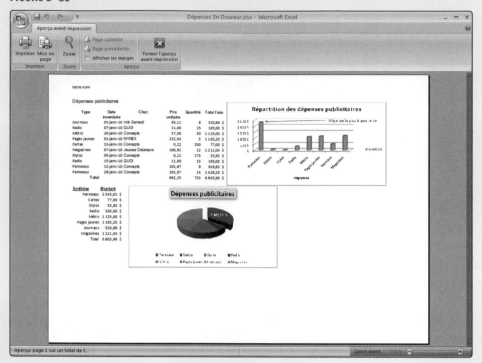

L'agence En Douceur est très satisfaite de votre travail en tant que comptable de la société. Vous avez examiné les frais que l'agence facture à ses clients. Le conseil d'administration veut vérifier certaines dépenses de publicité et vous demande de préparer quelques graphiques utiles à cette vérification. En particulier, vous voulez comparer les différentes dépenses et examiner leur influence sur les totaux des frais.

a. Démarrez Excel, ouvrez le classeur EX D-5.xlsx de votre dossier Projets et enregistrez-le sous le nom **Dépenses En Douceur**.

b. Choisissez trois types de graphiques qui semblent particulièrement intéressants pour illustrer les données de la plage A16:B24. Quelles améliorations devrez-vous apporter aux graphiques ?

c. Créez au moins deux types de graphiques différents qui montrent la répartition des dépenses publicitaires. (*Indice* : Placez chaque graphique dans une zone libre de la feuille de calcul, désélectionnez le graphique avant de créer le suivant.)

d. Ajoutez des notes et des flèches pour souligner les données importantes : par exemple, la plus forte dépense.

e. Changez la couleur d'au moins une série de données.

f. Ajoutez des titres aux graphiques et aux axes. Choisissez une police pour les titres et appliquez une ombre au titre d'au moins un des graphiques.

g. Tapez votre nom dans une section d'en-tête et enregistrez votre travail.

h. Affichez la feuille et les graphiques dans l'affichage avant impression. Ajustez tous les détails nécessaires, vérifiez que tous les graphiques sont visibles sur une seule page et comparez votre travail à l'exemple de la figure D-28.

Difficultés supplémentaires

■ Éclatez un secteur du graphique en secteurs 3D groupés.

■ Ajoutez une étiquette de donnée au secteur éclaté.

■ Changez le format de nombre des étiquettes dans les graphiques autres qu'en secteurs pour n'afficher aucune décimale après les virgules.

■ Modifiez l'échelle de l'axe des ordonnées dans un des graphiques. (*Indice* : Cliquez du bouton droit sur l'axe vertical, cliquez sur Mise en forme de l'axe, puis cliquez sur les Options d'axe.)

■ Enregistrez votre travail et examinez-le dans l'aperçu avant impression.

i. Imprimez les graphiques, fermez le classeur et quittez Excel.

▼ DÉFI

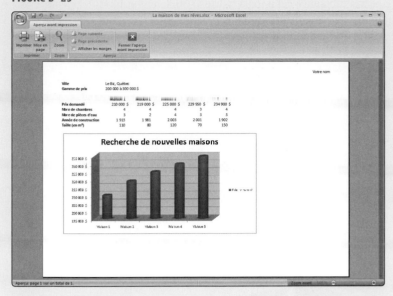

L'héritage d'un parent éloigné vient d'être versé sur votre compte bancaire. Vous avez envie de quitter votre emploi et de vous installer dans la ville de vos rêves. Vous avez déjà une idée de l'endroit où vous voulez résider et vous décidez de consulter le Web pour examiner les maisons que l'on trouve actuellement dans cette ville.

a. Démarrez Excel et enregistrez un nouveau classeur vierge sous le nom **La maison de mes rêves** dans votre dossier Projets.

b. Décidez de la ville où vous voulez habiter et utilisez votre moteur de recherche pour trouver des sources d'informations sur les maisons à vendre dans cette région.

c. Déterminez les gammes de prix et les caractéristiques des habitations. Trouvez des données pour au moins cinq maisons qui correspondent à vos exigences de prix et d'implantation, et entrez-les dans la feuille de calcul. Inspirez-vous du tableau D-4 pour la disposition des données.

d. Donnez un aspect professionnel à vos données.

e. Créez un histogramme du type de votre choix reprenant les données des maisons et des prix demandés. Placez ce graphique sur la même feuille que les données. Ajoutez un titre évocateur.

f. Changez les couleurs des colonnes du graphique à l'aide du style de graphique de votre choix.

TABLEAU D-4

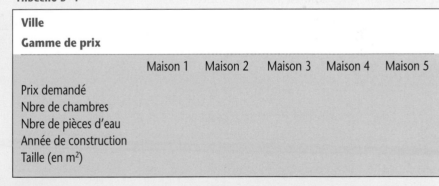

Ville					
Gamme de prix					
	Maison 1	Maison 2	Maison 3	Maison 4	Maison 5
Prix demandé					
Nbre de chambres					
Nbre de pièces d'eau					
Année de construction					
Taille (en m²)					

g. Écrivez votre nom dans une section de l'en-tête.

h. Enregistrez le classeur. Affichez le graphique dans l'aperçu avant impression et réglez les marges et l'orientation si nécessaire. Comparez votre graphique à l'exemple de la figure D-29.

i. Effectuez les réglages adéquats, puis imprimez la feuille de calcul avec son graphique sur une seule page.

Difficultés supplémentaires

- Créez un graphique combiné reprenant le prix demandé sur un axe et la taille de la maison sur l'autre axe. (*Indice* : Utilisez l'aide pour obtenir des informations sur le tracé de graphiques avec un axe secondaire.)
- Changez la couleur de la série de données dans l'histogramme.

j. Enregistrez, puis fermez le classeur et quittez Excel.

▼ ATELIER VISUEL

Ouvrez le classeur EX D-6.xlsx de votre dossier Projets et enregistrez-le sous le nom **Bénéfices estimés des projets**. Modifiez les données de la feuille de calcul pour leur donner un aspect semblable à celui de la figure D-30. Créez et modifiez deux graphiques identiques à ceux de la figure. Vous devrez apporter des modifications de disposition générale, de détails et de mise en forme pour atteindre ces résultats. Entrez votre nom dans la section de gauche de l'en-tête de page, puis enregistrez et imprimez votre travail.

FIGURE D-30

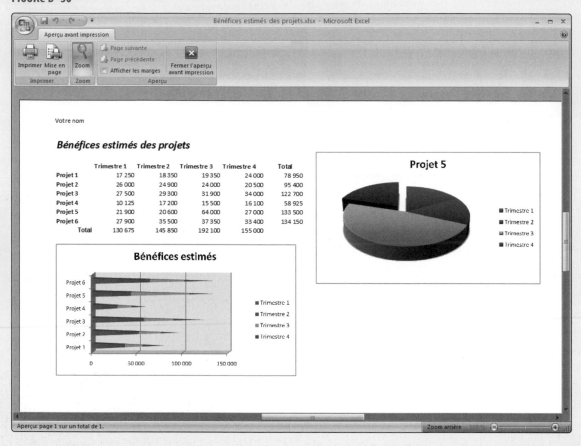

Analyser des données à l'aide de formules

Les formules servent essentiellement à analyser les données d'une feuille de calcul. À mesure que vous apprendrez l'usage de différents types de formules et de fonctions, vous découvrirez les utilisations les plus intéressantes et efficaces d'Excel. Dans ce module, vous acquerrez une compréhension plus approfondie des formules d'Excel et de l'usage de plusieurs fonctions d'Excel. Catherine Morgane, vice-présidente des ventes chez VTA, utilise les formules et les fonctions d'Excel pour analyser les données des ventes dans la province de Québec et pour consolider les données de vente de plusieurs feuilles de calcul. Comme la direction envisage de créer une nouvelle agence régionale, Catherine vous demande d'estimer le coût de location d'une nouvelle implantation de bureaux et de comparer les ventes des agences existantes dans la province de Québec.

OBJECTIFS

Mettre en forme des données avec des fonctions de texte

Totaliser une plage de données selon des conditions

Consolider des données avec une formule

Vérifier la présence d'erreurs dans des formules

Construire des formules avec des plages nommées

Construire une formule logique avec la fonction SI

Construire une formule logique avec la fonction ET

Calculer un remboursement avec la fonction VPM

Mettre en forme des données avec des fonctions de texte

Lorsque vous importez des données, vous devez souvent les restructurer et les remettre en forme. Au lieu de gérer ces tâches individuellement dans chaque cellule, vous pouvez tirer profit des outils de conversion et des fonctions de texte d'Excel pour effectuer ces mêmes tâches sur une plage de cellules de données. La fonctionnalité Conversion de texte en colonnes permet par exemple d'éclater des champs de données d'une colonne en plusieurs colonnes distinctes. Pour cela, les données doivent être séparées par un **séparateur**, comme le caractère espace, la virgule ou le point virgule. La fonction de texte NOMPROPRE convertit en nom propre, en d'autres mots, met en majuscule la première lettre de chaque mot d'une chaîne de texte, ainsi que tout texte suivant un espace. Si par exemple, la cellule A1 contient le texte service marketing, l'expression =NOMPROPRE(A1) affiche Service Marketing. La fonction CONCATENER permet de joindre deux chaînes de texte ou plus en une seule chaîne. Catherine a reçu de la direction des ressources humaines les données des représentants des ventes. Elle vous demande d'utiliser les fonctions de texte pour mettre ces données en forme et obtenir une présentation mieux exploitable.

ÉTAPES

1. Démarrez Excel, ouvrez le classeur EX E-1.xlsx de votre dossier Projets et enregistrez-le sous le nom Données des ventes.

2. Dans la feuille Représentants, sélectionnez la plage A4:A15, cliquez sur l'onglet Données du ruban, puis cliquez sur le bouton Convertir du groupe Outils de données.

   L'Assistant Conversion s'ouvre (figure E-1). Les champs de données de la feuille de calcul sont séparés par des virgules qui jouent le rôle de séparateurs de données.

3. Si nécessaire, cliquez sur l'option Délimité, cliquez sur Suivant, dans la zone Séparateurs de la boîte de dialogue, cochez la case Virgule si nécessaire, cliquez dans toute autre case à cocher éventuellement cochée pour la décocher, puis cliquez sur Suivant.

   Vous avez indiqué à Excel de dissocier vos données au séparateur virgule.

4. Cliquez sur l'option Texte dans la zone Format des données en colonne, cliquez dans la deuxième colonne Standard de la zone Aperçu de données pour la sélectionner, puis cliquez sur Texte dans la zone Format des données en colonne et cliquez sur Terminer.

   Les données sont réorganisées en trois colonnes de texte. Vous décidez de mettre en forme les lettres pour leur donner la casse (majuscule ou minuscule) appropriée.

> **ASTUCE**
>
> Déplacez la boîte de dialogue Arguments de la fonction si elle se superpose à une cellule ou une plage dans laquelle vous devez cliquer. Vous pouvez aussi cliquer sur le bouton Réduire la boîte de dialogue ⊞ pour sélectionner la cellule ou la plage, puis cliquer sur le bouton Agrandir la boîte de dialogue ⊞ pour retourner à la boîte de dialogue Arguments de la fonction.

5. Cliquez dans la cellule D4, cliquez sur l'onglet Formules, cliquez sur le bouton Texte du groupe Bibliothèque de fonctions, cliquez sur NOMPROPRE, avec le point d'insertion dans la zone de texte Texte, cliquez dans la cellule A4, puis sur OK.

   Le nom est recopié de la cellule A4 dans la cellule D4 avec les majuscules appropriées aux noms propres. Les autres noms et les villes sont encore en lettres minuscules.

6. Faites glissez la poignée de recopie pour copier la formule de la cellule D4 dans la cellule E4, puis copiez les formules de la plage D4:E4 dans toute la plage D5:E15.

   Vous voulez ensuite donner au nombre d'années une forme plus expressive.

> **ASTUCE**
>
> Excel ajoute automatiquement des **délimiteurs** de texte, ici des guillemets verticaux, autour de l'espace et du texte années.

7. Cliquez dans la cellule F4, cliquez sur le bouton Texte du groupe Bibliothèque de fonctions, cliquez sur CONCATENER, avec le point d'insertion dans la zone de texte Texte1, cliquez dans la cellule C4, appuyez sur [Tab], avec le point d'insertion dans la zone de texte Texte2, appuyez sur [Espace], tapez années, puis cliquez sur OK.

8. Recopiez la formule de la cellule F4 dans la plage F5:F15, cliquez sur l'onglet Insertion, cliquez sur le bouton En-tête et pied de page du groupe Texte, cliquez sur le bouton Atteindre le pied de page du groupe Navigation, entrez votre nom dans la zone de texte du centre, cliquez sur le bouton Atteindre l'en-tête du groupe Navigation, cliquez dans la cellule A1, puis cliquez sur Normal ⊞ dans la barre d'état.

9. Enregistrez le classeur, imprimez la feuille de calcul et comparez le résultat à la figure E-2.

FIGURE E-1: Boîte de dialogue Assistant Conversion

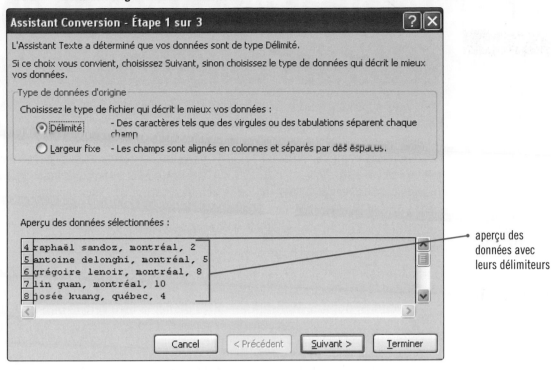

aperçu des données avec leurs délimiteurs

FIGURE E-2: Feuille de calcul avec les données mises en colonnes

Représentants au Québec

			Nom	Agence	Années de service
raphaël sandoz	montréal	2	Raphaël Sandoz	Montréal	2 années
antoine delonghi	montréal	5	Antoine Delonghi	Montréal	5 années
grégoire lenoir	montréal	8	Grégoire Lenoir	Montréal	8 années
lin guan	montréal	10	Lin Guan	Montréal	10 années
josée kuang	québec	4	Josée Kuang	Québec	4 années
georges tournan	québec	7	Georges Tournan	Québec	7 années
catherine jacques	québec	5	Catherine Jacques	Québec	5 années
alizée lemieux	québec	4	Alizée Lemieux	Québec	4 années
isabelle limon	trois-riviè	6	Isabelle Limon	Trois-Rivières	6 années
josé castillan	trois-riviè	7	José Castillan	Trois-Rivières	7 années
fatima habib	trois-riviè	4	Fatima Habib	Trois-Rivières	4 années
fernand zola	trois-riviè	7	Fernand Zola	Trois-Rivières	7 années

Utiliser les fonctions de texte

Excel propose bien d'autres fonctions de texte, comme MAJUSCULE, MINUSCULE et SUBSTITUE. La fonction MAJUSCULE convertit tout le texte en capitales, MINUSCULE convertit le texte en minuscules, SUBSTITUE remplace un texte dans un autre texte. Par exemple, si la cellule A1 contient la chaîne de texte « Aujourd'hui, c'est lundi », alors =MINUSCULE(A1) produit le résultat « aujourd'hui, c'est lundi »,

=MAJUSCULE(A1) donne « AUJOURD'HUI, C'EST LUNDI » et =SUBSTITUE(A1, "lundi", "mardi") donne « Aujourd'hui, c'est mardi ».

Si vous voulez copier et coller des données mises en forme à l'aide de fonctions de texte, vous devez sélectionner l'option Valeurs uniquement dans la liste du bouton Options de collage, pour ne déposer que les valeurs des cellules au lieu des formules textuelles.

Totaliser une plage de données selon des conditions

Vous avez appris à exploiter les possibilités des fonctions SOMME, NB et MOYENNE, appliquées à des plages de données. Vous pouvez aussi utiliser des fonctions pour totaliser, compter et calculer la moyenne d'une plage, en fonction de critères, ou conditions, que vous imposez. La fonction SOMME.SI calcule conditionnellement la somme d'une plage de cellules à condition qu'elles satisfassent des critères bien déterminés. De même, la fonction NB.SI compte des cellules et la fonction MOYENNE.SI calcule la moyenne de cellules qui, dans une plage, remplissent une condition. La figure E-3 montre la formulation de la fonction SOMME.SI. ▄▄▄▄▄ Catherine vous demande d'analyser les ventes de janvier de la filiale de Montréal pour l'informer de la situation des ventes de chaque voyage.

ÉTAPES

1. **Cliquez sur l'onglet de la feuille Montréal, cliquez dans la cellule G7, cliquez sur l'onglet Formules, cliquez sur le bouton Plus de fonctions 🔲▾ du groupe Bibliothèques de fonctions, pointez Statistiques, faites défiler la liste vers le bas, puis cliquez sur NB.SI.**

   La boîte de dialogue Arguments de la fonction s'ouvre (figure E-4). Vous voulez compter le nombre d'apparitions d'Odyssée du Pacifique dans la colonne Ventes voyages. La formule que vous utilisez dit, en fait, « Examiner la plage que je spécifie, puis compter le nombre de cellules de cette plage qui contiennent Odyssée du Pacifique ». Vous spécifiez des adresses absolues de cellules pour la plage, pour ensuite recopier la formule.

2. **Avec le point d'insertion dans la zone de texte Plage, sélectionnez la plage A6:A25, appuyez sur [F4], appuyez sur [Tab]; avec le point d'insertion dans la zone de texte Critère, cliquez dans la cellule F7, puis sur OK.**

   La cellule G7 voit apparaître le nombre de voyages intitulés Odyssée du Pacifique, soit 4. Vous voulez calculer le total des ventes des voyages Odyssée du Pacifique.

ASTUCE

Vous pouvez également calculer la somme, le nombre et la moyenne de plages de données en fonction de critères multiples à l'aide, respectivement, des fonctions SOMME.SI.ENS, NB.SI.ENS et MOYENNE.SI.ENS.

3. **Cliquez dans la cellule H7, cliquez sur le bouton Maths et trigonométrie 🔲▾ du groupe Bibliothèque de fonctions, faites défiler la liste des fonctions vers le bas, puis cliquez sur SOMME.SI.**

   La boîte de dialogue Arguments de la fonction s'ouvre. Vous voulez ajouter deux plages et un critère. La première plage est celle où Excel doit rechercher la présence du critère indiqué. La deuxième plage contient les cellules à totaliser quand les cellules correspondantes de la première plage respectent le critère fixé.

4. **Avec le point d'insertion dans la zone de texte Plage, sélectionnez la plage A6:A25, appuyez sur [F4], appuyez sur [Tab]; avec le point d'insertion dans la zone de texte Critère, cliquez dans la cellule F7, appuyez sur [Tab] ; avec le point d'insertion dans la zone de texte Somme_plage, sélectionnez la plage B6:B25, appuyez sur [F4]; puis cliquez sur OK.**

   Votre formule demande à Excel de chercher dans la plage A6:A25 le contenu de la cellule F7 et, quand il trouve une valeur identique à celle de la cellule F7 (Odyssée du Pacifique), d'additionner les montants correspondants de la colonne B. Le total des ventes pour les voyages Odyssée du Pacifique, 12403, apparaît dans la cellule H7. Vous calculez ensuite le prix moyen obtenu pour les voyages Odyssée du Pacifique.

5. **Cliquez dans I7, cliquez sur le bouton Plus de fonctions du groupe Bibliothèque de fonctions, pointez Statistiques, puis cliquez sur MOYENNE.SI.**

6. **Avec le point d'insertion dans la zone de texte Plage, sélectionnez la plage A6:A25, appuyez sur [F4], appuyez sur [Tab] ; avec le point d'insertion dans la zone de texte Critère, cliquez dans la cellule F7, appuyez sur [Tab] ; avec le point d'insertion dans la zone de texte Plage_moyenne, sélectionnez la plage B6:B25, appuyez sur [F4] ; puis cliquez sur OK.**

   Le prix moyen payé pour les voyages Odyssée du Pacifique est de 3101 et apparaît dans la cellule I7.

7. **Sélectionnez la plage G7:I7, puis glissez la poignée de recopie pour couvrir la plage G8:I10.**

   Comparez vos résultats à ceux de la figure E-5.

8. **Ajoutez votre nom au centre du pied de page, enregistrez le classeur, puis affichez l'aperçu de la feuille de calcul et imprimez-la.**

FIGURE E-3: Formulation de la fonction SOMME.SI

?SOMME.SI(Plage; Critère; [Somme_ plage])

la plage dans
laquelle la fonction
effectue la recherche

la condition à
satisfaire dans
la plage

la plage où les cellules
qui remplissent le critère
seront totalisées

FIGURE E-4: Fonction NB.SI dans la boîte de dialogue Arguments de la fonction

Arguments de la fonction

NB.SI

Plage [ ] = référence

Critère [ ] = quelconque

=

Détermine le nombre de cellules non vides répondant à la condition à l'intérieur d'une plage.

Plage est la plage de cellules dans laquelle compter les cellules non vides.

Résultat =

Aide sur cette fonction   OK   Annuler

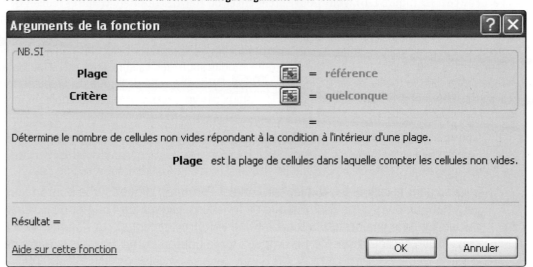

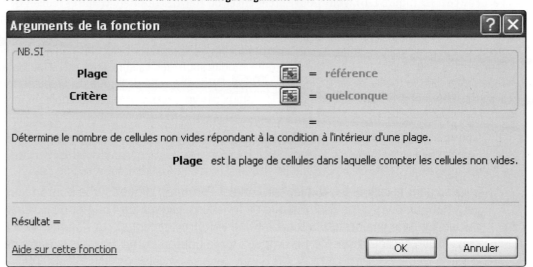

Excel 2007

FIGURE E-5: Feuille de calcul avec les statistiques conditionnelles

	A	B	C	D	E	F	G	H	I	J
5	Voyage	Prix	Date vente	Représentant						
6	Odyssée du Pacifique	3 105 $	2010-01-03	Raphaël Sandoz		Voyage	Ventes voyages	Total ventes	Prix moyen	
7	Inde essentielle	3 933 $	2010-01-04	Antoine Delonghi		Odyssée du Pacifique	4	12403	3101	
8	Japon authentique	2 100 $	2010-01-04	Grégoire Lenoir		Japon authentique	5	10505	2101	
9	Inde essentielle	3 955 $	2010-01-06	Lin Guan		Exode français	5	14016	2803	
10	Odyssée du Pacifique	3 090 $	2010-01-08	Antoine Delonghi		Inde essentielle	6	23583	3931	
11	Exode français	2 800 $	2010-01-10	Antoine Delonghi						
12	Japon authentique	2 099 $	2010-01-12	Grégoire Lenoir						
13	Exode français	2 804 $	2010-01-13	Raphaël Sandoz						
14	Japon authentique	2 103 $	2010-01-14	Raphaël Sandoz						
15	Exode français	2 810 $	2010-01-16	Lin Guan						
16	Odyssée du Pacifique	3 110 $	2010-01-17	Antoine Delonghi						
17	Inde essentielle	3 920 $	2010-01-17	Lin Guan						
18	Japon authentique	2 108 $	2010-01-18	Grégoire Lenoir						
19	Exode français	2 798 $	2010-01-19	Lin Guan						
20	Inde essentielle	3 875 $	2010-01-19	Lin Guan						
21	Japon authentique	2 095 $	2010-01-21	Grégoire Lenoir						
22	Inde essentielle	3 945 $	2010-01-23	Raphaël Sandoz						
23	Exode français	2 804 $	2010-01-27	Grégoire Lenoir						
24	Odyssée du Pacifique	3 098 $	2010-01-27	Lin Guan						
25	Inde essentielle	3 955 $	2010-01-29	Raphaël Sandoz						

statistiques conditionnelles

Analyser des données à l'aide de formules

Excel 109

Consolider des données avec une formule

Quand vous voulez résumer des données présentes dans des feuilles ou des classeurs différents, vous pouvez **consolider**, c'est-à-dire combiner et afficher, les données en une seule feuille. Si, par exemple, vous avez entré les chiffres de vente de quatre magasins dans quatre feuilles de données distinctes, une par magasin, vous pouvez consolider ces données en une seule feuille de synthèse, affichant les ventes totales de tous les magasins. La meilleure façon de consolider les données consiste à utiliser dans la feuille de consolidation, ou de synthèse, des références aux cellules des différentes feuilles. Comme elles font appel à d'autres feuilles habituellement placées en arrière-plan de la feuille de synthèse, ces références créent véritablement une autre dimension dans un classeur et sont de ce fait appelées des **références 3D** (figure E-6). Vous pouvez référencer ou **lier** des données d'autres feuilles de calcul mais également d'autres classeurs. La liaison à une autre feuille de calcul ou à un autre classeur constitue une méthode plus efficace que la recopie manuelle des résultats calculés de cette feuille ou de ce classeur, parce que les valeurs des données sur base desquelles les totaux sont calculés peuvent changer à tout moment. Si vous référencez ces valeurs, toute modification des valeurs sources est automatiquement répercutée dans la feuille de consolidation. ▨▨▨ Catherine vous demande de préparer une feuille de synthèse des ventes de janvier, comparant les totaux des ventes des voyages au cours du mois.

ÉTAPES

1. **Cliquez sur l'onglet de la feuille Synthèse Qc janvier.**

   Comme la feuille Synthèse Qc janvier, qui forme la feuille de consolidation, contiendra les références aux données des autres feuilles, le pointeur de cellule doit demeurer dans cette feuille lorsque vous commencez la référence.

2. **Cliquez dans la cellule B7, cliquez sur l'onglet Formules, cliquez sur le bouton Somme automatique du groupe Bibliothèque de fonctions, cliquez sur l'onglet de la feuille de calcul Montréal, maintenez la touche [Maj] enfoncée et cliquez sur l'onglet de la feuille Trois-Rivières, cliquez sur G7, puis cliquez sur le bouton Entrer ☑ dans la barre de formule.**

   La feuille Synthèse Qc janvier est activée et la barre de formule indique =SOMME('Montréal:Trois-Rivières'!G7) comme l'indique la figure E-7. 'Montréal:Trois-Rivières' fait référence aux feuilles Montréal, Québec et Trois-Rivières. Le point d'exclamation (!) est un indicateur de référence externe qui signifie que les cellules référencées sont à l'extérieur de la feuille de calcul active. G7 est la référence à la cellule réelle que vous voulez totaliser dans les feuilles externes. Le résultat, 12, s'affiche dans la cellule B7 de la feuille Synthèse Qc janvier. C'est la somme de tous les nombres de voyages Odyssée du Pacifique vendus et référencés dans la cellule G7 des feuilles Montréal, Québec et Trois-Rivières. Comme les données de total des ventes sont dans la colonne directement à droite de celle du nombre de voyages dans les feuilles Montréal, Québec et Trois-Rivières, il suffit de recopier la formule de synthèse des nombres de voyages vendus, avec ses adresses relatives, dans la cellule destinée à accueillir l'information de synthèse des totaux de ventes.

3. **Glissez la poignée de recopie de la cellule B7 jusque dans la cellule C7 pour copier la formule de synthèse.**

   Le résultat, 37405, apparaît dans la cellule C7 de la feuille Synthèse Qc janvier, indiquant le total des ventes de voyages Odyssée du Pacifique référencées dans la cellule H7 des feuilles Montréal, Québec et Trois-Rivières.

4. **Dans la feuille Synthèse Qc janvier, la plage B7:C7 étant sélectionnée, glissez la poignée de recopie dans la plage B8:C10.**

   Vous pouvez tester une référence de consolidation en changeant la valeur d'une cellule sur laquelle la formule est bâtie et vérifier que le résultat de la formule change également.

5. **Cliquez sur l'onglet de la feuille Québec, remplacez le contenu de la cellule A6 par Odyssée du Pacifique, puis cliquez sur l'onglet de la feuille Synthèse Qc janvier.**

   Le nombre de voyages Odyssée du Pacifique vendus est automatiquement corrigé à 13 et Total ventes augmente à 40280 (figure E-8).

6. **Cliquez sur l'onglet Insertion, cliquez sur le bouton En-tête et pied de page, cliquez sur le bouton Atteindre le pied de page, entrez votre nom dans la zone de texte du centre, cliquez sur le bouton Atteindre l'en-tête, cliquez dans la cellule A1, puis cliquez sur le bouton Normal ▦ de la barre d'état.**

Analyser des données à l'aide de formules

FIGURE E-6: Consolidation de données de trois feuilles de calcul

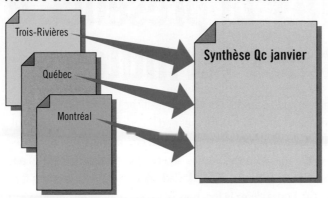

FIGURE E-7: Feuille de calcul avec le total des ventes de voyages Odyssée du Pacifique

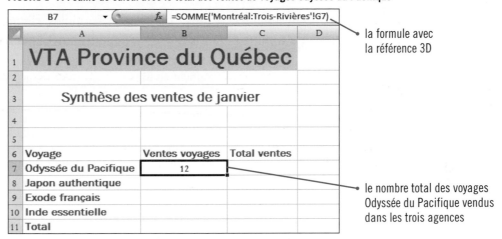

la formule avec la référence 3D

le nombre total des voyages Odyssée du Pacifique vendus dans les trois agences

FIGURE E-8: Feuille de calcul Synthèse Qc janvier avec les totaux mis à jour

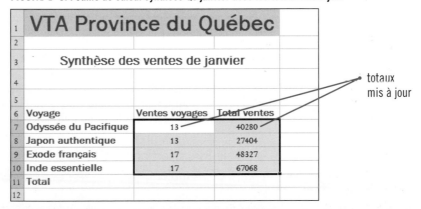

totaux mis à jour

Lier des données entre des classeurs

Tout comme vous pouvez référencer des données de cellules de la même feuille ou de feuilles différentes, vous pouvez référencer dynamiquement des données entre des classeurs pour que les modifications apportées dans les cellules d'un classeur se répercutent dans la feuille de consolidation d'un autre classeur. Pour lier une simple cellule entre deux classeurs, ouvrez les deux classeurs, sélectionnez la cellule devant recevoir les données, appuyez sur = (signe d'égalité), sélectionnez la cellule de l'autre classeur contenant les données, puis appuyez sur [Entrée]. Excel insère automatiquement le nom du classeur référencé dans la formule. Par exemple, si la donnée liée se trouve dans la cellule C7 de la feuille Nouveau du classeur Produits, la référence sera ='[Produits.xlsx]Nouveau'!$C$7. Pour effectuer des calculs, entrez des formules dans la feuille de consolidation en utilisant les cellules des autres feuilles. Si vous liez plusieurs cellules, vous pouvez copier les données dans le Presse-papiers, sélectionner dans l'autre classeur la cellule du coin supérieur gauche de la plage devant contenir le lien, cliquer sur l'onglet Accueil, dérouler la liste Coller, puis cliquer sur Coller avec liaison.

Vérifier la présence d'erreurs dans des formules

Lorsque des formules produisent des erreurs, Excel affiche une valeur d'erreur en fonction du type de l'erreur. Le tableau E-1 propose une description des types et des codes d'erreur qui peuvent se produire dans des feuilles de calcul. La fonction SIERREUR simplifie la vérification d'erreurs dans vos feuilles de calcul. Cette fonction affiche un message ou une valeur que vous spécifiez au lieu de celui ou celle généré(e) automatiquement par Excel si une erreur se produit dans une formule. ▬▬▬ Catherine voudrait utiliser des formules pour comparer les ventes de voyages en janvier. Vous utilisez la fonction SIERREUR pour intercepter les erreurs de formules.

ÉTAPES

1. **Cliquez dans la cellule B11, cliquez sur l'onglet Formules, cliquez sur le bouton Somme automatique du groupe Bibliothèque de fonctions, puis cliquez sur Entrer ☑ dans la barre de formule.**

   Le nombre de voyages vendus, 60, s'affiche en B11.

2. **Glissez la poignée de recopie de B11 dans la cellule C11.**

   Le total des ventes de voyages, 183079 apparaît dans la cellule C11. Vous décidez d'entrer une formule qui calcule le pourcentage que les ventes de voyages Odyssée du Pacifique représentent par rapport à l'ensemble des voyages en divisant les totaux de ventes des différents voyages par le total des ventes de voyages. Pour vous assurer de la vérification des erreurs, vous entrez la formule avec la fonction SIERREUR.

3. **Cliquez dans la cellule B14, cliquez sur le bouton Logique du groupe Bibliothèque de fonctions, cliquez sur SIERREUR, le point d'insertion étant dans la zone de texte Valeur, cliquez dans la cellule C7, tapez /, cliquez dans la cellule C11, appuyez sur [Tab], dans la zone de texte Valeur_si_erreur, tapez ERREUR, puis cliquez sur OK.**

   Le pourcentage que représentent les ventes d'Odyssée du Pacifique par rapport au total des ventes de voyages apparaît en B14. Il est de 22,00 %. Vous voulez vous assurez que le message d'erreur s'affiche correctement ; vous décidez de le tester en provoquant volontairement une erreur. Vous copiez-collez la formule qui possède une adresse relative au dénominateur, alors qu'il faudrait utiliser une adresse absolue.

4. **Glissez la poignée de recopie pour copier la formule de la cellule B14 dans la plage B15:B17.**

   La valeur ERREUR s'affiche dans les cellules B15 à B17 (figure E-9). Ces erreurs résultent de l'utilisation d'une adresse relative à la cellule C11 au dénominateur dans la formule de calcul de la cellule B14. La formule étant recopiée en B15, le dénominateur devient C12, une cellule vide, d'où l'erreur. La conversion de l'adresse relative à C11 en une adresse absolue $C$11 dans la formule de la cellule B14 et une nouvelle recopie corrigeront l'erreur.

ASTUCE

Vous pouvez aussi vérifier la présence d'erreurs dans les formules à l'aide des boutons du groupe Audit de formules de l'onglet Formules.

5. **Double-cliquez dans la cellule B14, sélectionnez C11 dans la formule, appuyez sur [F4], puis cliquez sur ☑ dans la barre de formule.**

   La formule contient à présent une référence absolue à la cellule C11.

6. **Copiez la formule corrigée de la cellule B14 dans la plage B15:B17.**

   Les différents pourcentages de ventes de voyages s'affichent dans les quatre cellules, sans message d'erreur (figure E-10).

7. **Enregistrez le classeur, imprimez la feuille et fermez le classeur.**

Corriger les références circulaires

Une référence circulaire signifie qu'une cellule contient une formule faisant référence à elle-même. Si vous entrez une formule comprenant une référence circulaire, Excel vous en informe dans une boîte de dialogue. Cliquez sur OK pour ouvrir une fenêtre d'aide qui explique comment trouver la référence circulaire. Dans des formules simples, une référence circulaire est facile à repérer. Pour la corriger, modifiez la formule et supprimez toute référence à la cellule qui contient la formule.

FIGURE E-9: Feuille de calcul avec des codes d'erreur

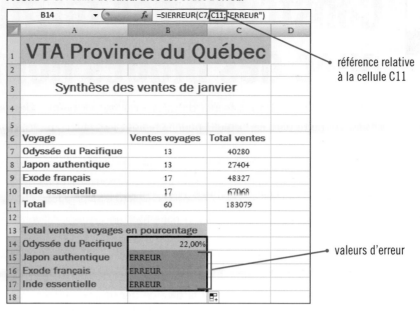

référence relative
à la cellule C11

valeurs d'erreur

FIGURE E-10: Feuille de calcul avec les pourcentages des ventes de voyages

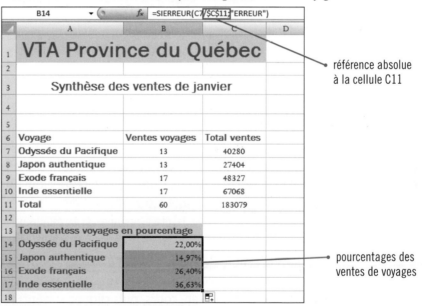

référence absolue
à la cellule C11

pourcentages des
ventes de voyages

TABLEAU E-1: Comprendre les valeurs d'erreurs

Valeur d'erreur	Cause de l'erreur	Valeur d'erreur	Cause de l'erreur
#DIV/0!	Un nombre est divisé par 0	#NOM?	La formule contient un texte erroné
#N/A	Une valeur dans une formule n'est pas disponible	#NUL!	Intersection de données non valable
#NUM!	Utilisation incorrecte d'un nombre dans une formule	#REF!	Référence de cellule incorrecte
#VALUE!	Erreur de type d'argument ou d'opérande dans une formule	#####	Largeur de colonne insuffisante pour afficher toute la donnée

Construire des formules avec des plages nommées

Pour faciliter le suivi de vos feuilles de calcul, affectez des noms à des cellules ou des plages. Vous insérez ensuite ces noms dans les formules pour les rédiger avec plus d'aisance et pour réduire les erreurs de formule. Par exemple, une formule nommée ventes-coûts est plus facile à comprendre que la formule A5-A8. Les noms sont formés de lettres minuscules et majuscules, de chiffres mais ne peuvent contenir d'espace. Après avoir nommé une cellule ou une plage de cellules, vous pouvez en préciser la **portée**, c'est-à-dire les feuilles de calcul où ce nom peut être utilisé. Lors de la définition de la portée d'un nom, vous pouvez en limiter l'usage à une feuille ou le rendre disponible dans tout un classeur. Si vous déplacez une cellule ou une plage nommée, son nom se déplace avec elle et, si vous ajoutez ou supprimez des lignes ou des colonnes à la feuille de calcul, les plages sont ajustées à leur nouvelle position dans la feuille. Lors de leur utilisation dans des formules, les noms deviennent des références absolues par défaut. ▓▓▓▓ Catherine souhaite que vous calculiez le nombre de jours avant la date de départ des voyages. Vous utilisez des noms de plages pour construire la formule.

ÉTAPES

1. **Ouvrez le classeur EX E-2.xlsx de votre dossier Projets et enregistrez-le sous le nom Voyages.**

2. **Cliquez dans la cellule B4, cliquez si nécessaire sur l'onglet Formules, cliquez sur le bouton Définir un nom du groupe Noms définis.**

   La boîte de dialogue Nouveau nom s'ouvre (figure E-11). Vous pouvez nommer des plages contenant des dates pour faciliter la rédaction de formules qui calculent des dates.

3. **Tapez date_en_cours dans la zone de texte Nom, déroulez la liste Zone, cliquez sur Voyages en avril, puis cliquez sur OK.**

   Le nom affecté à la cellule B4, date_en_cours, apparaît dans la zone Nom. Comme sa portée est limitée à la feuille de calcul Voyages en avril, le nom de plage date_en_cours n'apparaîtra dans la liste de noms que de cette feuille de calcul. Vous pouvez aussi nommer des plages qui contiennent des dates.

4. **Sélectionnez la plage B7:B13, cliquez sur le bouton Définir un nom du groupe Noms définis, entrez date_voyage dans la zone de texte Nom, déroulez la liste Zone, cliquez sur Voyages en avril, puis cliquez sur OK.**

   Désormais, vous pourrez utiliser la plage nommée et la cellule nommée dans des formules. La formule =date_voyage-date_en_cours est bien plus facile à comprendre que =B7-$B$4.

5. **Cliquez dans la cellule C7, tapez =, cliquez sur le bouton Utiliser dans la formule du groupe Noms définis, cliquez sur date_voyage, tapez –, cliquez sur Utiliser dans la formule, cliquez sur date_en_cours, puis cliquez sur Entrer ✓ dans la barre de formule.**

   Le nombre de jours avant le départ du voyage Odyssée du Pacifique, 10, s'affiche en C7. La même formule sert au calcul du nombre de jours avant le départ des autres voyages.

6. **Glissez la poignée de recopie de la cellule C7 pour recopier la formule dans la plage C8:C13, puis comparez vos résultats à ceux de la figure E-12.**

7. **Enregistrez le classeur.**

FIGURE E-11: Boîte de dialogue Nouveau nom

entrez ici le nom de cellule ou de plage

FIGURE E-12: Feuille de calcul avec les nombres de jours avant les départs

zone Nom

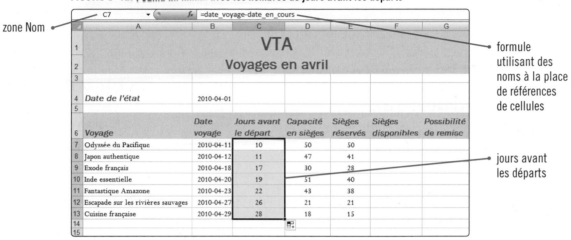

formule utilisant des noms à la place de références de cellules

jours avant les départs

Excel 2007

Gérer les noms dans les classeurs

Le Gestionnaire de noms permet de créer, supprimer et modifier des noms dans un classeur. Sous l'onglet Formules, cliquez sur le bouton Gestionnaire de noms du groupe Noms définis pour ouvrir la boîte de dialogue Gestionnaire de noms (figure E-13). Cliquez sur Nouveau pour créer une nouvelle cellule ou plage nommée, cliquez sur

Modifier pour corriger le nom ou la définition du nom de plage sélectionné et sur Supprimer pour éliminer un nom sélectionné. Cliquez sur Filtrer pour accéder à des options de choix de critères spécifiques pour n'afficher que certains noms respectant ces critères.

FIGURE E-13: Boîte de dialogue Gestionnaire de noms

crée un nouveau nom

modifie un nom

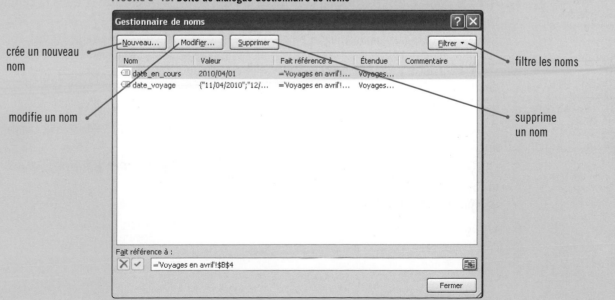

filtre les noms

supprime un nom

Construire une formule logique avec la fonction SI

Vous pouvez construire une formule logique avec une fonction SI. Une **formule logique** est une formule dont les calculs sont basés sur des critères que vous définissez, appelés **conditions d'état**. Par exemple, une formule de calcul de prime pourrait dépendre de la performance d'une personne. Si l'évaluation de la personne est de 5 (la condition d'état) sur une échelle de 1 à 5, elle reçoit une prime de 10 % du salaire, sinon elle ne reçoit rien. Lorsque la condition est une question dont la réponse est oui ou non, Excel appelle cette condition un **test logique**. La fonction SI comporte trois parties séparées par des points-virgules : une condition, ou test logique, le calcul à effectuer si la condition est vraie et le calcul à effectuer si la condition est fausse. On peut l'exprimer ainsi : SI(test_logique;valeur_si_vrai;valeur_si_faux). Traduit en fonction SI d'Excel, la formule de calcul de la prime aurait la forme suivante: SI(Performance=5;Salaire*0,10;0). En langage courant, si la performance est égale à 5, multiplier le salaire par 0,10 (équivalent à 10 %) et placer le résultat dans la cellule; si la performance n'est pas égale à 5, placer 0 dans la cellule. Pour écrire l'argument de test, vous utilisez habituellement les opérateurs de comparaison du tableau E-2. Catherine vous demande d'utiliser une fonction SI pour calculer le nombre de sièges disponibles pour chaque voyage en avril.

ÉTAPES

1. **Cliquez dans la cellule F7, sous l'onglet Formules, cliquez sur le bouton Logique du groupe Bibliothèque de fonctions, puis cliquez sur SI.**

   La boîte de dialogue Arguments de la fonction s'ouvre. La fonction doit calculer le nombre de sièges disponibles comme suit : si la capacité en sièges est supérieure au nombre de sièges réservés, calculer le nombre de sièges disponibles (capacité-nombre réservés) et placer le résultat dans la cellule F7; sinon, déposer le texte « Aucun » dans la cellule.

2. **Avec le point d'insertion dans la zone de texte Test_logique, cliquez dans la cellule D7, tapez >, cliquez dans la cellule E7, puis appuyez sur [Tab].**

   Le symbole (>) signifie « supérieur à ». Le début de la formule peut se lire ainsi : si la capacité en sièges est supérieure au nombre de sièges réservés. La deuxième partie de la fonction indique à Excel l'action à effectuer si la capacité dépasse le nombre de sièges réservés.

3. **Avec le point d'insertion dans la zone de texte Valeur_si_vrai, cliquez dans la cellule D7, tapez -, cliquez dans la cellule E7, puis appuyez sur [Tab].**

   Cette partie de la formule indique au programme ce qu'il doit faire si le test logique est vrai. Poursuivant l'interprétation de la formule, cette partie signifie : soustraire le nombre de sièges réservés de la capacité en sièges. La dernière partie de la formule indique à Excel l'action à effectuer si le test logique est faux, c'est-à-dire si la capacité n'est pas supérieure au nombre de sièges réservés.

4. **Entrez Aucun dans la zone de texte Valeur_si_faux, puis cliquez sur OK.**

   La fonction est complète et le résultat, Aucun, qui représente le nombre de sièges disponibles, apparaît dans la cellule F7 (figure E-14).

5. **Glissez la poignée de recopie de la cellule F7 dans la plage F8:F13 pour recopier la formule.**

   Comparez vos résultats à ceux de la figure E-15.

6. **Enregistrez le classeur.**

FIGURE E-14: Fonction SI dans la feuille de calcul

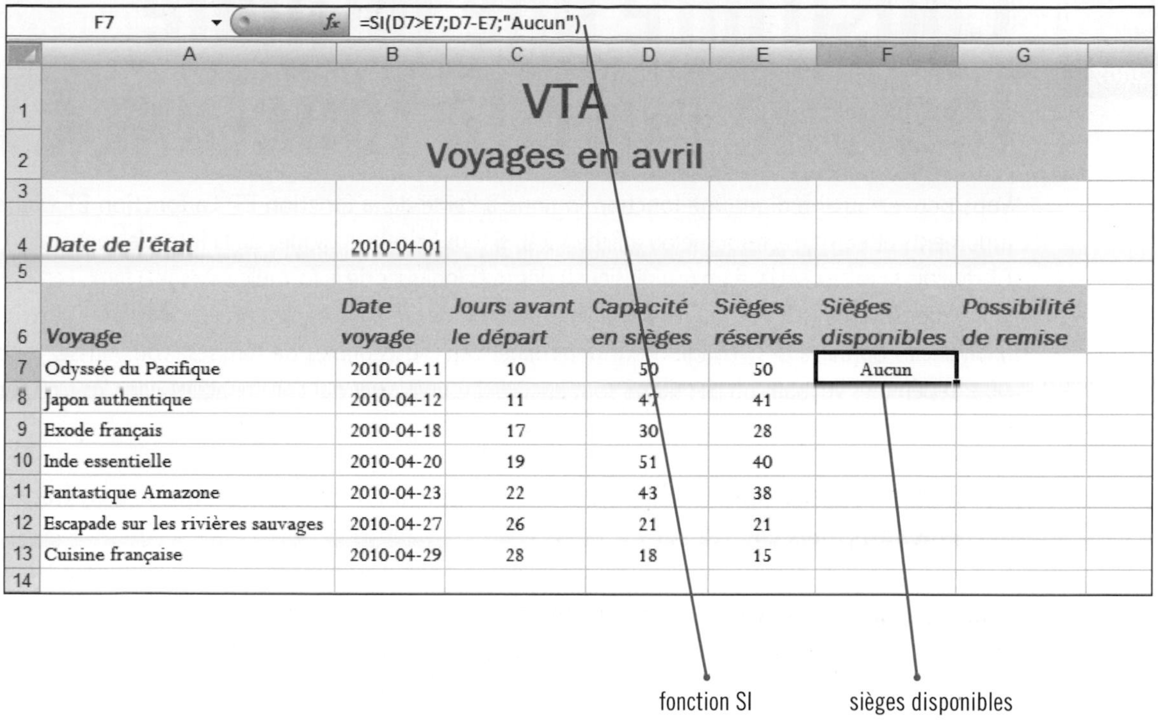

	F7		fx	=SI(D7>E7;D7-E7;"Aucun")		
	A	B	C	D	E	F	G

VTA
Voyages en avril

4	*Date de l'état*	2010-04-01					
6	*Voyage*	*Date voyage*	*Jours avant le départ*	*Capacité en sièges*	*Sièges réservés*	*Sièges disponibles*	*Possibilité de remise*
7	Odyssée du Pacifique	2010-04-11	10	50	50	Aucun	
8	Japon authentique	2010-04-12	11	47	41		
9	Exode français	2010-04-18	17	30	28		
10	Inde essentielle	2010-04-20	19	51	40		
11	Fantastique Amazone	2010-04-23	22	43	38		
12	Escapade sur les rivières sauvages	2010-04-27	26	21	21		
13	Cuisine française	2010-04-29	28	18	15		

fonction SI   sièges disponibles

FIGURE E-15: Disponibilité des sièges

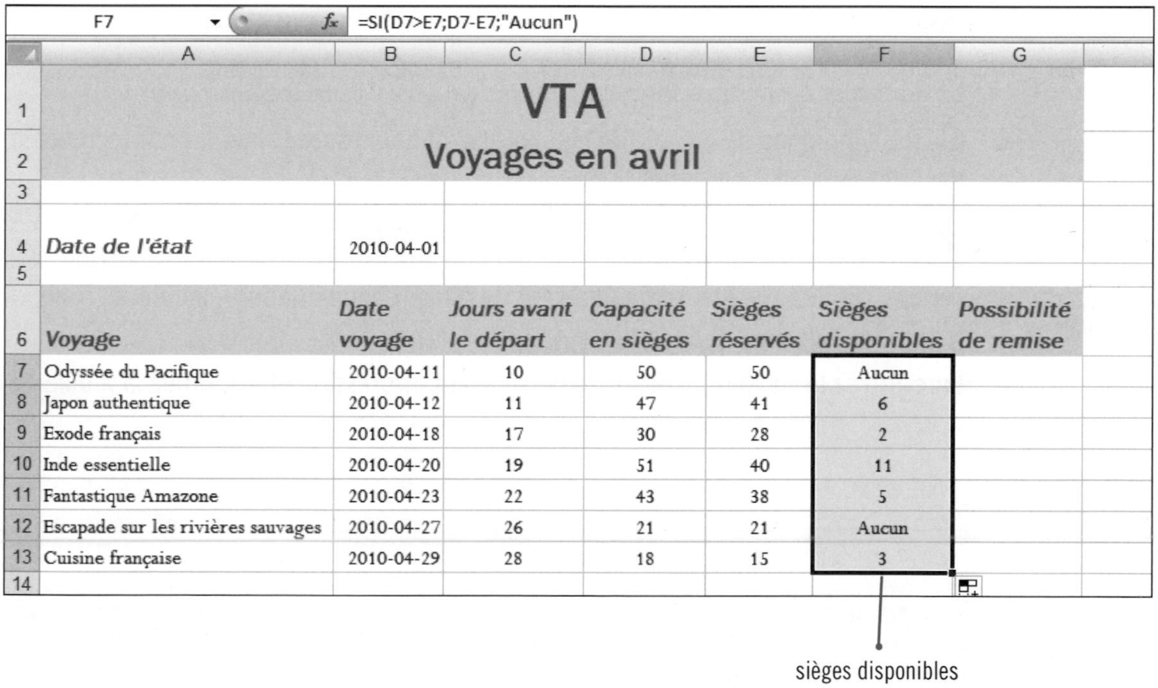

	F7		fx	=SI(D7>E7;D7-E7;"Aucun")		
	A	B	C	D	E	F	G

VTA
Voyages en avril

4	*Date de l'état*	2010-04-01					
6	*Voyage*	*Date voyage*	*Jours avant le départ*	*Capacité en sièges*	*Sièges réservés*	*Sièges disponibles*	*Possibilité de remise*
7	Odyssée du Pacifique	2010-04-11	10	50	50	Aucun	
8	Japon authentique	2010-04-12	11	47	41	6	
9	Exode français	2010-04-18	17	30	28	2	
10	Inde essentielle	2010-04-20	19	51	40	11	
11	Fantastique Amazone	2010-04-23	22	43	38	5	
12	Escapade sur les rivières sauvages	2010-04-27	26	21	21	Aucun	
13	Cuisine française	2010-04-29	28	18	15	3	

sièges disponibles

TABLEAU E-2: Opérateurs de comparaison

Opérateur	Signification	Opérateur	Signification
<	inférieur à	<=	inférieur ou égal à
>	supérieur à	>=	supérieur ou égal à
=	égal à	<>	différent de

Construire une formule logique avec la fonction ET

Vous pouvez aussi rédiger une fonction logique à l'aide de la fonction ET. La fonction ET évalue tous ses arguments et **renvoie**, retourne ou affiche VRAI, si tous les tests logiques de la formule sont vrais. La fonction ET renvoie la valeur FAUX si un (ou plusieurs) des tests logiques de la formule est (sont) faux. Les arguments de la fonction ET peuvent être du texte, des nombres ou des références de cellules. ▓▓▓▓ Catherine souhaite analyser les données des voyages pour déterminer ceux susceptibles de remises. Vous utilisez la fonction ET pour repérer les voyages où des sièges sont encore disponibles et qui commencent dans les trois semaines.

ÉTAPES

1. **Cliquez dans la cellule G7, cliquez sur le bouton Logique du groupe Bibliothèque de fonctions, puis cliquez sur ET.**

   La boîte de dialogue Arguments de la fonction s'ouvre. La fonction doit évaluer la possibilité de remise comme suit : des sièges sont disponibles et le voyage doit débuter dans les 21 jours.

   > **PROBLÈME**
   >
   > Si vous obtenez une erreur de formule, vérifiez que vous avez tapé des guillemets verticaux autour de Aucun.

2. **Avec le point d'insertion dans la zone de texte Valeur_logique1, cliquez dans la cellule F7, tapez <>, tapez "Aucun", puis appuyez sur [Tab].**

   Le symbole (<>) représente « non égal à ». Le début de la formule peut se lire ainsi : si le nombre de sièges disponibles n'est pas égal à Aucun. Autrement dit, s'il s'agit d'un entier. Le test logique suivant vérifie le nombre de jours avant la date de départ du voyage.

3. **Avec le point d'insertion dans la zone de texte Valeur_logique2, cliquez dans la cellule C7, tapez <21, puis cliquez sur OK.**

   La fonction est complétée et le résultat, FAUX, apparaît en G7 (figure E-16).

4. **Glissez la poignée de recopie de la cellule G7 dans la plage G8:G13, pour recopier la formule.**

   Comparez vos résultats à ceux de la figure E-17.

5. **Cliquez sur l'onglet Insertion, cliquez sur le bouton En-tête et pied de page du groupe Texte, cliquez sur Atteindre le pied de page, entrez votre nom dans la zone de texte du centre, cliquez sur Atteindre l'en-tête de page, cliquez dans la cellule A1, puis cliquez sur le bouton Normal ▦ de la barre d'état.**

6. **Enregistrez le classeur, affichez l'Aperçu avant impression et imprimez la feuille de calcul.**

Utiliser les fonctions logiques OU et NON

La fonction logique OU possède la même syntaxe que la fonction ET, mais au lieu de retourner VRAI si *tous* les arguments sont vrais, la fonction OU retourne VRAI si *au moins un* de ses arguments est vrai. Elle ne renvoie donc FAUX que si *tous* ses arguments sont FAUX. La fonction logique NON inverse la valeur de son argument.

Par exemple, NON(VRAI) inverse son argument VRAI en FAUX. Appliquée dans une feuille de calcul, elle permet de garantir qu'une cellule n'est pas égale à une valeur donnée. Le tableau E-3 montre des exemples d'utilisation des fonctions ET, OU et NON.

TABLEAU E-3: Exemples de fonctions ET, OU et NON pour des valeurs de cellules A1 = 10 et B1 = 20

Fonction	Formule	Résultat
ET	=ET(A1>5,B1>25)	FAUX
OU	=OU(A1>5,B1>25)	VRAI
NON	=NON(A1=0)	VRAI

FIGURE E-16: Fonction ET dans la feuille de calcul

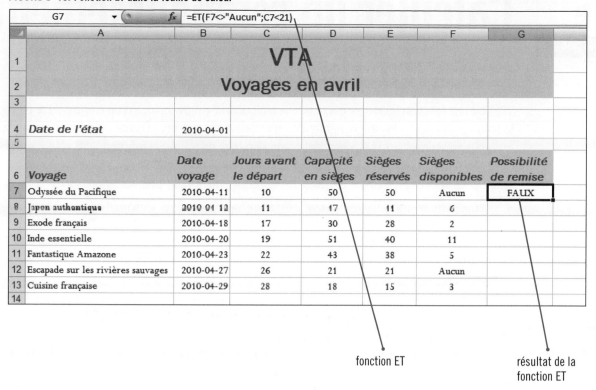

fonction ET

résultat de la fonction ET

FIGURE E-17: Évaluation des possibilités de remise sur les voyages

	G7		fx	=ET(F7<>"Aucun";C7<21)			
	A	B	C	D	E	F	G

VTA
Voyages en avril

4	Date de l'état	2010-04-01					
6	Voyage	Date voyage	Jours avant le départ	Capacité en sièges	Sièges réservés	Sièges disponibles	Possibilité de remise
7	Odyssée du Pacifique	2010-04-11	10	50	50	Aucun	FAUX
8	Japon authentique	2010-04-12	11	47	41	6	VRAI
9	Exode français	2010-04-18	17	30	28	2	VRAI
10	Inde essentielle	2010-04-20	19	51	40	11	VRAI
11	Fantastique Amazone	2010-04-23	22	43	38	5	FAUX
12	Escapade sur les rivières sauvages	2010-04-27	26	21	21	Aucun	FAUX
13	Cuisine française	2010-04-29	28	18	15	3	FAUX
14							

Calculer un remboursement avec la fonction VPM

VPM est une fonction financière qui calcule le remboursement périodique d'un emprunt. Par exemple, cette fonction peut calculer le remboursement d'un emprunt effectué pour l'achat d'une automobile. Supposons que vous empruntiez 20 000 $ pendant 5 ans à un taux de 6,5 %; la fonction VPM vous permet de savoir que votre remboursement sera de 391,32 $. La syntaxe de la fonction VPM est VPM(taux;npm;va;vc;type). La figure E-18 illustre un exemple de calcul de remboursement d'un prêt automobile avec la fonction VPM. Depuis quelques mois, la direction de VTA au Québec envisage l'implantation d'une nouvelle succursale à Ottawa. Catherine a reçu les soumissions de trois prêteurs, pour un emprunt initial de 259 000 $. Elle a obtenu les propositions d'une banque commerciale, d'un capital-risqueur et d'une banque d'investissement. Elle vous demande de résumer les informations à l'aide de la fonction VPM d'Excel.

ÉTAPES

1. **Cliquez sur l'onglet de feuille Emprunt, cliquez dans la cellule F5, cliquez sur l'onglet Formules, cliquez sur le bouton Financier du groupe Bibliothèque de fonctions, faites défiler la liste des fonctions, puis cliquez sur VPM.**

2. **Avec le point d'insertion dans la zone de texte Taux, cliquez dans la cellule D5 de la feuille de calcul, tapez /12, puis appuyez sur [Tab].**

   Vous devez diviser l'intérêt annuel par 12 parce que vous calculez des mensualités (versements mensuels) et non des annuités (versements annuels).

3. **Avec le point d'insertion dans la zone de texte Npm, cliquez dans la cellule E5, cliquez dans la zone de texte Va, cliquez dans la cellule B5, puis cliquez sur OK.**

   La mensualité (5 445,81 $) apparaît en rouge dans la cellule F5, indiquant qu'il s'agit d'un montant négatif. Excel affiche le résultat de la fonction VPM comme une valeur négative pour refléter le flux monétaire négatif que l'emprunt représente pour l'emprunteur. Pour afficher la mensualité comme un nombre positif, vous pouvez placer un signe moins, juste avant la référence à la cellule de la valeur actuelle (Va) dans la fonction. Les arguments Vc et Type sont facultatifs. L'argument Vc est la valeur capitalisée ou future, c'est-à-dire le montant total que vous voulez obtenir après tous vos paiements. Si omis, Excel suppose que Vc vaut 0. L'argument Type définit l'échéancier du paiement : la valeur 1 signifie un versement en début de période et 0, en fin de période. Par défaut, le paiement s'effectue en fin de période et Type vaut 0.

4. **Double-cliquez dans la cellule F5 et modifiez sa formule ainsi : =VPM(D5/12;E5;-B5), puis cliquez sur le bouton Entrer ✔ de la barre de formule.**

   La cellule F5 affiche cette fois la valeur positive 5 445,81 $ (figure E-19). Vous utilisez la même formule pour générer les mensualités des autres emprunts.

5. **La cellule F5 sélectionnée, glissez sa poignée de recopie dans la plage F6:F7.**

   Une mensualité de 8 266,30 $ apparaît dans la cellule F6, correspondant au prêt octroyé par le capital-risqueur. La cellule F7 affiche une mensualité de 11 826,41 $ pour l'emprunt auprès de la banque d'investissement. Les prêts à court terme présentent des mensualités bien plus élevées et vous n'aurez une idée globale des différents prêts que lorsque vous aurez calculé le total des remboursements et des intérêts demandés par chaque organisme de crédit.

6. **Cliquez dans la cellule G5, tapez =, cliquez dans E5, tapez *, cliquez dans F5, puis appuyez sur [Tab] ; dans la cellule H5, tapez =, cliquez dans G5, tapez –, cliquez dans B5, puis cliquez sur ✔.**

7. **Recopiez les formules des cellules G5 et H5 dans la plage G6:H7, puis cliquez dans la cellule A1.**

   La figure E-20 montre la feuille de calcul, telle que vous l'obtenez. Vous pouvez faire des essais de calcul en faisant varier le taux, le montant et la durée des différents emprunts. La fonction VPM affiche automatiquement les résultats.

8. **Tapez votre nom dans la zone de texte centrale du pied de page de la feuille, enregistrez le classeur, affichez l'aperçu avant impression et imprimez la feuille, puis fermez le classeur et quittez Excel.**

FIGURE E-18: Exemple de calcul d'emprunt pour l'achat d'une automobile avec VPM

$$?VPM(0,065/12;\ 60;\ 20000) = 391,32\ \$$$

taux d'intérêt par période (taux)   nombre de paiements (npm)   valeur actuelle du montant à emprunter (va)   paiement mensuel calculé

FIGURE E-19: Calcul de mensualités de remboursement d'un emprunt avec VPM

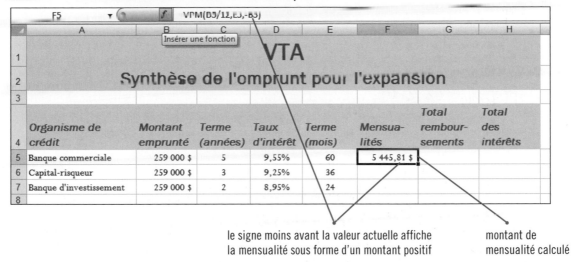

le signe moins avant la valeur actuelle affiche la mensualité sous forme d'un montant positif

montant de mensualité calculé

FIGURE E-20: Feuille de calcul complétée

Organisme de crédit	Montant emprunté	Terme (années)	Taux d'intérêt	Terme (mois)	Mensua-lités	Total rembour-sements	Total des intérêts
Banque commerciale	259 000 $	5	9,55%	60	5 445,81 $	326 748,77 $	67 748,77 $
Capital-risqueur	259 000 $	3	9,25%	36	8 266,30 $	297 586,78 $	38 586,78 $
Banque d'investissement	259 000 $	2	8,95%	24	11 826,41 $	283 833,78 $	24 833,78 $

VTA

Synthèse de l'emprunt pour l'expansion

la formule recopiée calcule les paiements totaux et les intérêts des deux autres options d'emprunt

Calculer la valeur future d'un investissement avec la fonction VC

Vous pouvez utiliser la fonction VC (valeur capitalisée) pour calculer la valeur future d'un investissement à versements périodiques à un intérêt constant pendant une période donnée. La syntaxe est semblable à celle de la fonction VPM : VC(taux;npm;vpm;va;type). Par exemple, vous voulez investir 1000 $ par mois pendant les 12 prochains mois à un taux annuel de 12 % et vous voulez savoir quel montant vous obtiendrez à la fin des 12 mois (la valeur capitalisée ou future). Vous écrivez VC(,01;12; -1000) pour qu'Excel renvoie la valeur capitalisée de l'investissement, soit 12 682,50 $.

Comme c'est le cas avec la fonction VPM, les unités de temps, du taux et de la période doivent être identiques. Si vous effectuez des remboursements mensuels d'un emprunt de 3 ans à un taux annuel de 6 %, vous utiliserez un taux de 6 %/12 et 36 périodes (12*3). Les arguments va et type sont optionnels. Si omis, Excel suppose que va et type valent 0. Va est la valeur actuelle ou la somme que représente aujourd'hui une série de paiements futurs. Type définit l'échéancier du paiement : une valeur de 1 signifie un versement en début de période et 0, en fin de période.

Mise en pratiqu

▼ RÉVISION DES CONCEPTS

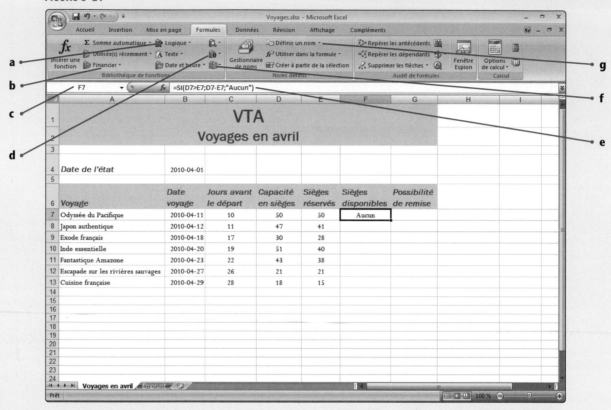

1. **Quel élément pointe vers la zone qui indique le nom associé à une cellule ou une plage ?**
2. **Quel élément pointe vers une formule logique ?**
3. **Sur quel élément devez-vous cliquer pour ajouter une fonction statistique dans une feuille de calcul ?**
4. **Sur quel élément devez-vous cliquer pour nommer une cellule ou une plage ?**
5. **Sur quel élément devez-vous cliquer pour insérer une fonction SI dans une feuille de calcul ?**
6. **Sur quel élément devez-vous cliquer pour ajouter une fonction VPM dans une feuille de calcul ?**
7. **Sur quel élément devez-vous cliquer pour ajouter une fonction SOMME.SI dans une feuille de calcul ?**

Associez chaque terme à sa description.

8. **SOMME.SI**
9. **NOMPROPRE**
10. **test_logique**
11. **Vc**
12. **Va**

a. La fonction utilisée pour mettre en majuscule la première lettre des mots d'une chaîne de caractères.

b. La fonction qui détermine la valeur capitalisée d'un investissement.

c. Cette partie de la fonction VPM représente le montant à emprunter.

d. La partie de la fonction SI qui reçoit les conditions.

e. La fonction qui permet de totaliser conditionnellement des cellules.

Choisissez la meilleure réponse à chaque question.

13. **Lorsque vous entrez les arguments taux et npm dans la fonction VPM, vous devez :**
    a. Utiliser des unités mensuelles au lieu d'unités annuelles.
    c. Diviser les deux unités par 12.
    b. Multiplier les deux unités par 12.
    d. Demeurer cohérent dans les unités utilisées.

14. **Pour exprimer des conditions de type inférieur à ou égal à, vous utilisez :**
    a. Une fonction statistique
    c. Une formule textuelle
    b. La fonction VPM
    d. Un opérateur de comparaison

15. **Lequel des énoncés suivants est faux ?**
    a. Si vous déplacez une cellule ou une plage nommée, son nom se déplace avec elle.
    b. Les plages nommées facilitent la rédaction des formules.
    c. Les noms ne peuvent contenir d'espace.
    d. Utilisés dans des formules, les noms constituent des références relatives de cellules par défaut.

16. **Parmi les suivants, quel est le signe qui indique une référence externe dans une formule ?**
    a. :
    c. !
    b. &
    d. =

▼ RÉVISION DES TECHNIQUES

1. **Mettre en forme des données avec des fonctions de texte.**
   a. Démarrez Excel, ouvrez le classeur EX E-3.xlsx de votre dossier Projets et enregistrez-le sous le nom **Révisions**.
   b. Dans la feuille Directeurs, sélectionnez la plage A2:A9 et, à l'aide du bouton Convertir de l'onglet Données, éclatez les noms en deux colonnes de texte. (*Indice* : Le séparateur est le caractère espace.)
   c. Dans la cellule D2, entrez la formule textuelle pour convertir la première lettre du nom du service de la cellule C2 en majuscule, puis copiez la formule de la cellule D2 dans la plage D3:D9.
   d. Dans la cellule E2, entrez la formule de texte qui convertit toutes les lettres du nom de service de la cellule en majuscules, puis copiez la formule de la cellule E2 dans la plage E3:E9.
   e. Dans la cellule F2, entrez la formule textuelle qui convertit toutes les lettres du nom de service de la cellule en minuscules, puis copiez la formule de la cellule F2 dans la plage F3:F9.
   f. Dans la cellule G2, utilisez la formule textuelle qui remplace "rh" par "Ressources humaines" dans le contenu de la cellule C2. (*Indice* : Dans la boîte de dialogue Arguments de la fonction, Texte est F2, Ancien_texte est rh et Nouveau_texte est Ressources humaines.) Copiez la formule de la cellule G2 dans la plage G3:G9 pour corriger en Ressources humaines les autres cellules qui contiennent rh. Notez que les entrées marketing et ventes ne seront pas modifiées puisque la formule recherche la chaîne rh.
   g. Enregistrez votre travail, puis entrez votre nom dans le pied de page de la feuille de calcul. Comparez vos résultats à la figure E-22.

   FIGURE E-22

	A	B	C	D	E	F	G
1	Nom		Service	NOMPROPRE	MAJUSCULE	MINUSCULE	SUBSTITUE
2	Paul	Cleyfs	rH	Rh	RH	rh	Ressource humaines
3	Étienne	Migeotte	rH	Rh	RH	rh	Ressource humaines
4	Chritine	Luthers	MarKeting	Marketing	MARKETING	marketing	marketing
5	Albert	Tignac	MarKeting	Marketing	MARKETING	marketing	marketing
6	Rosine	Biélard	venTEs	Ventes	VENTES	ventes	ventes
7	Henri	Closé	venTEs	Ventes	VENTES	ventes	ventes
8	Thierry	Lavoie	rH	Rh	RH	rh	Ressource humaine
9	Jean	Lemieux	MarKeting	Marketing	MARKETING	marketing	marketing
10							

   h. Affichez les formules dans la feuille de calcul, puis imprimez la feuille de calcul.
   i. Affichez à nouveau les résultats des formules.

2. **Totaliser une plage de données selon des conditions.**
   a. Activez la feuille RH.
   b. Dans la cellule B20, comptez avec la fonction NB.SI le nombre d'employés dont le classement est 5.
   c. Dans la cellule B21, comptez avec la fonction MOYENNE.SI la moyenne des salaires des employés dont le classement est 5.
   d. Dans la cellule B22, comptez avec la fonction SOMME.SI la somme des salaires des employés dont le classement est 5.
   e. Appliquez aux cellules B21 et B22 le format Nombre, avec séparateur de milliers et aucune décimale. Enregistrez votre travail.

3. Consolider des données avec une formule.

a. Activez la feuille Synthèse.

b. Dans la cellule B4, utilisez la fonction Somme Automatique pour calculer le total de la cellule F15 des feuilles RH et Comptabilité.

c. Appliquez à la cellule B4 le format de nombre Comptabilité.

d. Entrez votre nom dans le pied de page de la feuille de calcul, puis enregistrez votre travail. Comparez votre écran à la figure E-23.

FIGURE E-23

	A	B
1	Synthèse salaires	
2		
3		**Salaire**
4	**TOTAL**	565 787,00 $
5		
6		

4. Vérifier la présence d'erreurs dans des formules.

a. Activez la feuille RH.

b. Dans la cellule I6, rédigez une formule avec la fonction SIERREUR qui affiche « ERREUR » dans le cas où la formule F6/F15 génère une erreur. (*Note* : Cette formule engendrera une erreur intentionnelle, que vous corrigerez plus loin.)

c. Copiez la formule de la cellule I6 dans la plage I7:I14.

d. Corrigez la formule de la cellule I6 en changeant le dénominateur, F15, en une référence absolue de cellule.

e. Recopiez la nouvelle formule de la cellule I6 dans la plage I7:I14.

f. Modifiez le format de la plage I6:I14 en un pourcentage avec deux décimales.

g. Enregistrez votre travail.

5. Construire des formules avec des plages nommées.

a. Dans la feuille RH, nommez **date_évaluation** la plage C6:C14 et limitez la portée du nom à la feuille de calcul RH.

b. Dans la cellule E6, entrez la formule **=date_évaluation+183** et aidez-vous du bouton Utiliser dans la formule de l'onglet Formules pour choisir le nom de plage.

c. Copiez la formule de la cellule E6 dans la plage E7:E14.

d. Utilisez le Gestionnaire de noms pour ajouter le commentaire « Date de la dernière évaluation » au nom date_évaluation. (*Indice* : Dans le Gestionnaire de noms, cliquez sur le nom date_évaluation, puis cliquez sur Modifier pour ajouter ensuite le commentaire.)

e. Enregistrez votre travail.

6. Construire une formule logique avec la fonction SI.

a. Dans la cellule G6, utilisez la boîte de dialogue Arguments de la fonction pour entrer la formule **=SI(D6=5;F6*0,05;0)**.

b. Copiez la formule de la cellule G6 dans la plage G7:G14.

c. Dans la cellule G15, utilisez la Somme automatique pour totaliser la plage G6:G14.

d. Appliquez le format Monétaire avec le symbole $ et aucune décimale à la plage G6:G15.

e. Enregistrez votre travail.

7. Construire une formule logique avec la fonction ET.

a. Dans la cellule H6, utilisez la boîte de dialogue Arguments de la fonction pour entrer la formule **=ET(G6>0;B6>5)**.

b. Copiez la formule de la cellule H6 dans la plage H7:H14.

FIGURE E-24

	A	B	C	D	E	F	G	H	I
1			*Service Ressources humaines*						
2			Primes de mérite						
3									
4									
5	Nom de famille	Heures développement professionnel	Date d'évaluation	Classe-ment	Prochaine évaluation	Salaire	Prime	Salaire bonus	Pourcentage du total
6	Beaulieu	5	2010-02-01	4	2010-08-03	19 840	0,00 $	FAUX	7,21%
7	Brière	8	2010-03-01	5	2010-08-31	26 700	1 335,00 $	VRAI	9,71%
8	Chanvert	1	2010-07-01	3	2010-12-31	33 200	0,00 $	FAUX	12,07%
9	Debrode	3	2010-04-01	5	2010-10-01	25 500	1 275,00 $	FAUX	9,27%
10	Gison	9	2010-03-01	3	2010-08-31	37 500	0,00 $	FAUX	13,63%
11	Herman	8	2010-05-01	5	2010-10-31	36 500	1 825,00 $	VRAI	13,27%
12	Manchevski	10	2010-06-01	4	2010-12-01	37 500	0,00 $	FAUX	13,63%
13	Marlion	6	2010-01-01	3	2010-07-03	28 600	0,00 $	FAUX	10,40%
14	Martineau	1	2010-09-01	5	2011-03-03	29 700	1 485,00 $	FAUX	10,80%
15					Total	275 040 $	5 920,00 $		
16									
17									
18	Statistiques du service								
19	Classement de 5								
20	Nombre	4							
21	Salaire moyen	29 600							
22	Total salaires	118 400							

c. Entrez votre nom dans le pied de page de la feuille, enregistrez votre travail et comparez vos résultats à ceux de la figure E-24, puis imprimez la feuille de calcul.

d. Activez la feuille Comptabilité.

e. Dans la cellule H6, indiquez si l'employé a besoin de plus d'heures de développement pour atteindre le niveau minimum de 5 : utilisez la boîte de dialogue Arguments de la fonction NON pour entrer **B6>5** dans la zone de texte Valeur_logique. Copiez la formule de la cellule H6 dans la plage H7:H14.

f. Dans la cellule I6, indiquez si l'employé doit participer à un cours sur la qualité, ce qui est indiqué par un classement inférieur à 5 et le fait qu'il ait eu moins de 5 heures de développement : à l'aide de la boîte de dialogue Arguments de la fonction OU, entrez **D6<>5** dans la zone de texte Valeur_logique1 et **B6<=5** dans la zone de texte Valeur_logique2. Copiez la formule de la cellule I6 dans la plage I7:I14.

▼ RÉVISION DES TECHNIQUES (SUITE)

g. Entrez votre nom dans le pied de page de la feuille, enregistrez votre travail et comparez vos résultats à ceux de la figure E-25, puis imprimez la feuille de calcul.

8. Calculer un remboursement avec la fonction VPM.

a. Activez la feuille Emprunt.

b. Dans la cellule B9, déterminez la mensualité à partir des informations données. Utilisez la boîte de dialogue Arguments de la fonction pour rédiger la formule **=VPM(B5/12;B6;-B4)**.

c. Dans la cellule B10, entrez la formule **=B9*B6**.

d. Dans la cellule B11, entrez la formule **=B10-B4**, puis comparez vos résultats à ceux de la figure E-26.

e. Entrez votre nom dans le pied de page de la feuille, enregistrez votre travail et imprimez la feuille de calcul.

f. Fermez le classeur et quittez Excel.

FIGURE E-25

	Nom de famille	Heures développement professionnel	Date d'évaluation	Classe-ment	Prochaine évaluation	Salaire	Prime	Heures requises	Accès classe qualité
					Service comptabilité				
					Primes de mérite				
6	André	8	2010-03-10	2	2010-09-09	21 647	0 $	FAUX	VRAI
7	Griffon	2	2010-05-01	5	2010-10-31	28 600	1 430 $	VRAI	VRAI
8	Lavoie	6	2010-08-01	3	2011-01-31	33 200	0 $	FAUX	VRAI
9	Hutten	7	2010-06-01	1	2010-12-01	38 500	0 $	FAUX	VRAI
10	Gosselin	9	2010-03-08	5	2010-09-07	39 500	1 975 $	FAUX	FAUX
11	Ramirez	6	2010-05-01	5	2010-10-31	36 500	1 825 $	FAUX	FAUX
12	Martin	10	2010-06-01	4	2010-12-01	36 500	0 $	FAUX	VRAI
13	Sépia	6	2010-01-01	5	2010-07-03	29 600	1 480 $	FAUX	FAUX
14	Zidane	6	2010-09-15	1	2011-03-17	29 700	0 $	FAUX	VRAI
15						Total 290 747 $	6 710 $		

FIGURE E-26

▼ EXERCICE PERSONNEL 1

Vous êtes le directeur de la comptabilité de Voyagez Bien!, une entreprise d'assurances de voyage. Vous révisez les informations des comptes fournisseurs de publicité et vous voulez établir une priorité parmi les factures en retard à payer aux sociétés qui collectent vos assurances. Vous analysez les factures et exploitez les fonctions logiques pour mettre en évidence les comptes prioritaires.

a. Démarrez Excel, ouvrez le classeur EX D-4.xlsx de votre dossier Projets et enregistrez-le sous le nom **Comptes pub**.

b. Nommez **date_facture** la plage B7:B13 et ajustez la portée du nom à la feuille de calcul Comptes fournisseurs.

c. Nommez **date_courante** la cellule B4 et ajustez la portée du nom à la feuille de calcul Comptes fournisseurs.

d. Entrez une formule dans la cellule E7 qui calcule la date d'exigibilité de la facture à partir de la plage date_facture, en ajoutant 30 à la date de facture.

e. Copiez la formule de la cellule dans la plage E8:E13.

f. Dans la cellule F7, entrez une formule utilisant la plage nommée date_facture et la cellule nommée date_courante pour calculer l'âge de la facture par soustraction de la date courante et de la date de facture.

g. Copiez la formule de la cellule dans la plage F8:F13.

h. Dans la cellule G7, entrez une fonction IF qui calcule le nombre de jours de retard d'une facture, en supposant qu'une facture doit être payée dans les 30 jours. (*Indice* : Le Test_logique doit vérifier si l'âge de la facture est supérieur à 30, la Valeur_si_vrai doit calculer la date courante moins la date d'exigibilité de la facture et la Valeur_si_faux est égale à 0.) Copiez la fonction IF dans la plage G8:G13.

i. Dans la cellule H7, entrez une fonction ET pour accorder une priorité aux factures de plus de 1000 $ de services de collecte. (*Indice* : La condition Valeur_logique1 doit vérifier si le nombre de jours de dépassement est supérieur à 0 et la condition Valeur_logique2 doit vérifier si le montant est supérieur à 1000.) Copiez la fonction ET dans la plage H8:H13.

j. Entrez votre nom dans le pied de page de la feuille, puis enregistrez, affichez l'aperçu et imprimez la feuille.

k. Fermez le classeur et quittez Excel.

Difficultés supplémentaires

- Utilisez la zone de texte Fait référence à dans la boîte de dialogue Gestionnaire de noms pour vérifier que les noms définis dans la feuille de calcul font référence aux plages correctes.
- Utilisez le filtre de la boîte de dialogue Gestionnaire de noms pour contrôler que les noms que vous avez définis ont leur portée dans la feuille et non dans le classeur.
- Vérifiez avec le filtre de la boîte de dialogue Gestionnaire de noms que vos noms sont définis sans aucune erreur et qu'ils ne font pas partie d'un tableau.

Excel 2007

▼ EXERCICE PERSONNEL 2

Vous êtes vérificateur auprès d'une firme comptable reconnue. Sports Jeunes, fabricant de patins et d'accessoires vous a chargé de vérifier son classeur des ventes du premier trimestre. La direction de Sports Jeunes envisage d'ouvrir une filiale en Suisse et souhaite faire vérifier ses comptes avant de préparer son plan d'entreprise. En particulier, la direction vous demande de montrer le pourcentage des ventes annuelles que chaque catégorie représente. Vous utiliserez une formule dans une feuille de synthèse pour résumer les ventes de janvier, février et mars, puis pour calculer la pourcentage des catégories de ventes par rapport aux ventes globales du trimestre.

- **a.** Démarrez Excel, ouvrez le classeur EX E-5.xlsx de votre dossier Projets et enregistrez-le sous le nom **Ventes Sports Jeunes**.
- **b.** Dans la cellule B10 des feuilles janvier, février et mars, entrez les formules qui calculent le total des ventes du mois.
- **c.** Pour chaque mois, dans la cellule C5, créez une formule qui calcule le pourcentage de ventes de la catégorie bâtons. Utilisez une fonction pour afficher « ERREUR » dans la cellule s'il y a une erreur dans la formule. Vérifiez que les pourcentages s'affichent avec deux décimales. Copiez la formule dans les cellules de pourcentage des autres catégories. Si une des cellules affiche « ERREUR », corrigez la formule correspondante.
- **d.** Dans la colonne B de la feuille Résumé, rédigez les formules pour calculer le total des ventes des différentes catégories à partir des feuilles de janvier à mars.
- **e.** Calculez le total des ventes du premier trimestre dans la cellule B10 de la feuille Résumé. Calculez les pourcentages de ventes de chaque catégorie dans la feuille Résumé. Utilisez une fonction pour afficher « ERREUR » dans la cellule s'il y a une erreur dans la formule. Recopiez la formule dans les cellules de pourcentage des autres catégories. Si une des cellules affiche « ERREUR », corrigez la formule correspondante.
- **f.** Entrez votre nom dans le pied de page de la feuille Résumé, puis enregistrez, visualisez l'aperçu et imprimez la feuille.
- **g.** Dans la feuille Articles, éclatez la liste des articles de la cellule A1 en des colonnes distinctes de données textuelles. (*Indice* : Les articles sont séparés par des virgules.) Élargissez les colonnes si nécessaire. Dans la deuxième ligne, affichez les articles avec la première lettre de chaque mot en majuscule (figure E-27).
- **h.** Entrez votre nom dans le pied de page de la feuille Articles, puis enregistrez, visualisez l'aperçu et imprimez la feuille.
- **i.** Fermez le classeur et quittez Excel.

FIGURE E-27

	A	B	C	D	E	F
1	bâtons	patins à glace	combinaisons	calage	sacs de sport	
2	Bâtons	Patins À Glace	Combinaisons	Calage	Sacs De Sport	
3						

▼ EXERCICE PERSONNEL 3

Propriétaire de Bien Mis, une boutique de vêtements dont la clientèle ne cesse de croître, vous envisagez d'étendre votre entreprise dans une ville voisine. Comme vous devrez acheter de la marchandise supplémentaire et rénover le nouvel espace loué, vous décidez de souscrire un emprunt de 20 000 $ pour financer les dépenses d'expansion. Vous examinez trois sources de crédit : l'Administration des Petites Entreprises (APE), votre agent bancaire habituel et une société d'investissement. L'APE vous prête l'argent à 7,5 % d'intérêt mais vous devez rembourser dans les trois ans. Votre banquier habituel vous propose la même somme à 8,25 % mais sur quatre ans. La société d'investissement, elle, vous offre 7 % mais vous devrez lui rembourser dans les deux ans. Pour comparer et analyser les trois offres de prêt, vous décidez de rédiger une synthèse des trois offres dans une feuille de calcul. Sur base des informations indiquées pour ces trois prêts, créez une feuille de calcul qui résume vos propositions de prêt.

- **a.** Démarrez Excel, créez un nouveau classeur et enregistrez-le dans votre dossier Projets sous le nom **Crédit boutique vêtements**.
- **b.** En vous servant de la figure E-28 comme guide, entrez les étiquettes et les données de la feuille de calcul pour les trois offres de crédit. (*Indice* : Le thème Aspect est appliqué, avec de l'Orange, Accentuation1 pour la couleur de remplissage des deux premières lignes et de l'Orange, Accuentuation1, plus sombre 25 % pour la couleur de police de la zone de calcul.)
- **c.** Entrez la formule de calcul des mensualités pour le premier prêteur (en vérifiant que la mensualité s'affiche sous forme d'un nombre positif), copiez la formule comme il se doit, puis nommez la plage contenant les formules de calcul des mensualités **mensualités** avec le classeur comme portée.

FIGURE E-28

	A	B	C	D	E	F	G
1	Bien mis						
2	Comparaison des offres de crédit						
3							
4	Prêteur	Montant emprunté	Taux d'intérêt	Nombre mensualités	Mensualité	Total à payer	Total intérêts
5	APE	20 000	7,50%	36			
6	Banque	20 000	8,25%	48			
7	Investisseur	20 000	7%	24			
8							

▼ EXERCICE PERSONNEL 3 (SUITE)

d. Nommez **nombre_mensualités** la plage de cellules contenant les nombres de paiements, avec la portée du classeur.

e. Entrez la formule du calcul du total à payer pour votre première source de financement, à l'aide des plages nommées mensualité et nombre_mensualités, puis recopiez la formule pour les autres prêteurs.

f. Nommez **total_à_payer** la plage de cellule contenant les formules de calcul des totaux à payer. Nommez **montant_emprunté** la plage des montants empruntés.

g. Rédigez la formule du calcul du total des intérêts pour votre première source de financement à l'aide des plages nommées total_à_payer et montant_emprunté, puis recopiez la formule dans les cellules correspondantes des autres prêteurs.

h. Mettez en forme la feuille de calcul à l'aide des fonctionnalités de formatage en rapport avec le but de la feuille de calcul, puis entrez votre nom dans le pied de page de la feuille de calcul.

i. Enregistrez, affichez l'aperçu et imprimez la feuille de calcul en orientation paysage, sur une seule page.

Difficultés supplémentaires

- Activez l'impression du quadrillage pour cette feuille de calcul.
- Activez l'impression des étiquettes de lignes et de colonnes.
- Imprimez les formules de la feuille de calcul avec le quadrillage et les en-têtes sur une page.
- Retournez à l'affichage des valeurs de la feuille de calcul.

j. Fermez le classeur et quittez Excel.

▼ DÉFI

Vous décidez de dresser un journal hebdomadaire de vos exercices de conditionnement et de mise en forme. Dans une partie du journal, vous enregistrez vos activités de conditionnement avec le nombre de minutes passées à vous entraîner. Si vous pratiquez plus d'une activité dans une journée, par exemple, si vous pratiquez le cyclisme et la marche, vous enregistrez ces activités séparément. À droite de chaque activité, vous notez le lieu où vous vous entraînez. Par exemple, vous marchez sur un appareil de la salle de gymnastique mais vous pouvez aussi marcher à l'extérieur. Vous souhaitez exploiter ce journal pour analyser le temps que vous consacrez à chaque type d'exercice.

a. Démarrez Excel, ouvrez le classeur EX D-6.xlsx de votre dossier Projets et enregistrez-le sous le nom **Condition physique**.

b. Utilisez la structure de la feuille de calcul pour enregistrer vos activités de mise en forme. Remplacez les données des colonnes A à F pour mieux refléter vos propres activités, vos lieux et vos durées. Si vous n'avez aucune donnée personnelle à entrer dans cette feuille, utilisez celles proposées en exemple.

c. Utilisez la fonction SOMME.SI dans les cellules de la colonne G pour calculer le nombre total de minutes consacrées à chaque activité.

d. Construisez une formule avec la fonction MOYENNE.SI dans les cellules de la colonne H pour obtenir la moyenne des nombres de minutes accordées à chaque exercice.

e. Rédigez une fonction dans les cellules de la colonne I qui calcule le nombre de séances de pratique de chaque activité.

Difficultés supplémentaires

- Entrez une de vos propres activités avec le lieu spécifique, comme la marche à l'extérieur, dans une cellule de la colonne F, puis entrez la fonction SOMME.SI.ENS dans la cellule de la colonne G adjacente qui calcule le nombre total de minutes accordées à cette activité, dans ce lieu spécifique (par exemple marche... en forêt).
- Utilisez la fonction MOYENNE.SI.ENS dans la cellule correspondante de la colonne H pour calculer le nombre moyen de minutes accordées à cette activité et en ce lieu.
- Utilisez la fonction NB.SI.ENS dans la cellule correspondante de la colonne I pour calculer le nombre de jours où vous vous êtes livré à cette activité et en ce lieu.

f. Entrez votre nom dans le pied de page de la feuille de calcul, puis enregistrez, affichez l'aperçu et imprimez la feuille de calcul.

g. Fermez le classeur et quittez Excel.

▼ ATELIER VISUEL

Ouvrez le classeur EX C-7.xlsx de votre dossier Projets et enregistrez-le sous le nom **Synthèse primes objectifs**. Complétez la feuille de calcul présentée à la figure E-29 sur base des données des colonnes B, C et D. (*Indice* : Utilisez des formules ET, pour déterminer si une personne a droit à une prime, et des formules SI, pour calculer les montants des primes. Un employé affichant une performance de 7 ou plus et qui atteint ses objectifs de vente reçoit une prime de un pourcent sur les ventes. Si son indice de performance est inférieur à 7 ou s'il n'atteint pas son objectif, il ne reçoit aucune prime.) Déposez votre nom dans le pied de page de la feuille de calcul, puis enregistrez, affichez l'aperçu et imprimez la feuille de calcul.

FIGURE E-29

	A	B	C	D	E	F
1	Synthèse des primes d'objectifs					
2						
3	Nom	Objectif	Ventes	Classement performances	Éligible	Montant prime
4	André	100 000 $	125 400 $	7	VRAI	1 254 $
5	Griffon	80 000 $	75 420 $	3	FAUX	- $
6	Lavoie	90 000 $	83 540 $	9	FAUX	- $
7	Hutten	120 000 $	132 980 $	5	FAUX	- $
8	Gosselin	150 000 $	147 650 $	8	FAUX	- $
9	Ramirez	140 000 $	149 800 $	5	FAUX	- $
10	Martin	135 000 $	132 200 $	7	FAUX	- $
11	Sépia	100 000 $	98 650 $	3	FAUX	- $
12	Zidane	90 000 $	96 700 $	9	VRAI	967 $
13						

F

Excel 2007

Gérer les classeurs

Vous aurez besoin de ces fichiers :

Dépenses.xlsx
EX F-1.xlsx
EX F-2.xlsx
EX F-3.gif
EX F-4.xlsx
EX F-5.xlsx
EX F-6.xlsx
EX F-7.gif
Grades.xlsx
Information prix.xlsx
Logo.gif
Matériel.xlsx
Ventes Montréal.xlsx

À mesure que vous analysez des données avec Excel, vous notez que les feuilles de calcul et les classeurs deviennent de plus en plus complexes. Dans ce module, vous apprendrez à exploiter certaines fonctionnalités d'Excel qui facilitent la gestion des données des classeurs. Vous apprendrez en outre à partager des classeurs avec vos collègues, tout en garantissant qu'ils puissent lire les données, mais pas y apporter des modifications inconsidérées. Vous apprendrez aussi à enregistrer vos classeurs dans d'autres formats et à préparer des classeurs en vue de leur distribution. Catherine Morgane, vice-présidente des ventes chez VTA, requiert votre aide pour analyser les ventes annuelles des filiales du Québec. L'analyse achevée, elle compte envoyer le classeur aux directeurs d'agences pour connaître leur avis.

OBJECTIFS

Visualiser et réorganiser les feuilles de calcul

Protéger les feuilles de calcul et les classeurs

Enregistrer des affichages de feuille personnalisés

Ajouter un arrière-plan à une feuille de calcul

Préparer un classeur à sa distribution

Insérer des liens hypertextes

Enregistrer un classeur pour le distribuer

Regrouper des feuilles de calcul

Visualiser et réorganiser les feuilles de calcul

Le travail dans des classeurs constitués de plusieurs feuilles de calcul nécessite parfois de comparer des données en même temps dans plusieurs feuilles. Dans ce cas, vous pouvez visualiser chaque feuille de calcul dans sa propre fenêtre de classeur, ce qui s'appelle une **Instance**, et afficher les différentes fenêtres selon une disposition qui permet facilement de comparer les données. Lorsque vous travaillez avec des feuilles de calcul dans leurs propres fenêtres, vous utilisez en fait des vues différentes de la même feuille de calcul, tandis que les données proviennent, elles, du même classeur. ▓▓▓ Catherine vous demande de comparer les ventes totales mensuelles de deux magasins, implantés dans les filiales de Montréal et Québec. Comme les ventes totales résident dans des feuilles de données différentes, vous décidez de disposer les feuilles de calcul l'une à côté de l'autre dans des fenêtres distinctes.

ÉTAPES

1. **Démarrez Excel, ouvrez le classeur EX F-1.xlsx de votre dossier Projets et enregistrez-le sous le nom Ventes mag.**

2. **La feuille de Montréal étant active, cliquez sur l'onglet Affichage, puis cliquez sur le bouton Nouvelle fenêtre du groupe Fenêtre.**

   À présent, deux instances du classeur Ventes mag apparaissent dans la barre de tâches : Ventes mag.xlsx:1 et Ventes mag.xlsx:2. La fenêtre Ventes mag.xlsx:2 est active ; son bouton est sélectionné dans la barre des tâches et le nom de fichier de la barre de titre porte le suffixe :2.

3. **Cliquez sur l'onglet de la feuille de calcul Québec, cliquez sur le bouton Changement de fenêtre du groupe Fenêtre, puis cliquez sur Ventes mag.xlsx:1.**

   L'instance Ventes mag.xlsx:1 est à présent active. La feuille de calcul Montréal est active dans le classeur Ventes mag.xlsx:1, tandis que la feuille de calcul Québec est active dans le classeur Ventes mag.xlsx:2.

4. **Cliquez sur le bouton Réorganiser tout du groupe Fenêtre.**

   La boîte de dialogue Réorganiser s'ouvre (figure F-1), qui propose différentes configurations d'affichage des feuilles de calcul. Vous voulez afficher les classeurs côte à côte, verticalement.

▶ 5. **Cliquez sur l'option Vertical pour la sélectionner, puis cliquez sur OK.**

   Les fenêtres sont disposées verticalement (figure F-2). Vous activez un classeur en cliquant dans une de ses cellules. Vous pouvez aussi ne visualiser qu'un des classeurs en masquant celui que nous ne voulons pas voir.

6. **Faites défiler horizontalement le classeur Ventes mag.xlsx:1, cliquez n'importe où dans la classeur Ventes mag.xlsx:2, faites défiler horizontalement la feuille de calcul pour voir les données du classeur Ventes mag.xlsx:2, puis cliquez sur le bouton Masquer la fenêtre du groupe Fenêtre.**

   Lorsque vous masquez la seconde instance, seul le classeur Ventes mag.xlsx:1 demeure visible.

▶ 7. **Cliquez sur le bouton Afficher la fenêtre du groupe Fenêtre, cliquez si nécessaire sur Ventes mag.xlsx:2 dans la boîte de dialogue Afficher, puis cliquez sur OK.**

   Le classeur Ventes mag.xlsx:2 réapparaît.

8. **Fermez l'instance Ventes mag.xlsx:2, puis agrandissez la feuille de calcul Montréal du classeur Ventes mag.xlsx.**

   La fermeture de la seconde instance, Ventes mag.xlsx:2, ne laisse qu'une instance ouverte, renommée Ventes mag.xlsx dans la barre de titre.

options de
configuration
de fenêtres

FIGURE F-2: Fenêtres disposées verticalement

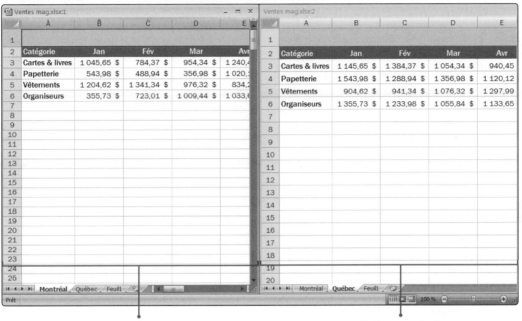

Ventes mag.xlsx:1   Ventes mag.xlsx:2

Partager une feuille de calcul en plusieurs volets

Excel offre un mode de partage d'une feuille en volets verticaux et (ou) horizontaux vous permettant de cliquer dans un des volets et de le faire défiler pour rechercher une donnée, pendant que les autres volets demeurent fixes (figure F-3). Pour scinder une feuille en volets, faites glisser la barre de fractionnement (le petit rectangle en haut de la barre de défilement verticale ou à droite de la barre de défilement horizontale) dans la direction où vous voulez effectuer le partage. Pour supprimer le fractionnement, placez le pointeur sur la ligne de partage jusqu'à ce qu'il se transforme en une flèche à double tête, puis double-cliquez.

FIGURE F-3: Feuille de calcul divisée en deux volets horizontaux et en deux volets verticaux

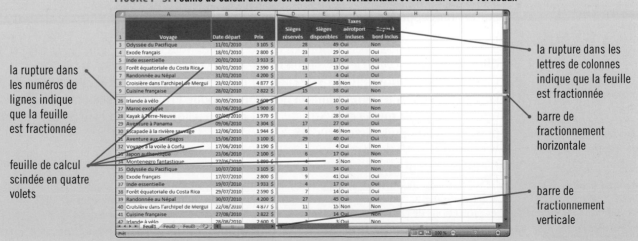

la rupture dans les numéros de lignes indique que la feuille est fractionnée

feuille de calcul scindée en quatre volets

la rupture dans les lettres de colonnes indique que la feuille est fractionnée

barre de fractionnement horizontale

barre de fractionnement verticale

Excel 2007

Protéger les feuilles de calcul et les classeurs

Les feuilles de calcul peuvent contenir des données confidentielles. Excel propose de **verrouiller** des cellules sélectionnées pour que d'autres utilisateurs puissent voir les données (valeurs, nombres, étiquettes, formules, etc.) dans ces cellules, mais sans pouvoir les modifier. Par défaut, Excel verrouille toutes les cellules mais cette protection n'entre réellement en action que lorsque vous activez le mécanisme de verrouillage d'Excel. Une stratégie de protection habituellement mise en oeuvre consiste à déverrouiller les cellules qui contiennent les données destinées à être modifiées, constituant des **zones d'entrée de données**, et de verrouiller les cellules dont les données ne doivent être modifiées. Ainsi, quand vous protégez la feuille de calcul, les zones déverrouillées demeurent modifiables. Comme les données de vente de Montréal de janvier à mars ont été confirmées, Catherine demande que vous protégiez cette zone de la feuille de calcul pour que les chiffres ne puissent être altérés.

1. **Dans la feuille Montréal, sélectionnez la plage E3:M6, cliquez sur l'onglet** Accueil, **cliquez sur le bouton** Format **du groupe Cellules, cliquez sur** Format de cellule, **puis, dans la boîte de dialogue Format de cellule, cliquez sur l'onglet** Protection.

   La case à cocher Verrouillée de l'onglet Protection est déjà cochée (figure F-4). Cette case à cocher est sélectionnée par défaut, ce qui signifie que toutes les cellules d'un nouveau classeur sont verrouillées d'office. Cependant, le verrouillage des cellules n'entre pas en action tant que la fonctionnalité de protection du classeur n'est pas elle-même activée. Or, celle-ci est désactivée par défaut. Comme les chiffres de vente d'avril à décembre n'ont pas encore été confirmés, ils sont susceptibles de changer et vous ne voulez pas verrouiller ces cellules lorsque la protection de classeur sera activée.

Pour masquer des formules que vous ne voulez pas laisser visibles, sélectionnez les cellules qui les contiennent, puis cliquez sur le bouton Masquer de l'onglet Protection pour le sélectionner. Les formules seront masquées lorsque la feuille sera protégée.

2. **Cliquez dans la case** Verrouillée **pour la décocher, puis cliquez sur** OK.

   Les données demeureront déverrouillées, même après la protection globale que vous établissez à l'étape suivante.

3. **Cliquez sur l'onglet** Révision, **puis sur le bouton** Protéger la feuille **du groupe Modifications.**

   La boîte de dialogue Protéger la feuille s'ouvre (figure F-5). Dans la liste « Autoriser tous les utilisateurs de cette feuille à », vous pouvez sélectionner les actions que vous laissez à disposition des utilisateurs de la feuille de calcul. Les options prédéfinies protègent la feuille de calcul et n'autorisent les utilisateurs qu'à sélectionner des cellules verrouillées et déverrouillées. Vous choisissez de ne pas utiliser de mot de passe.

4. **Vérifiez que la case** Protéger la feuille et le contenu des cellules verrouillées **est cochée et que les cases** Sélectionner les cellules verrouillées **et** Sélectionner les cellules déverrouillées **sont cochées également, puis cliquez sur** OK.

   Vous êtes prêt à tester la nouvelle protection de la feuille.

5. **Dans la cellule B3, tapez 1 pour contrôler que les cellules verrouillées ne peuvent être modifiées, puis cliquez sur** OK.

   Lorsque vous tentez de modifier une cellule verrouillée, une boîte de dialogue (figure F-6) vous avertit de l'état en lecture seule de la cellule protégée. Le **format en lecture seule** signifie que les utilisateurs peuvent lire les données mais pas les modifier.

6. **Cliquez dans la cellule F3, tapez 1 et notez qu'Excel vous autorise à commencer une nouvelle entrée, puis appuyez sur** [Échap], **pour annuler cette entrée, et enregistrez le classeur.**

   Comme vous avez déverrouillé les cellules des colonnes E à M avant de protéger la feuille de calcul, vous pouvez encore effectuer des modifications dans ces cellules. Vous décidez de protéger le classeur mais de laisser les utilisateurs ouvrir le classeur sans devoir donner de mot de passe préalable.

7. **Cliquez sur le bouton** Protéger le classeur **du groupe Modifications, cliquez sur** Protéger la structure et les fenêtres, **dans la boîte de dialogue Protéger la structure et les fenêtres, vérifiez que la case** Structure **est cochée, cliquez dans la case à cocher** Fenêtres **pour la cocher, puis cliquez sur** OK.

   Vous êtes prêt à tester le nouveau mécanisme de protection du classeur.

8. **Cliquez du bouton droit sur l'onglet de feuille Montréal.**

   Les options de menu Insérer, Supprimer, Renommer, Déplacer ou copier, Couleur d'onglet, Masquer et Afficher du menu contextuel sont grisées, indiquant qu'elles sont inaccessibles. Vous décidez de supprimer les protections de classeur et de feuille.

9. **Cliquez sur le bouton** Protéger le classeur **du groupe Modifications, cliquez sur l'option** Protéger la structure et les fenêtres, **puis cliquez sur le bouton** Déverrouiller la feuille **pour supprimer la protection de feuille de calcul.**

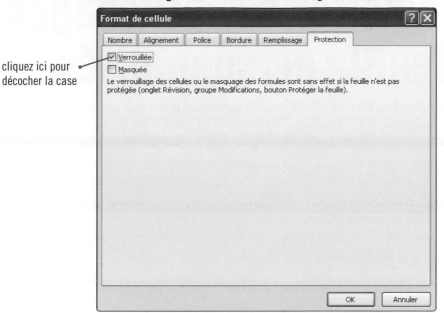

cliquez ici pour
décocher la case

FIGURE F-5: Boîte de dialogue Protéger la feuille

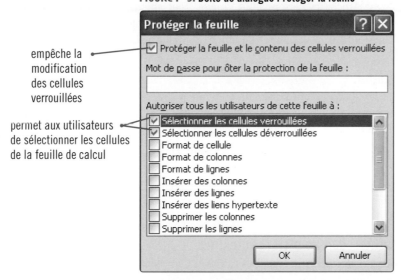

empêche la
modification
des cellules
verrouillées

permet aux utilisateurs
de sélectionner les cellules
de la feuille de calcul

FIGURE F-6: Rappel de l'état en lecture seule des cellules protégées

Figer des lignes et des colonnes

À mesure que les lignes et les colonnes d'une feuille de calcul se remplissent de données, vous devez faire défiler la feuille de calcul pour ajouter, modifier, supprimer et voir des informations. Vous pouvez temporairement figer des lignes et des colonnes pour maintenir à l'écran l'affichage des étiquettes, pendant le défilement de l'écran. Les **volets** sont les colonnes et les lignes que vous souhaitez **figer**, ou conserver en place, pendant que vous faites

défiler le reste de la feuille de calcul. Pour figer des volets, cliquez sur l'onglet Affichage, cliquez sur le bouton Figer les volets du groupe Fenêtre. Excel gèle les colonnes à gauche et les lignes au-dessus de la cellule sélectionnée. Vous pouvez aussi privilégier la sélection de Figer la ligne supérieure ou Figer la première colonne pour ne geler que cette ligne ou cette colonne.

Enregistrer des affichages de feuille personnalisés

Excel 2007

Un **affichage personnalisé** est un ensemble de paramètres d'affichage et d'impression que vous pouvez nommer et enregistrer, pour les réutiliser par la suite. En utilisant les affichages prédéfinis d'Excel, vous pouvez créer plusieurs vues différentes d'une feuille, sans devoir créer des feuilles différentes. Par exemple, si vous masquez souvent des colonnes d'une feuille de calcul, vous pouvez créer deux vues, l'une qui affiche toutes les colonnes et l'autre qui masque ces colonnes. Vous devez d'abord définir l'affichage de la feuille de calcul, puis nommer la vue. Comme Catherine souhaite générer un état des ventes à partir des données confirmées de janvier à mars, elle vous demande d'enregistrer les données de vente du premier trimestre dans un affichage personnalisé. Vous entamez la tâche en créant une vue affichant toutes les données de la feuille de calcul.

ÉTAPES

1. **La feuille de calcul Montréal active, cliquez sur l'onglet Affichage, puis cliquez sur le bouton Affichages personnalisés du groupe Affichages classeur.**

   La boîte de dialogue Affichages personnalisés s'ouvre. Tout affichage personnalisé défini précédemment pour la feuille active apparaît dans la liste Affichages. Aucun affichage personnalisé n'est encore défini pour la feuille de calcul Montréal. Vous ajoutez un affichage personnalisé qui montre toutes les colonnes de la feuille de calcul.

   > **ASTUCE**
   >
   > Pour supprimer un affichage du classeur, sélectionnez l'affichage dans la liste, puis cliquez sur Supprimer.

2. **Cliquez sur Ajouter.**

   La boîte de dialogue Ajouter un affichage s'ouvre (figure F-7). C'est ici que vous indiquez un nom pour cet affichage et que vous décidez d'inclure les réglages d'impression, les colonnes et les lignes masquées, ainsi que les paramétrages de filtres. Vous choisissez d'inclure les options sélectionnées.

3. **Dans la zone Nom, tapez Ventes annuelles, puis cliquez sur OK.**

   Vous venez de créer un affichage personnalisé nommé Ventes annuelles, montrant toutes les colonnes de la feuille de calcul. Vous devez créer un autre affichage personnalisé qui, cette fois, masque les colonnes d'avril à décembre.

4. **Sélectionnez les colonnes E à M, cliquez du bouton droit dans la zone sélectionnée, puis cliquez sur Masquer dans le menu contextuel.**

   Vous êtes prêt à créer l'affichage personnalisé des ventes de janvier à mars.

5. **Cliquez dans la cellule A1, cliquez sur Affichages personnalisés dans le groupe Affichages classeur, cliquez sur Ajouter, dans la zone Nom, tapez Premier trimestre, puis cliquez sur OK.**

   Les deux affichages définis, vous les testez.

   > **PROBLÈME**
   >
   > Si le message « Certains paramètres d'affichage n'ont pas pu être appliqués » apparaît, déverrouillez la protection de la feuille de calcul en cliquant sur le bouton Déverrouiller la feuille du groupe Modifications de l'onglet Révision et recommencez.

6. **Cliquez sur Affichages personnalisés dans le groupe Affichages classeur, cliquez sur Ventes annuelles dans la liste Affichages, puis cliquez sur Afficher.**

   L'affichage personnalisé Ventes annuelles affiche toutes les données de ventes mensuelles. Vous enchaînez le test avec l'affichage personnalisé des ventes du Premier trimestre.

7. **Cliquez sur Affichages personnalisés dans le groupe Affichages classeur, cliquez sur Premier trimestre dans la liste Affichages, puis cliquez sur Afficher.**

   Seuls les chiffres de vente des trois premiers mois s'affichent à l'écran (figure F-8).

8. **Retournez à l'affichage personnalisé Ventes annuelles, puis enregistrez le classeur.**

FIGURE F-7: Boîte de dialogue Ajouter un affichage

tapez ici le nom de l'affichage personnalisé

FIGURE F-8: Affichage personnalisé Premier trimestre

chiffres de vente de janvier à mars

la rupture dans les lettres de colonnes indique la présence de colonnes masquées

	A	B	C	D	N
1	VTA Montréal				
2	Catégorie	Jan	Fév	Mar	
3	Cartes & livres	1 045,65 $	784,37 $	954,34 $	
4	Papetterie	543,98 $	488,94 $	356,98 $	
5	Vêtements	1 204,62 $	1 341,34 $	976,32 $	
6	Organiseurs	355,73 $	723,01 $	1 009,44 $	
7					

Utiliser l'aperçu des sauts de page

Les lignes en trait interrompu verticale et horizontale qui apparaissent dans les feuilles de calcul en mode d'affichage Normal représentent des sauts de page. Excel insère automatiquement un saut de page lorsque les données d'une feuille de calcul ne tiennent pas dans une seule page. Ces sauts de page sont **dynamiques**, ce qui signifie qu'ils s'adaptent automatiquement lors de l'insertion ou de la suppression de lignes et de colonnes, ou encore lorsque vous modifiez la largeur des colonnes et la hauteur des lignes. Tout ce qui se situe dans la partie à gauche de la première ligne verticale en trait interrompu et au-dessus de la première ligne horizontale en trait interrompu s'imprime sur la première page. Pour ajouter ou supprimer manuellement des sauts de page, cliquez sur l'onglet

Mise en page, cliquez sur le bouton Sauts de page du groupe Mise en page, puis cliquez sur la commande adéquate. Pour afficher et modifier manuellement les sauts de page, cliquez sur l'onglet Affichage, cliquez sur le bouton Aperçu des sauts de page du groupe Affichages classeur ou cliquez sur le bouton Aperçu des sauts de page 🔲 de la barre d'état, puis cliquez sur OK. Vous pouvez ensuite glisser les traits bleus de saut de page à l'emplacement souhaité (figure F-9). Si vous glissez un saut de page vers la droite pour inclure plus de données dans une page, Excel réduit la taille de caractère lors de l'impression, pour insérer dans la page les données délimitées par les sauts. Pour quitter le mode Aperçu des sauts de page, cliquez sur le bouton Normal dans le groupe Affichages classeur.

FIGURE F-9: Fenêtre Aperçu des sauts de page

	A	B	C	D	E	F	G	H	I	J	K	L	M
1	VTA Montréal												
2	Catégorie	Jan	Fév	Mar	Avr	Mai	Jun	Jul	Aou	Sep	Oct	Nov	Déc
3	Cartes & livres	1 045,65 $	784,37 $	954,34 $	1 240,45 $	567,76 $	1 240,76 $	1 240,43 $	1 240,34 $	675,54 $	1 240,54 $	1 240,34 $	1 240,34 $
4	Papetterie	543,98 $	488,94 $	356,98 $	1 020,12 $	378,23 $	392,41 $	934,62 $	145,89 $	345,98 $	435,78 $	359,76 $	289,88 $
5	Vêtements	1 204,62 $	1 341,34 $	976,32 $	834,23 $	1 022,35 $	634,22 $	1 309,22 $	749,33 $	1 209,04 $	1 383,11 $	1 456,21 $	1 341,47 $
6	Organiseurs	355,73 $	723,01 $	1 009,44 $	1 033,65 $	998,98 $	1 003,48 $	1 006,23 $	942,56 $	1 097,99 $	865,11 $	898,99 $	1 012,75 $

glissez les traits bleus pour modifier les sauts de page

Ajouter un arrière-plan à une feuille de calcul

En plus de l'utilisation d'un thème pour appliquer des couleurs de police et de remplissage, Excel autorise d'autres agréments visuels pour rendre les données plus attrayantes, comme l'adjonction d'une image à l'arrière-plan d'une feuille de calcul. Les entreprises placent souvent leur logo à l'arrière-plan de leurs feuilles de calcul; celui-ci s'affiche à l'écran mais ne paraît pas dans les impressions. Si vous voulez ajouter à vos feuilles de calcul un arrière-plan qui apparaisse aussi lors des impressions, vous pouvez ajouter un **filigrane**, un graphisme translucide qui s'imprime avec les données des feuilles de calcul. Pour ajouter un filigrane à une feuille de calcul, vous l'ajoutez à l'en-tête ou au pied de page de la feuille de calcul. Catherine vous demande d'ajouter le logo de VTA à l'arrière-plan imprimé de la feuille de calcul des ventes de Montréal. Vous commencez par ajouter le logo à l'arrière-plan de la feuille.

ÉTAPES

1. **La feuille de calcul Montréal active, cliquez sur l'onglet Mise en page, puis cliquez sur le bouton Arrière-plan du groupe Mise en page.**
   La boîte de dialogue Mise en page s'ouvre.

2. **Allez dans votre dossier Projets, cliquez sur Logo.gif, puis cliquez sur Insérer.**
   Le logo de VTA apparaît, atténué, derrière les données de la feuille de calcul. Il s'affiche deux fois parce que le graphique est **disposé en mosaïque**, ou répété pour occuper tout l'arrière-plan.

3. **Affichez l'Aperçu avant impression de la feuille Montréal, puis cliquez sur Fermer l'aperçu avant impression.**
   Comme le logo sert à des fins d'affichage, il ne s'imprime pas avec les données de la feuille de calcul donc il n'est pas visible dans l'aperçu, or vous voulez qu'il s'imprime. Vous décidez donc de supprimer l'arrière-plan et d'ajouter le logo à l'en-tête de feuille.

4. **Cliquez sur Supprimer l'arrière-plan dans le groupe Mise en page, cliquez sur l'onglet Insertion, puis cliquez sur le bouton En-tête et pied de page du groupe Texte.**
   Dans le ruban, l'onglet Création des Outils des en-têtes et pieds de page s'affiche (figure F-10). Les boutons du groupe En-tête et pied de page ajoutent des en-têtes et des pieds de page prédéfinis à la feuille de calcul. Les boutons du groupe Éléments en-tête et pied de page permettent d'ajouter des numéros de page, la date, l'heure, des images et des noms aux en-têtes et pieds de page. Les boutons du groupe Navigation déplacent rapidement le point d'insertion de l'en-tête au pied de page et inversement. Les boutons du groupe Options spécifient des circonstances spéciales pour les en-têtes et pieds de page. Vous souhaitez ajouter une image à l'en-tête.

5. **Le point d'insertion dans la section centrale de l'en-tête, cliquez sur le bouton Image du groupe Éléments en-tête et pied de page, allez dans votre dossier Projets, cliquez sur Logo.gif, puis cliquez sur Insérer.**
   L'en-tête central affiche un code, &[Image], qui représente une image.

6. **Cliquez dans la cellule A1, puis cliquez sur le bouton Normal ⊞ de la barre d'état.**
   Vous devez modifier l'échelle des données de la feuille de calcul pour qu'elles s'impriment toutes sur une seule page.

7. **Cliquez sur l'onglet Mise en page, déroulez la liste Largeur du groupe Mise à l'échelle, cliquez sur 1 page, puis affichez l'aperçu avant impression de la feuille de calcul.**
   La figure F-11 montre le résultat.

8. **Cliquez sur Fermer l'aperçu avant impression, puis enregistrez le classeur.**

FIGURE F-10: Onglet Création des Outils des en-têtes et pieds de page

ces boutons personnalisent l'en-tête et le pied de page

onglet Création des Outils des en-têtes et pieds de page

certaines cellules s'affichent temporairement avec des ######### pendant l'ajout de l'en-tête

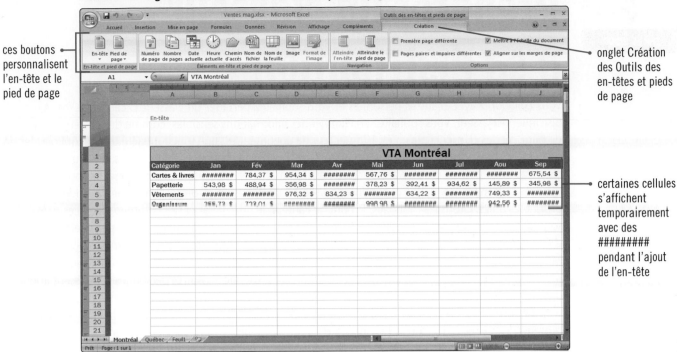

FIGURE F-11: Aperçu de la feuille de calcul Montréal avec le logo en filigrane

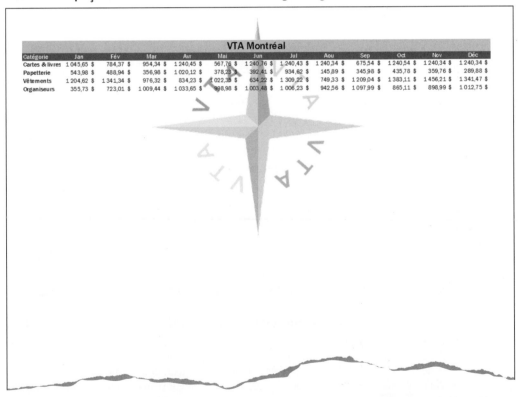

Préparer un classeur à sa distribution

Vous collaborez avec d'autres personnes et vous souhaitez partager un classeur Excel avec elles. Avant de distribuer le classeur, vous souhaitez en éliminer des informations sensibles, comme des en-têtes, des pieds de page ou des éléments masqués. L'Inspecteur de document est une fonctionnalité d'Excel qui permet de rechercher, de supprimer des données masquées et des informations personnelles dans un classeur. À l'inverse, vous pouvez ajouter à un fichier des informations utiles, appelées **propriétés**, pour faciliter à d'autres personnes les tâches d'identification, de compréhension et de recherche de ce fichier. Parmi les propriétés utiles, citons les mots clés, le nom de l'auteur, le titre, l'état et des commentaires. Les **mots clés** sont des termes que vous spécifiez et que les utilisateurs peuvent ensuite utiliser pour retrouver votre classeur. Les propriétés constituent des **métadonnées**, des informations qui décrivent les données et que Microsoft Windows exploite pour effectuer des recherches sur les documents. Ces données sont indiquées dans le volet Propriétés du document. Pour garantir en outre que les autres personnes ne puissent apporter de modifications non autorisées à votre classeur, vous pouvez indiquer que son état est final, auquel cas, il se transforme en un fichier en lecture seule que d'autres peuvent ouvrir mais pas altérer. Pour protéger le classeur et le préparer en vue de sa distribution aux directeurs des ventes, Catherine vous demande de supprimer du classeur toute information confidentielle, de lui ajouter des propriétés de document et de lui donner l'état final.

ÉTAPES

1. **Cliquez sur Office ⊞, pointez Préparer, puis cliquez sur Inspecter le document.**
   La boîte de dialogue Inspecteur de document s'ouvre (figure F-12) et énumère tous les éléments qu'Excel peut évaluer pour retrouver des informations personnelles. Tous les éléments y sont sélectionnés par défaut.

2. **Cliquez sur Inspecter.**
   Après l'évaluation, l'inspecteur affiche les résultats de ses évaluations. Les zones qui contiennent des données personnelles sont flanquées d'un !. Les en-têtes et les pieds de page sont également marqués. Vous décidez de laisser les en-têtes et les pieds de page mais de supprimer les autres informations personnelles.

3. **Cliquez sur Supprimer tout, à droite de Propriétés du document et informations personnelles, puis cliquez sur Fermer.**
   Vous voulez ensuite ajouter des mots clés au classeur pour aider les directeurs des ventes à trouver la feuille de calcul à l'aide des mots Montréal et Québec.

4. **Cliquez sur Office ⊞, pointez Préparer, puis cliquez sur Propriétés.**
   Le volet Propriétés du document s'affiche au sommet de la feuille de calcul (figure F-13). Vous ajoutez un titre, l'état du classeur, des mots clés et des commentaires.

5. **Dans la zone de texte Titre, tapez Ventes des magasins, dans la zone de texte Mots clés, tapez ventes magasins Montréal Québec, dans la zone de texte État, tapez Brouillon, puis, dans la zone de texte Commentaires, tapez Les chiffres du premier trimestre sont à l'état final., puis cliquez sur le bouton Fermer du volet Propriétés du document.**
   Vous pouvez ensuite indiquer que l'état du classeur est final.

6. **Cliquez sur ⊞, pointez Préparer, cliquez sur Marquer comme final, cliquez sur OK, puis cliquez de nouveau sur OK.**
   Le classeur est enregistré dans un fichier désormais en lecture seule. [Lecture seule] apparaît d'ailleurs dans la barre de titre.

7. **Cliquez dans la cellule B3, puis tapez 1 pour vérifier que vous ne pouvez modifier le contenu de la cellule.**
   Le fait de marquer un classeur comme final interdit les modifications accidentelles à son contenu. Cependant, cette forme de protection d'un classeur n'est pas très forte, puisqu'un destinataire du classeur peut ôter l'état final à ce classeur et modifier le document. Vous décidez d'ôter au classeur l'état de lecture seule, pour le rendre modifiable.

8. **Cliquez sur ⊞, pointez Préparer, puis cliquez sur Marquer comme final.**
   La barre de titre n'affiche plus le [Lecture seule] après le titre du classeur, ce qui signifie que vous pouvez de nouveau modifier le contenu du classeur.

ASTUCE

Pour examiner l'information de résumé d'un fichier, déroulez la liste Propriétés du document dans le volet Propriétés du document, puis cliquez sur Propriétés avancées.

ASTUCE

Si le logiciel client Windows Rights Management Services (RMS) est installé sur votre ordinateur, utilisez la fonctionnalité Gestion des droits relatifs à l'information pour imposer les permissions d'accès à votre classeur. Cliquez sur le Bouton Office, pointez Préparer, pointez sur Limiter les autorisations, cliquez sur Gérer les identifications, puis sélectionnez les options d'autorisation.

FIGURE F-12: Boîte de dialogue Inspecteur de document

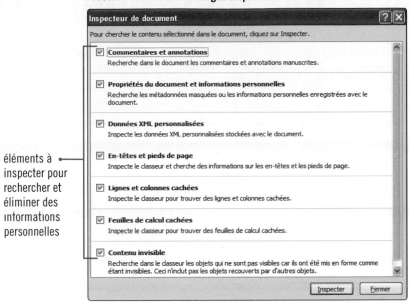

éléments à
inspecter pour
rechercher et
éliminer des
informations
personnelles

FIGURE F-13: Volet Propriétés du document

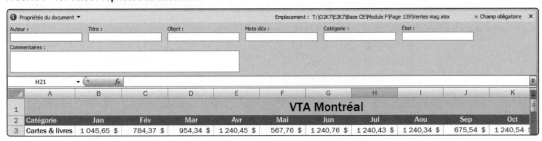

Ajouter une signature numérique à un classeur

Pour attester de la validité d'un classeur et en interdire la modification, vous pouvez signer numériquement ce classeur. Pour cela, vous devez obtenir un certificat valable auprès d'une autorité de confiance pour authentifier le classeur. Pour ajouter une ligne de signature à un classeur, cliquez sur l'onglet Insertion, cliquez sur le bouton Ligne de signature du groupe Texte, puis cliquez sur OK. Dans la boîte de dialogue Configuration de signature, entrez les informations relatives au signataire de la feuille de calcul puis cliquez sur OK. Pour ajouter une signature, double-cliquez sur la ligne de signature, cliquez sur OK. Si la boîte de dialogue Obtenir une identification numérique s'affiche, cliquez sur le bouton d'option Créer votre propre identification numérique, cliquez sur OK, puis sur Créer et enregistrez le fichier à l'invite. Dans la boîte de dialogue Signature, cliquez sur le lien Sélectionner une image, allez à l'emplacement du fichier de signature, cliquez sur Signer, puis cliquez sur OK. Pour ensuite ajouter le certificat authentifiant le classeur, cliquez sur le bouton Office (), pointez Préparer, cliquez sur Ajouter une signature numérique, cliquez sur OK, puis, dans la boîte de dialogue Signature, cliquez sur Signer et, enfin, sur OK dans la boîte de dialogue Confirmation de signature, si nécessaire. Le classeur est enregistré en lecture seule et les autres utilisateurs ne pourront plus le modifier.

Partager un classeur

Le partage d'un document Excel sous forme d'un **classeur partagé** permet à plusieurs utilisateurs de l'ouvrir et de le modifier simultanément. Cliquez sur l'onglet Révision, cliquez sur le bouton Partager le classeur du groupe Modifications, puis, sous l'onglet Modification de la boîte de dialogue, cochez la case « Permettre une modification multi-utilisateur. Ceci permet également de fusionner des classeurs » et cliquez sur OK. Si vous obtenez un message d'erreur indiquant que le classeur ne peut être partagé parce que l'option de confidentialité est activée, cliquez sur le bouton Office, cliquez sur Options Excel, cliquez sur la catégorie Centre de gestion de la confidentialité dans le volet de gauche de la boîte de dialogue, cliquez sur Paramètres du Centre de gestion de la confidentialité, cliquez sur Options de confidentialité dans la partie gauche de la boîte de dialogue, cliquez dans la case « Supprimer les informations personnelles des propriétés du fichier lors de l'enregistrement » pour la décocher, puis cliquez deux fois sur OK. Lorsque vous partagez un classeur, il est souvent utile de **suivre** les modifications à la trace ou d'identifier les auteurs des modifications. Pour suivre toutes les modifications apportées à un classeur, cliquez sur le bouton Suivi des modifications du groupe Modifications, puis sur Afficher les modifications. Pour résoudre les conflits de modifications suivies dans un classeur, cliquez sur le bouton Suivi des modifications, puis sur Accepter ou refuser les modifications. Tous les changements apportés au classeur s'affichent un à un. Vous pouvez les accepter ou, si vous vous y opposez, les refuser.

Insérer des liens hypertextes

À mesure que vous gérez le contenu et l'apparence de vos classeurs, il se peut que vous souhaitiez que l'utilisateur d'un de vos classeurs puisse voir une information située à un autre emplacement. Cette donnée n'est pas nécessairement essentielle ou cette information est trop détaillée pour faire partie du classeur et une référence à cette information suffit dans le classeur. Dans ce genre de situation, vous pouvez créer dans le classeur un lien hypertexte vers l'information ou la donnée. Un **lien hypertexte** ou **hyperlien** est un objet (un nom de fichier, un mot, une phrase ou un graphisme) d'un classeur qui, lorsque vous cliquez dessus, permet d'afficher ou de « sauter vers » un autre emplacement, appelé la **cible** du lien. La cible peut être une autre feuille de calcul, un autre document ou encore un site Web. Dans une liste de factures de clients, vous pourriez par exemple créer, sous chaque nom de client, un lien hypertexte vers un fichier Excel contenant les conditions de paiement accordées à ce client. Catherine souhaite que les directeurs qui consultent le classeur des ventes des magasins puissent voir les totaux des ventes de chaque catégorie de la feuille de Montréal. Elle vous demande donc de créer un lien hypertexte sous l'en-tête Catégorie pour qu'au clic, les utilisateurs puissent visualiser les éléments de chacune des catégories.

ÉTAPES

1. Cliquez dans la cellule A2 de la feuille Montréal.

ASTUCE

Pour supprimer un hyperlien ou changer sa cible, cliquez du bouton droit sur le lien, puis cliquez sur Supprimer le lien hypertexte ou sur Modifier le lien hypertexte.

2. Cliquez si nécessaire sur l'onglet Insertion, puis cliquez sur le bouton Lien hypertexte du groupe Liens.

La boîte de dialogue Insérer un lien hypertexte s'ouvre (figure F-14). Les icônes sous Lier à, dans la partie gauche de la boîte de dialogue, permettent de spécifier le type d'emplacement vers lequel le lien doit pointer : un fichier ou une page Web existante, un emplacement dans le même document, un nouveau document ou une adresse de courrier électronique. Comme le lien que vous souhaitez doit cibler un document existant, l'icône présélectionnée, Fichier ou Page Web existant(e) est le bon choix.

3. Déroulez la liste Regarder dans, allez dans votre dossier Projets, puis cliquez sur Ventes Montréal.xlsx, dans la liste de fichiers.

Le nom de fichier que vous sélectionnez et son chemin s'affichent dans la zone de texte Adresse. C'est le document que les utilisateurs verront lorsqu'ils cliqueront sur le lien hypertexte. Vous pouvez également indiquer un texte d'info-bulle que les utilisateurs verront lorsqu'ils laisseront leur pointeur de souris un instant sur le lien hypertexte.

4. Cliquez sur Info-bulle, tapez Articles de chaque catégorie, cliquez sur OK, puis encore sur OK.

La cellule A2 contient à présent un texte rouge souligné qui indique que c'est un lien hypertexte. La couleur d'un lien hypertexte dépend du thème de couleurs de la feuille de calcul. Vous décidez de changer la couleur du lien hypertexte pour qu'il soit correctement visible sur l'arrière-plan sombre. Après la création du lien, vous vérifiez qu'il mène à la destination prévue.

ASTUCE

Quand vous créez un lien vers une page Web, vous devez disposer d'une connexion à Internet pour tester le lien.

5. Cliquez sur l'onglet Accueil, déroulez la liste Couleur de police 🅰▾ du groupe Police, cliquez sur Blanc, Arrière-plan 1 (première couleur des Couleurs du thème), placez le pointeur sur le texte Catégorie, examinez l'info-bulle, puis cliquez une fois.

Après le clic, le classeur Ventes Montréal.xlsx s'ouvre, affichant la feuille Ventes (figure F-15).

6. Fermez le classeur Ventes Montréal, puis enregistrez le classeur Ventes mag.

Retourner au document initial

Lorsque vous avez cliqué sur un lien hypertexte et examiné le document cible, vous préférez souvent revenir au document initial, qui contient le lien hypertexte. Pour vous faciliter la tâche, vous pouvez ajouter le bouton Précédent à la barre d'outils Accès rapide. Cependant, le bouton Précédent n'est pas présent par défaut dans la barre d'outils Accès rapide ; pour l'y ajouter, vous devez personnaliser la barre d'outils. (Si vous utilisez un ordinateur de laboratoire,

demandez l'autorisation à l'administrateur du système.) Pour personnaliser la barre d'outils Accès rapide, cliquez sur le bouton Office, cliquez sur Options Excel, cliquez sur Personnaliser dans la boîte de dialogue Options Excel, déroulez la liste Choisir les commandes dans les catégories suivantes, cliquez sur Toutes les commandes, faites glisser la liste des commandes de gauche et cliquez sur Précédent, cliquez sur Ajouter >>, puis cliquez sur OK.

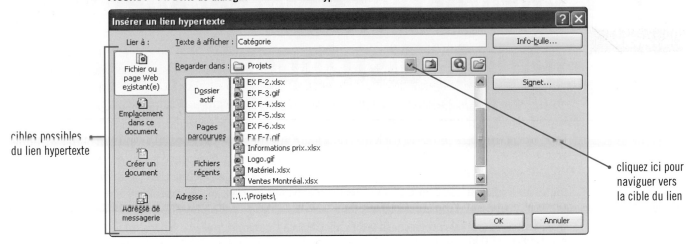

cibles possibles du lien hypertexte

cliquez ici pour naviguer vers la cible du lien

FIGURE F-15: Document cible

	A	B	C	D
1	**VTA Montréal**			
2				
3	Ventes des boutiques de voyage			
4				
5	Article	Total ventes	Catégorie	
6	Cartes dépliables	2 619,82 $	Cartes & livres	
7	Livres de poche	3 934,77 $	Cartes & livres	
8	Guides d'aéroports	4 941,62 $	Cartes & livres	
9	Guides pliants	1 214,65 $	Cartes & livres	
10	Stylos de voyage	2 855,65 $	Papetterie	
11	Calepins	2 836,92 $	Papetterie	
12	Chaussons de voyage	2 099,15 $	Vêtements	
13	Chaussettes de voyage	1 108,26 $	Vêtements	
14	Sandales hommes	2 103,14 $	Vêtements	
15	Sandales dames	1 954,29 $	Vêtements	
16	Casquettes	975,44 $	Vêtements	
17	T-shirts hommes	3 112,76 $	Vêtements	
18	T-shirts dames	2 108,42 $	Vêtements	
19	Trousses de beauté	2 798,53 $	Organiseurs	
20	Trousses à bijoux	2 108,42 $	Organiseurs	
21	Trousses de voyage	2 095,75 $	Organiseurs	
22	Porte-passeports	3 945,22 $	Organiseurs	
23				

Ventes / Feuil2 / Feuil3

Prêt

Utiliser les services de recherche

Grâce au volet Rechercher, vous pouvez accéder à des ressources disponibles tant en ligne (sur Internet) que sur votre propre ordinateur. Pour ouvrir le volet Rechercher, cliquez sur l'onglet Révision, cliquez sur le bouton Recherche du groupe Vérification. Vous pouvez également cliquer sur le bouton Dictionnaire des synonymes du groupe Vérification pour vous aider à trouver des synonymes. Le bouton Traduction permet de traduire un texte dans une langue sélectionnée. La zone de texte Rechercher du volet Rechercher reçoit l'objet de votre recherche. La liste juste au-dessous de la zone de texte Rechercher propose une série de ressources disponibles, parmi lesquelles vous pouvez effectuer les recherches.

Enregistrer un classeur pour le distribuer

Une manière de partager des données d'Excel consiste à placer, ou **publier**, les données sur un réseau ou sur le Web, pour que d'autres personnes puissent y accéder à l'aide de leur navigateur. Pour publier un document Excel sur un **intranet** (le site Web interne d'une entreprise) ou sur le Web, vous pouvez l'enregistrer au format **HTML (Hypertext Markup Language)**, le langage de codage utilisé pour tous les documents Web. Vous pouvez désormais enregistrer votre fichier Excel comme une **page Web en un seul fichier**, qui intègre toutes les feuilles de calcul et tous les éléments graphiques du classeur en un seul fichier. Ce format s'appelle MHTML. En plus de distribuer les fichiers sur le Web, vous devrez parfois distribuer vos fichiers à des personnes travaillant avec une version précédente d'Excel. Dans ce cas, enregistrez vos fichiers sous la forme de classeurs Excel 97-2003. Un classeur Excel peut être enregistré sous de nombreux formats, pour en autoriser une distribution étendue et pour en accélérer le chargement. Le tableau F-1 énumère les formats les plus usités. Catherine vous demande de créer une version du classeur des ventes que les directeurs utilisant des versions plus anciennes d'Excel puissent ouvrir. Elle souhaite aussi que vous enregistriez le classeur des ventes au format MHT, pour qu'elle puisse le publier sur l'intranet de VTA, à l'intention des directeurs des ventes.

ÉTAPES

1. **Cliquez sur Office 🔘, pointez Enregistrer sous, cliquez sur Classeur Excel 97-2003, dans la boîte de dialogue Enregistrer sous, allez dans votre dossier Projets, puis cliquez sur Enregistrer.**
   Le vérificateur de compatibilité apparaît à l'écran et vous alerte des fonctionnalités que vous perdrez en enregistrant le fichier dans un format plus ancien. Certaines fonctionnalités d'Excel 2007 ne sont en effet pas disponibles dans les anciennes versions d'Excel.

2. **Cliquez sur Continuer, fermez le classeur, puis rouvrez le classeur Ventes mag.xls.**
   L'indication [Mode de compatibilité] s'affiche dans la barre de titre (figure F-16). Le mode de compatibilité vous empêche d'utiliser dans ce classeur des fonctionnalités qui n'existent pas dans un classeur Excel 97-2003. Pour quitter ce mode, vous devez enregistrer le classeur dans un des formats d'Excel 2007, puis rouvrir ce fichier.

3. **Cliquez sur 🔘, pointez Enregistrer sous, cliquez sur Classeur Excel, allez si nécessaire dans votre dossier Projets, cliquez sur Enregistrer, puis cliquez sur Oui lorsqu'Excel demande s'il faut remplacer le fichier existant.**
   L'indication [Mode de compatibilité] demeure encore dans la barre de titre. Vous fermez le fichier et le rouvrez pour quitter le mode de compatibilité.

4. **Fermez le classeur, puis rouvrez le classeur Ventes mag.xlsx.**
   La barre de titre n'affiche plus l'indicateur [Mode de compatibilité]. Vous enchaînez avec cette fois l'enregistrement du classeur dans un format destiné à la distribution sur le Web.

5. **Cliquez sur 🔘, cliquez sur Enregistrer sous. Dans la boîte de dialogue Enregistrer sous, allez dans votre dossier Projets, remplacez le nom du fichier par ventes, puis déroulez la liste Type de fichier et cliquez sur Page Web à fichier unique (*.mht, *.mhtml).**
   La liste Type de fichier indique que le classeur sera enregistré sous la forme d'une page Web à fichier unique, donc du format mhtml ou mth. Pour éviter des problèmes lorsque vous publiez des pages sur un serveur Web, il est préférable d'utiliser toujours des noms formés de caractères en minuscules, sans caractères spéciaux, ni de caractères accentués, ni d'espaces et de limiter si possible le nom de fichier à huit caractères, avec une extension supplémentaire de trois caractères.

6. **Cliquez sur Enregistrer, puis sur Oui.**
   La boîte de dialogue indique que certaines fonctionnalités seront éludées dans le fichier de la page Web. Excel enregistre le classeur dans un fichier MHT, à l'emplacement indiqué dans la boîte de dialogue Enregistrer sous. La figure F-17 montre le résultat obtenu lorsqu'un tel fichier est ouvert dans Excel. Pour vérifier, vous ouvrez le fichier mht dans votre navigateur pour voir comment il se présente.

7. **Fermez le fichier ventes.mht dans Excel, ouvrez l'explorateur Windows, ouvrez le fichier ventes.mht, cliquez sur l'onglet de feuille Québec, puis fermez le navigateur.**

FIGURE F-16: Classeur en mode de compatibilité

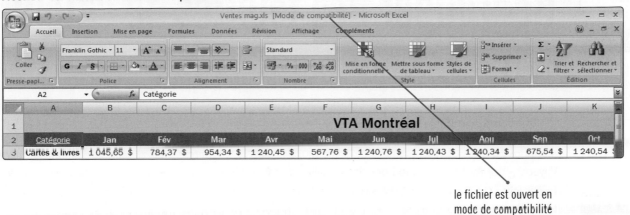

le fichier est ouvert en
mode de compatibilité

FIGURE F-17: Classeur enregistré comme une page Web à fichier unique

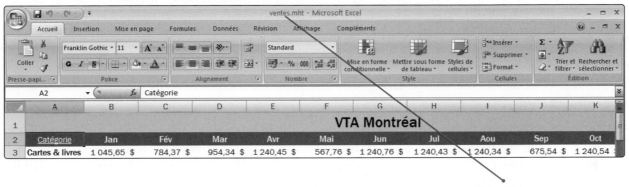

fichier Web avec
un nouveau nom

TABLEAU F-1: Formats de classeurs

Type de fichier	Extension(s) de fichier	Utilisé pour
Classeur Excel prenant en charge les macros	xlsm	Fichiers contenant des macros
Classeur Excel 97-2003	xls	Collaboration avec des gens disposant d'anciennes versions d'Excel
Page Web à fichier unique	mht, mhtml	Sites Web avec des pages et des graphiques multiples
Page Web	htm, html	Sites Web d'une seule page
Modèle Excel	xltx	Fichiers Excel réutilisables avec peu de changements
Modèle Excel prenant en charge les macros	xltm	Fichiers Excel réutilisables et contenant des macros
Format de document portable	pdf	Fichiers avec une mise en forme préservée
Spécification de papier XML	xps	Fichiers avec une mise en forme préservée et fichiers à partager

Comprendre les formats de fichiers Excel

Le format de fichier par défaut des fichiers Excel est le format Office Open XML, qui accepte toutes les fonctionnalités d'Excel. Ce format enregistre les classeurs Excel dans de petits composants en XML compressés. Le format par défaut possède plusieurs types de fichiers avec leurs propres extensions, qui sont souvent considérés eux-mêmes comme des formats. Le plus fréquent, le format xlsx, n'accepte pas les macros. Les macros sont des instructions de programme qui effectuent des tâches et présentent de ce fait un certain risque d'insécurité. Si une de vos feuilles de calcul contient des macros, vous devez l'enregistrer avec l'extension xlsm. Si vous utilisez fréquemment les mêmes textes et les mêmes mises en forme, vous avez tout intérêt à enregistrer le classeur sous forme de modèle, avec l'extension xltx ou, si le classeur contient des macros, avec l'extension xltm.

Regrouper des feuilles de calcul

Le regroupement de feuilles de calcul permet de travailler sur celles-ci comme sur une collection de feuilles, de sorte que les données entrées dans l'une sont automatiquement recopiées dans toutes les autres feuilles sélectionnées. Ceci présente un intérêt évident puisque toutes les données qui se présentent en commun dans les feuilles de calcul d'un classeur, comme les en-têtes, les pieds de page ou les en-têtes de colonnes qui s'appliquent à toutes les feuilles mensuelles d'une synthèse annuelle, ne sont entrées qu'une seule fois et répercutées dans les autres feuilles de la sélection. Le regroupement de feuilles de calcul permet également d'imprimer en une seule opération plusieurs feuilles. Catherine vous demande d'ajouter le texte Voyages Tour Aventure au pied des deux feuilles de calcul Montréal et Québec. Vous appliquez aussi des marges de 2,5 cm en haut des deux feuilles de calcul.

ÉTAPES

1. **Ouvrez le classeur** Ventes mag.xlsx **de votre dossier Projets.**

2. **La feuille de calcul Montréal active, maintenez** [Maj] **enfoncée, cliquez sur l'onglet de feuille** Québec, **puis relâchez** [Maj].

   Les deux onglets de feuilles sont sélectionnés et la barre de titre affiche l'indicateur [Groupe de travail], qui signifie que les feuilles de calcul sont groupées, de sorte que toute modification appliquée à la feuille de calcul Montréal sera reproduite dans la feuille de calcul Québec.

3. **Cliquez sur l'onglet** Insertion, **cliquez sur** En-tête et pied de page **dans le groupe Texte.**

4. **Sous l'onglet Création des Outils des en-têtes et pieds de page, cliquez sur le bouton** Atteindre le pied de page **du groupe Navigation, tapez** Voyages Tour Aventure **dans la section centrale du pied de page, tapez votre nom dans la section de gauche du pied de page, cliquez sur le bouton** Atteindre l'en-tête **du groupe Navigation, cliquez dans la cellule A1, puis cliquez sur le bouton** Normal ⊞ **de la barre d'état.**

   Vous vérifiez les pieds de page dans l'Aperçu avant impression.

5. **Les deux feuilles de calcul groupées, cliquez sur le bouton** Office ⊕, **pointez** Imprimer, **cliquez sur** Aperçu avant Impression, **puis cliquez sur le bouton** Page suivante **du groupe Aperçu avant impression.**

   Comme les deux feuilles de calcul sont groupées, elles contiennent toutes deux les deux pieds de page. Les feuilles de calcul se présenteront mieux avec une marge supérieure plus grande.

6. **Cliquez sur** Fermer l'aperçu avant impression, **cliquez sur l'onglet** Mise en page, **cliquez sur le bouton** Marges **du groupe Mise en page, cliquez sur** Marges personnalisées, **dans la zone de texte Haut, tapez** 2,5 **et cliquez sur** OK.

7. **Affichez l'Aperçu avant impression et imprimez les feuilles de calcul.**

   La figure F-18 montre la feuille de calcul Montréal et la figure F-19 présente la feuille de calcul Québec. Vous dégroupez les deux feuilles de calcul.

8. **Cliquez du bouton droit sur l'onglet de feuille** Montréal, **puis cliquez sur** Dissocier les feuilles.

9. **Enregistrez, puis fermez le classeur et quittez Excel.**

Créer un espace de travail

Quand vous devez travailler sur plusieurs classeurs simultanément, vous pouvez grouper ceux-ci pour ensuite tous les ouvrir en une seule opération, grâce à la création d'un **espace de travail**, un fichier d'extension .xlw. Ainsi, au lieu d'ouvrir individuellement chacun des classeurs, vous ouvrez l'espace de travail. Pour créer un espace de travail, ouvrez les classeurs à grouper, redimensionnez-les et disposez-les comme vous souhaitez qu'ils apparaissent. Cliquez sur l'onglet Affichage, cliquez sur le bouton Enregistrer l'espace de travail du groupe Fenêtre, tapez un nom pour ce fichier d'espace de travail, allez dans votre dossier Projets, puis cliquez sur Enregistrer. Retenez toutefois que le fichier d'espace de travail ne contient en aucun cas les classeurs eux-mêmes, de sorte que vous devez toujours enregistrer indépendamment les modifications apportées aux différents classeurs de l'espace de travail dans leurs fichiers initiaux. Si vous désirez poursuivre votre travail sur un autre ordinateur, vous devez y transférer le fichier espace de travail et les classeurs qui en font partie.

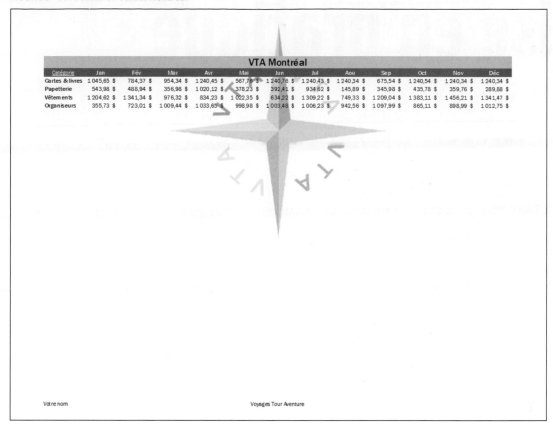

Catégorie	Jan	Fév	Mar	Avr	Mai	Jun	Jul	Aou	Sep	Oct	Nov	Déc
VTA Montréal												
Cartes & livres	1 045,65 $	784,37 $	954,34 $	1 240,45 $	567,76 $	1 240,76 $	1 240,43 $	1 240,34 $	675,54 $	1 240,54 $	1 240,34 $	1 240,34 $
Papetterie	543,98 $	488,94 $	356,98 $	1 020,12 $	378,23 $	392,41 $	934,62 $	145,89 $	345,98 $	435,78 $	359,76 $	289,88 $
Vêtements	1 204,62 $	1 341,34 $	976,32 $	834,23 $	1 022,35 $	634,22 $	1 309,22 $	749,33 $	1 209,04 $	1 383,11 $	1 456,21 $	1 341,47 $
Organiseurs	355,73 $	723,01 $	1 009,44 $	1 033,65 $	998,98 $	1 003,48 $	1 006,23 $	942,56 $	1 097,99 $	865,11 $	898,99 $	1 012,75 $

Votre nom   Voyages Tour Aventure

FIGURE F-19: Feuille de calcul Québec

Catégorie	Jan	Fév	Mar	Avr	Mai	Jun	Jul	Aou	Sep	Oct	Nov	Déc
VTA Québec												
Cartes & livres	1 145,65 $	1 384,37 $	1 054,34 $	940,45 $	1 567,76 $	1 040,76 $	940,43 $	1 140,34 $	1 275,54 $	940,54 $	1 040,34 $	1 040,34 $
Papetterie	1 543,98 $	1 288,94 $	1 356,98 $	1 120,12 $	1 311,22 $	1 392,41 $	1 134,62 $	1 145,89 $	1 194,86 $	835,78 $	859,76 $	889,88 $
Vêtements	904,62 $	941,34 $	1 076,32 $	1 297,99 $	922,35 $	1 234,22 $	1 509,22 $	1 049,33 $	1 009,04 $	1 283,11 $	1 126,21 $	1 141,47 $
Organiseurs	1 355,73 $	1 233,98 $	1 055,84 $	1 133,65 $	1 298,98 $	1 303,48 $	1 106,23 $	842,56 $	1 197,99 $	965,11 $	988,99 $	1 112,75 $

Votre nom   Voyages Tour Aventure

Mise en pratique

▼ RÉVISION DES CONCEPTS

FIGURE F-20

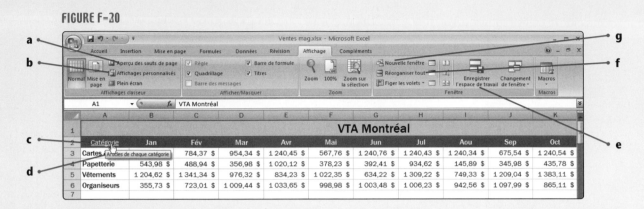

1. **Sur quel élément cliquez-vous pour organiser les fenêtres selon une configuration spécifique ?**
2. **Quel élément pointe vers l'info-bulle d'un lien hypertexte ?**
3. **Quel élément pointe vers un lien hypertexte ?**
4. **Sur quel élément devez-vous cliquer pour ouvrir la fenêtre active dans une nouvelle fenêtre ?**
5. **Sur quel élément cliquez-vous pour nommer et enregistrer un ensemble de paramètres d'affichage et (ou) d'impression ?**
6. **Sur quel élément devez-vous cliquer pour grouper plusieurs classeurs en une unité ?**
7. **Sur quel élément cliqueriez-vous pour afficher et modifier la manière dont s'affichent les données d'une feuille de calcul sur des pages imprimées ?**

Associez chaque terme à sa description.

8. **Zone d'entrée de données**
9. **Lien hypertexte**
10. **Filigrane**
11. **HTML**
12. **Saut de page dynamique**

a. Un format de page Web.
b. Partie modifiable d'une feuille de calcul.
c. Dessin translucide d'arrière-plan dans une feuille de calcul imprimée.
d. Un objet qui, lorsqu'un utilisateur clique dessus, provoque l'affichage d'une autre feuille de calcul ou d'une page Web.
e. S'ajuste automatiquement quand des lignes et des colonnes sont ajoutées ou supprimées dans une feuille de calcul.

Choisissez la meilleure réponse à chaque question.

13. **Vous pouvez attester de la validité d'un classeur en ajoutant un(e) :**
    a. Mot clé
    b. Vue personnalisée
    c. Signature numérique
    d. Modèle
14. **Le regroupement de plusieurs classeurs dans un(e) _____ permet de les ouvrir simultanément au lieu de les ouvrir individuellement.**
    a. Groupe de travail
    b. Classeur consolidé
    c. Espace de travail
    d. Unité de travail

15. Parmi les formats suivants, l'un d'eux signifie que les utilisateurs peuvent voir les données d'un classeur sans les modifier. Lequel ?

    a. Macro   **c.** Lecture-seule

    b. PDF   **d.** Modèle

16. Il est possible de grouper des feuilles de calcul non contiguës en maintenant la touche _____ enfoncée, tout en cliquant sur les onglets des feuilles à regrouper.

    a. [Ctrl]   **c.** [Alt]

    b. [Espace]   **d.** [F6]

▼ RÉVISION DES TECHNIQUES

1. Visualiser et réorganiser les feuilles de calcul.

    a. Démarrez Excel, ouvrez le classeur EX F-2.xlsx de votre dossier Projets et enregistrez-le sous le nom **Budget Ottawa**.

    b. Activez la feuille 2010 si nécessaire, puis ouvrez la feuille 2011 dans une nouvelle fenêtre.

    c. Activez la feuille 2010 du classeur Budget Ottawa.xlsx;1. Activez la feuille 2011 du classeur Budget Ottawa.xlsx;2.

    d. Examinez les classeurs Budget Ottawa.xlsx;1 et Budget Ottawa.xlsx;2 dans deux fenêtres côte à côte. Affichez-les selon une disposition verticale.

    e. Masquez l'instance Budget Ottawa.xlsx;1, puis réaffichez l'instance. Fermez l'instance Budget Ottawa.xlsx;2 et agrandissez le classeur Budget Ottawa.xlsx.

    f. Éclatez la feuille 2010 en deux volets horizontaux. (*Indice* : Glissez la barre de fractionnement horizontale.) Supprimez le fractionnement en double-cliquant sur la barre de fractionnement, puis enregistrez votre travail.

2. Protéger les feuilles de calcul et les classeurs.

    a. Dans la feuille 2010, déverrouillez les données de dépenses de la plage C9:F17.

    b. Protégez la feuille sans utiliser de mot de passe.

    c. Pour vérifier que les autres cellules sont verrouillées, essayez de taper une donnée dans la cellule D4. Vous devriez recevoir un message d'erreur (figure F-21).

FIGURE F-21

    d. Remplacez la dépense de location du premier trimestre par **4500**.

    e. Protégez la structure et les fenêtres du classeur sans appliquer de mot de passe. Cliquez du bouton droit sur les feuilles 2010 et 2011 pour vérifier que vous ne pouvez insérer, supprimer, renommer, déplacer, copier, masquer ni réafficher les feuilles, ni en changer la couleur d'onglet.

    f. Déprotégez le classeur, déverrouillez la feuille 2010.

    g. Enregistrez le classeur.

3. Enregistrer des affichages de feuille personnalisés.

    a. La feuille 2010 active, créez un affichage personnalisé de toute la feuille, appelé **Budget annuel 2010**.

    b. Masquez les lignes 8 à 19, puis créez un nouvel affichage personnalisé nommé **Entrées**, n'affichant que les données des entrées.

    c. À l'aide de la boîte de dialogue Affichages personnalisés, affichez de nouveau toutes les données de la feuille 2010.

    d. À l'aide de la boîte de dialogue Affichages personnalisés, n'affichez que les données des entrées de 2010.

    e. À l'aide de la boîte de dialogue Affichages personnalisés, réaffichez les données de l'affichage Budget annuel 2010.

    f. Enregistrez le classeur.

4. Ajouter un arrière-plan à une feuille de calcul.

    a. Utilisez le fichier EX F-3.gif comme arrière-plan de la feuille de calcul 2010.

    b. Supprimez l'image d'arrière-plan de la feuille de calcul.

    c. Ajoutez le fichier EX F-3.gif dans l'en-tête de la feuille 2010.

    d. Affichez l'aperçu avant impression de la feuille pour vérifier l'impression de l'arrière-plan, puis quittez l'aperçu et enregistrez le classeur.

    e. Ajoutez votre nom à la section centrale du pied de page de la feuille, puis imprimez la feuille de calcul.

5. Préparer un classeur à sa distribution.

a. Inspectez le document et supprimez les propriétés du document, les informations personnelles, ainsi que les données d'en-tête et de pied de page.

b. Utilisez le volet Propriétés du document pour ajouter le titre **Budget trimestriel**, les mots clés **café** et **Ottawa**. (*Indice* : séparez les mots par une espace.) Si vous utilisez votre propre ordinateur, ajoutez votre nom dans la zone de texte Auteur.

c. Marquez l'état du classeur comme final et vérifiez que la barre de titre comporte l'indicateur [Lecture seule].

d. Supprimez l'état final du classeur.

e. Enregistrez le classeur.

6. Insérer des liens hypertextes.

a. Dans la feuille 2010, créez un lien hypertexte dans la cellule A8, qui cible le fichier **Dépenses.xlsx** de votre dossier Projets.

b. Testez le lien, puis imprimez la feuille Feuil1 du classeur Dépenses.

c. Retournez au classeur Budget Ottawa, modifiez le lien hypertexte de la cellule A8 pour lui ajouter l'info-bulle **Détails des dépenses**, puis vérifiez que l'info-bulle apparaît.

d. Dans la feuille de calcul 2011, entrez le texte **Fondé sur le budget 2010** dans la cellule A21.

e. Du texte de la cellule A21, créez un lien hypertexte vers la cellule A1 de la feuille de calcul 2010. (*Indice* : Utilisez le bouton Emplacement dans ce document et notez la référence de cellule dans la zone de texte Tapez la référence de la cellule.)

f. Testez le lien hypertexte.

g. Supprimez le lien hypertexte de la cellule A8 de la feuille 2010.

h. Enregistrez le classeur.

7. Enregistrer un classeur pour le distribuer.

a. Enregistrez le classeur Budget Ottawa sous forme d'une page Web à fichier unique, sous le nom **ottawa.mht**. Fermez le fichier ottawa.mht dans Excel et ouvrez-le avec votre navigateur Web. Fermez le navigateur Web et rouvrez le fichier Budget Ottawa.xlsx avec Excel.

b. Si vous disposez d'un plugiciel générateur de PDF installé sur votre ordinateur, enregistrez le classeur Budget Ottawa sous forme d'un fichier PDF.

c. Enregistrez le classeur Budget Ottawa comme un classeur Excel 97-2003 et vérifiez les résultats avec le Vérificateur de compatibilité.

d. Fermez le fichier Budget Ottawa.xls et rouvrez le fichier Budget Ottawa.xlsx.

e. Enregistrez le classeur dans votre dossier Projets comme un modèle Excel prenant en charge les macros. (*Indice* : Sélectionnez le type Modèle Excel prenant en charge les macros xltm, dans la liste Type, de la boîte de dialogue Enregistrer sous.)

f. Fermez le fichier du modèle, puis rouvrez le classeur Budget Ottawa.xlsx.

FIGURE F-22

	A	B	C	D	E	F	G	H
1			Budget trimestriel 2010 Café Ottawa					
2	Entrées	Description	1er trim.	2e trim,	3e trim.	4e trim.	TOTAL	% DU TOTAL
3		Café	8 500,00 $	8 700,00 $	7 500,00 $	8 100,00 $	32 800,00 $	34,02%
4		Thé	7 500,00 $	6 800,00 $	5 700,00 $	6 800,00 $	26 800,00 $	27,80%
5		Assiettes anglaises	9 100,00 $	9 100,00 $	8 700,00 $	9 900,00 $	36 800,00 $	38,17%
6		TOTAL	25 100,00 $	24 600,00 $	21 900,00 $	24 800,00 $	96 400,00 $	100,00%
7								
8	Dépenses							
9		Location	4 500,00 $	4 300,00 $	4 300,00 $	4 300,00 $	17 400,00 $	32,67%
10		Salaires	5 500,00 $	5 500,00 $	5 500,00 $	5 800,00 $	22 300,00 $	41,87%
11		Assiettes anglaises	1 150,00 $	1 150,00 $	1 180,00 $	1 150,00 $	4 630,00 $	8,69%
12		Dépenses ménagères	580,00 $	580,00 $	580,00 $	580,00 $	2 320,00 $	4,36%
13		Téléphone	490,00 $	490,00 $	490,00 $	450,00 $	1 920,00 $	3,60%
14		Café	580,00 $	580,00 $	590,00 $	580,00 $	2 330,00 $	4,37%
15		Thé	370,00 $	370,00 $	330,00 $	370,00 $	1 440,00 $	2,70%
16		Publicité	230,00 $	230,00 $	230,00 $	230,00 $	920,00 $	1,73%
17		TOTAL	13 400,00 $	13 200,00 $	13 200,00 $	13 460,00 $	53 260,00 $	100,00%
18								
19	Flux monétaire		11 700,00 $	11 400,00 $	8 700,00 $	11 340,00 $	43 140,00 $	
20								

	A	B	C		D		E		F		G	H
1			Budget trimestriel 2011 Café Ottawa									
2	Entrées	Description	1er trim.		2e trim,		3e trim.		4e trim.		TOTAL	% DU TOTAL
3		Café	$	8 800	$	8 500	$	7 500	$	8 100	32 900	33,64%
4		Thé	$	7 700	$	6 900	$	5 700	$	6 800	27 100	27,71%
5		Assiettes anglaises	$	9 900	$	9 300	$	8 700	$	9 900	37 800	38,65%
6		TOTAL	$	26 400	$	24 700	$	21 900	$	24 800	97 800	100,00%
7												
8	Dépenses											
9		Location	$	4 300	$	4 300	$	4 300	$	4 300	4 300	31,85%
10		Salaires	$	5 600	$	5 600	$	5 600	$	5 600	5 600	41,48%
11		Assiettes anglaises	$	1 250	$	1 250	$	1 250	$	1 250	1 250	9,26%
12		Dépenses ménagères	$	590	$	590	$	590	$	590	590	4,37%
13		Téléphone	$	500	$	500	$	500	$	500	500	3,70%
14		Café	$	590	$	590	$	590	$	590	590	4,37%
15		Thé	$	390	$	390	$	390	$	390	390	2,89%
16		Publicité	$	280	$	280	$	280	$	280	280	2,07%
17		TOTAL	$	13 500	$	13 500	$	13 500	$	13 500	13 500	100,00%
18												
19	Flux monétaire		$	12 900	$	11 200	$	8 400	$	11 300	84 300	
20												

8. Regrouper des feuilles de calcul.

a. Groupez les feuilles de calcul 2010 et 2011.

b. Ajoutez votre nom dans la section centrale du pied de page de ces feuilles.

c. Enregistrez le classeur, puis affichez l'aperçu avant impression des deux feuilles.

d. Imprimez les deux feuilles et comparez vos résultats à la figure F-22, puis dissociez les feuilles.

e. Fermez tous les fichiers ouverts et quittez Excel.

▼ EXERCICE PERSONNEL 1

Vous gérez Photo Vieille Ville, une entreprise de fourniture de matériel et de consommables photographiques située à Montréal. Vous surveillez vos ventes du premier trimestre dans une feuille de calcul Excel. Comme la feuille de calcul de janvier comporte les mêmes informations que celles dont vous avez besoin pour février et mars, vous décidez d'entrer les en-têtes des trois mois en une seule opération. Vous utilisez bien entendu une feuille de calcul distincte pour chaque mois et créez les données pour les trois mois.

a. Démarrez Excel, créez un nouveau classeur et enregistrez-le dans votre dossier Projets sous le nom **Ventes Photo.xlsx**.

b. Renommez la première feuille Janvier, la deuxième, Février et la troisième, Mars.

c. Groupez les feuilles de calcul.

d. Les trois feuilles groupées, suivez les indications du tableau F-2 pour entrer les étiquettes de lignes et de colonne qui doivent apparaître dans les trois feuilles. Tapez les en-têtes des deux premières lignes. Entrez le texte de la première ligne sur les colonnes A et B. Entrez les étiquettes de données dans la plage A3:A9 et l'étiquette du total dans la cellule A10.

TABLEAU F-2

Photo Vieille Ville	
	Montant en $ (canadiens)
Appareils photo	
Traitement couleur	
Traitements noir et blanc	
Films	
Supports numériques	
Cadres	
Fournitures pour chambre noire	
TOTAL	

e. Rédigez, dans la cellule B10, la formule qui calcule la somme des données de la colonne Montant. Dissociez les feuilles de calcul et entrez des données de votre choix dans la plage B3:B9, ceci, pour chacune des feuilles Janvier, Février et Mars.

f. Affichez chaque feuille de calcul dans sa propre fenêtre et disposez-les verticalement côte à côte.

g. Masquez la fenêtre qui affiche la feuille de calcul Mars. Réaffichez la feuille de calcul Mars.

h. Scindez la fenêtre Mars en deux volets, le volet supérieur affichant les lignes 1 à 5 et le volet inférieur, les lignes 6 à 10. Faites défiler les données de chacun des volets, puis supprimez la séparation.

i. Fermez les fenêtres qui affichent Ventes Photo.xlsx;2 et Ventes Photo.xlsx;3, puis agrandissez le classeur Ventes Photo.xlsx.

j. Ajoutez, dans le volet Propriétés du document du classeur, les mots clés **fournitures photo**.

k. Groupez de nouveau les feuilles de calcul.

l. Ajoutez des en-têtes avec votre nom dans la section de gauche des trois feuilles de calcul.

m. Les feuilles de calcul toujours groupées, apportez une mise en forme adéquate aux feuilles de calcul.

n. Dissociez les feuilles de calcul, puis marquez l'état du classeur comme final.

o. Enregistrez le classeur, affichez l'aperçu avant impression et imprimez les trois feuilles, puis quittez Excel.

▼ EXERCICE PERSONNEL 2

En charge de la paie chez Média Communication, une agence de publicité, vous décidez d'organiser les données de pointage de vos salariés avec des feuilles Excel. Vous utilisez des feuilles de calcul distinctes pour chaque semaine et vous relevez les heures de pointage d'employés avec des grades professionnels différents. Un hyperlien dans la feuille de calcul donne des informations sur les taux horaires de chaque grade et des affichages personnalisés limitent les informations affichées.

a. Démarrez Excel, ouvrez le classeur EX F-4.xlsx de votre dossier Projets et enregistrez-le sous le nom **Pointages**.

b. Pour comparer les données des feuilles du classeur, disposez les trois feuilles de calcul côte à côte horizontalement.

▼ EXERCICE PERSONNEL 2 (SUITE)

c. Agrandissez la fenêtre de la feuille Semaine 1. Déverrouillez les données des heures totales de la feuille Semaine 1 et protégez la feuille de calcul. Vérifiez que les noms, numéros et grades des employés ne peuvent pas être altérés, mais que les heures totales sont modifiables. Ne modifiez pas les données.

d. Déverrouillez la feuille Semaine 1 et créez un affichage personnalisé nommée **Feuille de calcul complète** qui affiche toutes les données de la feuille de calcul.

e. Masquez la colonne E et créez un affichage personnalisé des données de la plage A1:D22. Nommez l'affichage **Grade des employés**. Examinez chacun des affichages, puis retournez à l'affichage Feuille de calcul complète.

f. Ajoutez un saut de page entre les colonnes D et E pour que les totaux des heures s'impriment sur une autre page. Affichez l'aperçu avant impression de la feuille de calcul, puis supprimez le saut de page. (*Indice* : Utilisez le bouton Sauts de page de l'onglet Mise en page.)

g. Ajoutez un lien hypertexte à l'en-tête de colonne Grade de la cellule D1 qui cible le fichier Grades.xlsx. Ajoutez une info-bulle avec le texte Taux horaires, puis testez le lien hypertexte. Comparez votre écran à la figure F-23.

FIGURE F-23

	A	B
1	**Média Communication**	
2	Grades	**Taux horaires**
3	**Associé**	37 $
4	**Associé sénior**	45 $
5	**Assistant**	22 $
6	**Assistant principal**	30 $
7		

h. Fermez le classeur Grades.xlsx et retournez à la feuille Semaine 1 du classeur Pointages.xlsx. Enregistrez le classeur comme un classeur Excel 97-2003 et examinez l'inspecteur de compatibilité. Fermez le fichier Pointages.xls et rouvrez le classeur Pointages.xlsx.

i. Groupez les trois feuilles de calcul et ajoutez votre nom à la section centrale du pied de page.

j. Enregistrez le classeur, puis examinez l'aperçu avant impression des trois feuilles de calcul.

k. Dissociez les feuilles de calcul et ajoutez des marges gauche et haute de 5 cm à la feuille de calcul Semaine 1.

l. Masquez les feuilles de calcul Semaine 2 et Semaine 3.

m. Inspectez le fichier et supprimez toutes les propriétés du document, les informations personnelles, les en-têtes, les pieds de page et les feuilles de calcul masquées.

n. Ajoutez le mot clé **heures** au classeur, enregistrez le classeur, puis marquez celui-ci comme final.

Difficultés supplémentaires

- Supprimez l'état final du classeur.
- Si le logiciel client Windows Rights Management Services est installé sur votre ordinateur, restreignez les permissions d'accès au classeur en vous accordant à vous-même la permission de modifier le classeur.
- Si vous disposez d'une autorité de confiance, ajoutez une signature numérique au classeur.
- Supprimez les données des heures totales de la feuille de calcul et enregistrez le classeur sous la forme d'un modèle Excel.

o. Ajoutez votre nom dans la section centrale du pied de page, enregistrez le classeur, imprimez la feuille de calcul Semaine 1, fermez le classeur et quittez Excel.

▼ EXERCICE PERSONNEL 3

Une de vos responsabilités en tant que directeur de centre, de votre société de formation aux technologies, est de commander des fournitures de papeterie pour vos bureaux. Vous décidez de créer un tableau de données pour suivre ces commandes, vous y collationnez les commandes de chaque mois sur une feuille distincte, une par mois. Vous créez des affichages personnalisés qui concentrent l'attention sur les catégories de fournitures. Un lien hypertexte fournit des informations de contact du fournisseur.

a. Démarrez Excel, ouvrez le classeur EX F-5.xlsx de votre dossier Projets et enregistrez-le sous le nom **Fournitures**.

b. Disposez horizontalement les feuilles des trois mois pour comparer les dépenses de fournitures, puis fermez toutes les fenêtres du classeur, sauf une et agrandissez-la.

c. Créez un affichage personnalisé de la feuille Janvier complète, nommée **Toutes fournitures**. Masquez les papiers, les stylos et les divers pour créer un affichage personnalisé ne montrant que les fournitures de type matériel. Nommez cet affichage **Matériel**.

▼ EXERCICE PERSONNEL 3 (SUITE)

d. Appliquez l'affichage personnalisé Toutes fournitures, groupez les trois feuilles de calcul et créez un total des montants dans la cellule D28 de chacune des feuilles.

e. Les feuilles groupées, ajoutez le nom de la feuille dans la section centrale de l'en-tête de chaque feuille de calcul, ainsi que votre nom dans la section centrale de chaque feuille de calcul.

f. À l'aide du Vérificateur de compatibilité, repérez les fonctionnalités non prises en charge dans les versions précédentes d'Excel.

g. Ajoutez un lien hypertexte dans la cellule A1 de la feuille de janvier, qui ouvre le fichier Matériel.xlsx. Ajoutez l'info bulle **Fournisseur de matériel**. Testez l'info-bulle, le lien hypertexte, puis retournez au classeur Fournitures.

h. Créez un espace de travail contenant les classeurs Fournitures.xlsx et Matériel.xlsx avec les deux fenêtres disposées en mosaïque. Nommez cet espace de travail **Fournitures de bureau**. (*Indice* : Enregistrer l'espace de travail est un bouton du groupe Fenêtre, sous l'onglet Affichage.)

i. Masquez le classeur Matériel.xlsx.

j. Réaffichez le classeur Matériel.xlsx.

k. Fermez le classeur Matériel.xlsx et agrandissez la fenêtre du classeur Fournitures.xlsx.

l. Enregistrez le classeur Fournitures comme un classeur Excel avec prise en charge des macros.

m. Imprimez la feuille de calcul Janvier, fermez le classeur et quittez Excel.

▼ DÉFI

Excel s'avère un outil intéressant pour planifier des vacances. Que vous prévoyiez un voyage prochainement ou dans un avenir lointain, Excel vous aide à établir le budget de votre voyage. Inspirez-vous du tableau F-3 pour organiser les dépenses auxquelles vous devrez faire face. Les données entrées, créez des affichages personnalisés des données, ajoutez un lien hypertexte et des mots clés, puis enregistrez le fichier dans une version précédente d'Excel.

a. Démarrez Excel, créez un nouveau classeur et enregistrez-le dans votre dossier Projets sous le nom **Budget de voyage**.

b. Entrez les données de votre budget de voyage à l'aide des éléments correspondants du tableau F-3.

c. Ajoutez un lien hypertexte à l'étiquette Hébergements pour cibler une page Web contenant des informations à propos des hôtels, campings, lits et couettes ou les auberges où vous logerez pendant votre voyage.

d. Créez un affichage personnalisé **Budget complet** qui présente toutes les informations budgétaires. Créez un autre affichage personnalisé **Transports**, qui ne montre que les frais de transport. Vérifiez ces deux affichages, puis affichez le budget complet.

e. Ajoutez au classeur des mots clés appropriés.

f. Ajoutez un pied de page qui imprime votre nom dans la section de gauche.

g. Déverrouillez les montants de la feuille de calcul. Protégez la feuille de calcul avec un mot de passe.

h. Enregistrez le classeur, puis imprimez la feuille de calcul.

i. Enregistrez le classeur au format classeur Excel 97-2003.

j. Fermez le classeur Budget de voyage.xls.

Difficultés supplémentaires

- Ouvrez le fichier Budget de voyage.xlsx et déverrouillez la feuille de calcul.
- Permettez la modification simultanée du classeur par plusieurs personnes.
- Paramétrez le classeur partagé pour assurer le suivi des modifications à venir.
- Modifiez les données de deux montants de frais de voyage.
- Examinez le suivi des modifications, acceptez la première modification et rejetez la seconde.
- Enregistrez le classeur.

k. Quittez Excel.

TABLEAU F-3

	Montant
Transports	
Avion	
Voiture	
Train	
Taxi	
Bus	
Hébergements	
Hôtel	
Camping	
Lit et couette	
Auberge	
Repas	
Nourriture	
Boissons	
Divers	
Droits d'entrée	
Souvenirs	

▼ ATELIER VISUEL

Démarrez Excel, ouvrez le classeur EX F-6.xlsx de votre dossier Projets et enregistrez-le sous le nom **Locations estivales**. Créez la feuille de calcul présentée à la figure F-24. Déposez votre nom dans le pied de page de la feuille de calcul, puis imprimez la feuille de calcul. Le texte de la cellule A18 est un hyperlien vers le classeur Information prix.xlsx; l'arrière-plan de la feuille de calcul est obtenu à partir de l'image du fichier EX F-7.gif et cette même image est insérée dans l'en-tête de page.

FIGURE F-24

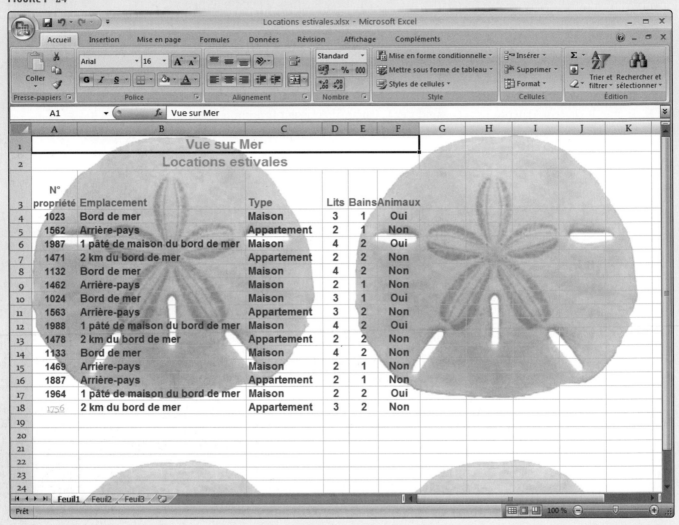

Utiliser les tableaux

Vous aurez besoin de ces fichiers :

EX G-1.xlsx
EX G-2.xlsx
EX G-3.xlsx
EX G-4.xlsx
EX G-5.xlsx

En plus d'utiliser les fonctionnalités de tableur d'Excel, vous pouvez analyser et manipuler des données dans une structure de tableau. Une **table** ou **tableau** Excel est une collection organisée de lignes et de colonnes de données structurées similaires dans une feuille de calcul. Un tableau pourrait, par exemple, contenir des informations sur des clients, des chiffres de vente ou un inventaire d'articles. Lorsque vous désignez une plage particulière d'une feuille de calcul comme étant un tableau, sa mise en forme est étendue aux données que vous ajoutez et toutes les formules de ce tableau sont mises à jour pour tenir compte des nouvelles données. Sans ce concept de tableau, vous seriez obligé de modifier la mise en forme et les formules, chaque fois qu'une donnée est ajoutée à la plage. Dans ce module, vous apprendrez à concevoir et à créer un tableau, à ajouter, modifier, rechercher et supprimer des informations dans un tableau, puis à trier les données, effectuer des calculs à l'échelle du tableau et, enfin, à imprimer un tableau. Voyages Tour Aventure utilise des tableaux pour analyser des données de ses voyages organisés. Catherine Morgane, vice-présidente des ventes chez VTA, requiert votre aide pour l'aider à édifier et à gérer un tableau des voyages organisés en 2010.

OBJECTIFS

Concevoir un tableau

Créer un tableau

Ajouter des données à un tableau

Rechercher et remplacer des données d'un tableau

Supprimer des données d'un tableau

Trier un tableau

Utiliser des formules dans un tableau

Imprimer un tableau

Concevoir un tableau

En élaborant un tableau, il faut prendre en considération les données qu'il contiendra et la manière de travailler avec les données actuelles et à venir. Avant de concevoir un tableau, vous devez en comprendre les composants les plus importants. Les tableaux sont composés de lignes, appelés enregistrements; un **enregistrement** contient des données concernant un objet, une personne ou toute autre type d'élément de tableau. Un enregistrement est divisé en champs, les colonnes du tableau; un **champ** représente un élément de l'enregistrement, comme l'adresse ou le nom d'un client. Chaque champ possède un **nom de champ**, une étiquette de colonne décrivant ce champ, comme « Adresse ». Les tableaux possèdent généralement une **ligne d'en-tête**, une première ligne composée des noms des champs. Pour construire un tableau, respectez les étapes ci-dessous. Le tableau G-1 propose d'autres conseils de mise au point d'un tableau. Catherine vous demande de rédiger un tableau des voyages de 2010. Avant d'entrer la moindre donnée dans une feuille de calcul Excel, vous imaginez, concevez, mettez au point le contenu du tableau.

DÉTAILS

Pour concevoir un tableau, tenez compte des principes suivants :

- **Identifier l'objectif du tableau**

  Déterminez le type des informations qui seront fournies par le tableau. Catherine utilisera le tableau des voyages pour rechercher rapidement toutes les dates de départ d'un voyage déterminé. Vous souhaitez également afficher les voyages dans l'ordre de leurs dates de départ.

- **Définir la structure du tableau**

  Identifiez les champs nécessaires pour atteindre l'objectif du tableau. Vous avez travaillé en collaboration avec les membres du service commercial, pour identifier le type d'information dont ils ont besoin à propos des voyages. La figure G-1 propose une structure de tableau. Chaque ligne contient l'enregistrement d'un voyage. Les colonnes représentent les champs contenant des éléments d'information descriptifs que vous devrez entrer pour chaque voyage, comme l'intitulé, la date de départ et la durée.

- **Documenter la structure du tableau**

  En plus de la structure du tableau, établissez une liste des champs pour décrire le type des données et tout format spécial des nombres nécessaire pour chacun des champs. Réduisez autant que possible la longueur des noms de champs mais veillez à conservez des noms expressifs qui décrivent clairement les colonnes. Lorsque vous nommez des champs, préférez le texte aux nombres car un nombre risque d'être interprété comme une partie d'une formule. Utilisez des noms uniques pour les colonnes et qui se distinguent clairement d'adresses de cellules, comme le nom D2. Votre tableau des voyages contiendra huit noms de champs, dont chacun correspond aux principales caractéristiques des voyages de 2010. Le tableau G-2 montre la documentation des noms de champs de votre tableau.

TABLEAU G-1: Conseils pour mettre un tableau au point

Conseils de structure d'une feuille de calcul	Conseils pour le contenu des lignes et colonnes
Un tableau peut être créé à partir de toute plage de cellules contigües d'une feuille de calcul.	Concevez et organisez votre tableau pour que toutes les lignes contiennent des éléments semblables dans une même colonne.
Un tableau ne peut contenir aucune ligne ni colonne vierge.	Ne placez pas d'espace superflu au début d'une cellule car ceci peut avoir une influence sur le tri et la recherche.
Les données définies dans un tableau peuvent être utilisées indépendamment des données en dehors du tableau et sur la même feuille de calcul.	Au lieu d'insérer une ligne ou une colonne vide entre les en-têtes et les données, servez-vous de la mise en forme pour mettre les en-têtes en évidence.
Les données définies dans un tableau peuvent être utilisées indépendamment des données en dehors du tableau et sur la même feuille de calcul.	Utilisez le même format pour toutes les cellules d'une colonne.
Répartissez les données dans plusieurs tableaux différents d'une même feuille de calcul, de manière à constituer des ensembles de données reliées.	

FIGURE G-1: Structure du tableau

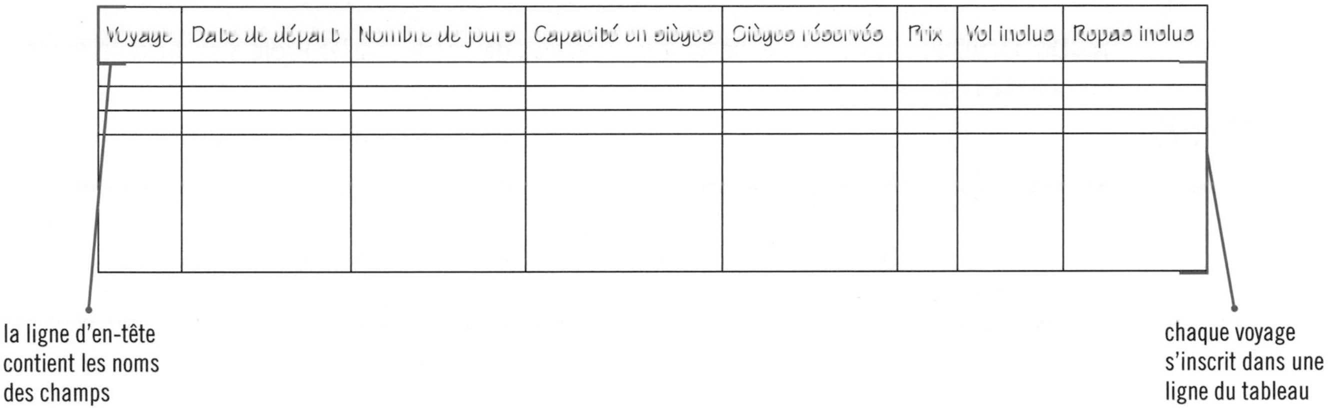

Voyage	Date de départ	Nombre de jours	Capacité en sièges	Sièges réservés	Prix	Vol inclus	Repas inclus

la ligne d'en-tête contient les noms des champs

chaque voyage s'inscrit dans une ligne du tableau

TABLEAU G-2: Documentation du tableau

Nom champ	Type de donnée	Description de la donnée
Voyage	Texte	Nom du voyage ou de la visite organisée
Date départ	Date	Date de départ du voyage
Nombre de jours	Nombre avec 0 décimale	Durée du voyage organisé
Capacité en sièges	Nombre avec 0 décimale	Nombre maximum de personnes qui peuvent participer au voyage
Sièges réservés	Nombre avec 0 décimale	Nombre de réservations enregistrées pour le voyage
Prix	Nombre Comptabilité avec 0 décimales et le symbole $	Prix du voyage (ce prix n'est garanti qu'après réception d'un acompte de 30 %)
Vol inclus	Texte	Oui : Le billet d'avion est compris dans le prix Non : Le billet d'avion est en sus du prix du voyage
Repas inclus	Texte	Oui : Le petit déjeuner et le déjeuner sont inclus dans le prix Non : Les repas ne sont pas compris dans le prix du voyage

Créer un tableau

Excel 2007

Après avoir défini la structure du tableau, la séquence des champs et les types de données appropriés, vous êtes prêt à créer le tableau sous Excel. Le tableau créé, un menu Création des Outils de tableau apparaît avec une palette de styles de tableau. Les **styles de tableau** mettent rapidement et facilement en forme un tableau, grâce à des combinaisons prédéfinies de présentations, qui règlent les couleurs d'arrière-plan, les bordures et le style et la couleur des caractères. Catherine vous demande de créer un tableau avec les données des voyages de l'année 2010. Vous commencez par entrer les données des voyages qui correspondent aux différents noms de champs, vous créez le tableau et mettez les données en forme à l'aide d'un style de tableau.

ÉTAPES

1. **Démarrez Excel, ouvrez le classeur EX G-1.xlsx de votre dossier Projets et enregistrez-le sous le nom Voyages 2010.**

> **PROBLÈME**
>
> Ne vous inquiétez pas des noms de champs plus larges par rapport aux cellules, vous réglerez cela plus loin.

2. **À partir de la cellule A1 de la feuille Pratique, entrez chacun des noms des champs dans des colonnes distinctes (figure G-2).**
   L'entrée des noms des champs se fait généralement dans la première ligne du tableau.

3. **Entrez les informations de la figure G-3 dans les lignes immédiatement sous les noms des champs, sans laisser de ligne vierge.**
   Les données se répartissent dans des colonnes, organisées selon les noms de champs.

4. **Sélectionnez la plage A1:H4, cliquez sur le bouton Format du groupe Cellules, cliquez sur Ajuster la largeur de colonne, puis cliquez dans la cellule A1.**
   Le redimensionnement des largeurs de colonnes de cette manière est plus rapide que le double-clic sur les lignes de séparation des colonnes.

5. **La cellule A1 sélectionnée, cliquez sur l'onglet Insertion, puis cliquez sur le bouton Tableau du groupe Tableau. Dans la boîte de dialogue Créer un tableau, vérifiez que la plage du tableau est $A$1:$H$4 et que la case Mon tableau comporte des en-têtes est cochée, puis cliquez sur OK.**
   Les **listes déroulantes de Filtre automatique**, qui permettent d'afficher une partie des données, apparaissent à droite des en-têtes de colonnes. Quand vous créez un tableau, Excel lui applique automatiquement un style de tableau par défaut. L'onglet Création des Outils de tableau s'affiche dans le ruban et le groupe Styles de tableau dissimule une palette d'options de mise en forme des tableaux. Vous décidez de changer de style de tableau, que vous sélectionnez à partir de la palette.

6. **Cliquez sur le bouton Styles rapides ▦, faites défiler, si nécessaire, les styles de tableau et pointez, sans cliquer, quelques-uns des styles proposés.**
   En pointant quelques styles de tableau, l'Aperçu rapide montre les effets obtenus avec le style pointé s'il est appliqué à votre tableau. L'Aperçu ne fait que montrer l'aspect que vous obtiendriez. Pour appliquer un style de tableau, vous devez cliquer sur le style voulu.

7. **Cliquez sur le Style de tableau moyen 7 pour l'appliquer au tableau, puis cliquez dans la cellule A1.**
   Comparez votre tableau à la figure G-4.

Coordonner les styles de tableaux dans un document

La palette des Styles rapides de table de l'onglet Création des Outils de tableau propose trois catégories principales de styles : Clair, Moyen et Foncé. Chaque catégorie comporte plusieurs styles où, par exemple, les lignes d'en-têtes et de totaux portent des couleurs plus sombres, tandis que les lignes de données sont remplies de couleurs alternées, d'une ligne à la suivante. Les styles de tableaux proposés utilisent en fait les couleurs du thème en cours, utilisé pour le classeur, de sorte que les teintes sont coordonnées par rapport au contenu du tableau. Si vous décidez de changer de thème et de schéma de couleurs pour le

classeur, à l'aide des boutons du groupe Thèmes de l'onglet Mise en page, la palette des styles rapides change également pour adopter ces couleurs. Vous pouvez modifier plus en profondeur les styles proposés par la palette Styles rapides à l'aide des cases du groupe Options de style de tableau de l'onglet Création des Outils de tableau. Ainsi, si vous ôtez la coche de la case Ligne d'en-tête, les styles rapides de la palette n'affichent plus les lignes d'en-tête distinctes et, si vous cochez à nouveau la case, les lignes d'en-tête distinctes réapparaissent dans les propositions de la palette des styles rapides.

	A	B	C	D	E	F	G	H	I
1	Voyage	Date départ	Nombre de jours	Capacité en sièges	Sièges réservés	Prix	Vol inclus	Repas inclus	
2									

FIGURE G-3: Trois enregistrements entrés dans la feuille de calcul

	A	B	C	D	E	F	G	H	I
1	Voyage	Date départ	Nombre de jours	Capacité en sièges	Sièges réservés	Prix	Vol inclus	Repas inclus	
2	Odyssée du Pacifique	2010-01-11	14	50	50	3105	Oui	Non	
3	Japon authentique	2010-01-12	21	47	41	2100	Oui	Non	
4	Loin vers l'exode	2010-01-18	10	30	28	2800	Oui	Oui	
5									

FIGURE G-4: Tableau mis en forme avec trois enregistrements

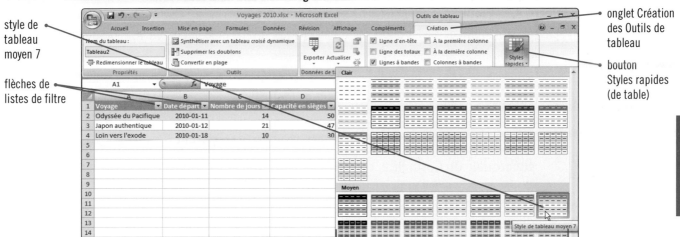

style de tableau moyen 7

flèches de listes de filtre

onglet Création des Outils de tableau

bouton Styles rapides (de table)

options de mise en forme de tableau présentées dans une palette

Excel 2007

Modifier les options des styles rapides de tableau

Excel permet de modifier l'apparence d'un tableau à l'aide de cases à cocher proposées dans le groupe Options de style de tableau, de l'onglet Création des Outils de tableau. Ces cases régissent l'affichage d'options, telles que les **bandes**, qui appliquent des mises en forme différentes aux lignes ou aux colonnes adjacentes, une mise en forme particulière des première et dernière colonnes, la Ligne des totaux, qui calcule des totaux pour chaque colonne et la Ligne d'en-tête, qui affiche ou masque la première ligne, des étiquettes des champs. L'utilisation de ces cases à cocher pour modifier l'apparence d'un tableau peut se faire avant ou après l'application d'un style rapide. Si votre tableau affiche des lignes en bandes, par exemple, vous pouvez cocher la case Colonnes à bandes pour afficher aussi des colonnes adjacentes de couleurs différentes. Vous pouvez ôter la coche de la case Ligne d'en-tête pour masquer la ligne d'en-tête, si le tableau doit s'intégrer à une présentation. La figure G-5 illustre les options de style de tableau.

Pour créer votre propre style de tableau, cliquez sur le bouton Styles rapides, cliquez sur Nouveau style de tableau au bas de la palette des styles rapides. Dans la boîte de dialogue Nouveau style rapide de tableau, nommez ce nouveau style, cliquez sur un élément du tableau, puis réglez la mise en forme de chacun des éléments du

tableau en cliquant sur Format. Une fois le style rapide complètement défini, cochez la case à cocher Définir comme style rapide de tableau par défaut pour ce document, pour utiliser ce style rapide lors de chaque nouvelle création d'un tableau dans le classeur. Le nouveau style rapide s'affiche par la suite dans le groupe Personnalisé de la palette des styles. Pour supprimer un style rapide personnalisé, sélectionnez-le dans la palette, puis cliquez sur Effacer, tout au bas de la palette des styles rapides de tableau.

FIGURE G-5: Options de style de tableau

onglet Création des Outils de tableau

lignes à bandes

groupe Options de style de tableau

Ajouter des données à un tableau

Vous pouvez ajouter des enregistrements à une liste en tapant les données directement dans les cellules, sous la dernière ligne du tableau. Après l'appui sur [Entrée], la nouvelle ligne est ajoutée au tableau et la mise en forme de celui-ci est étendue aux nouvelles données. Quand la cellule active est la dernière d'un tableau, l'appui sur [Tab] entraîne l'ajout d'une nouvelle ligne. Vous pouvez ajouter des lignes de données à tout emplacement d'un tableau. Une autre façon d'étendre une table consiste à glisser la poignée de redimensionnement du coin inférieur droit du tableau; étirez-la vers le bas pour ajouter des lignes ou vers la droite pour ajouter des colonnes. ▨▨▨ Après que vous ayez ajouté toutes les données des voyages de 2010, Catherine décide de proposer deux autres voyages organisés. Elle voudrait aussi afficher dans le tableau le nombre de sièges disponibles pour chaque voyage et le fait qu'un visa soit obligatoire pour la destination.

ÉTAPES

1. **Activez la feuille Voyages 2010.**

   Cette feuille contient déjà les voyages prévus en 2010.

2. **Cliquez dans la cellule A65 du tableau, entrez les données du nouveau voyage Forêt équatoriale du Costa Rica, comme à la figure G-6, puis appuyez sur [Entrée].**

   Le nouveau voyage fait partie intégrante du tableau. Vous décidez d'ajouter un enregistrement pour la période de janvier au-dessus de la ligne 6.

3. **Cliquez à l'intérieur, près de la bordure gauche de la cellule A6, pour sélectionner la ligne de données du tableau, cliquez sur l'onglet Accueil, puis déroulez la liste Insérer du groupe Cellules, cliquez sur Insérer des lignes de tableau au-dessus.**

   Le clic sur le bord gauche de la première cellule d'une ligne d'un tableau entraîne la sélection de la ligne complète du tableau. Une nouvelle ligne vierge apparaît à la place de la ligne 6, qui attend le nouvel enregistrement.

4. **Cliquez dans la cellule A6 et entrez l'enregistrement Randonnée au Népal de la figure G-7.**

   Le nouveau voyage au Népal fait désormais partie du tableau. Vous devez ajouter un nouveau champ, qui reprend le nombre de sièges disponibles pour chaque voyage.

5. **Cliquez dans la cellule I1, tapez Sièges disponibles, puis appuyez sur [Entrée].**

   Le nouveau champ fait également partie du tableau et la mise en forme des en-têtes s'étend au nouveau champ. Le menu Correction automatique permet d'annuler ou d'arrêter l'extension automatique du tableau mais, dans ce cas-ci, vous laissez cette fonctionnalité active. Vous devez ajouter un autre champ au tableau, pour afficher les voyages qui nécessitent un visa. Cette fois, vous ajoutez le champ par un redimensionnement du tableau.

6. **Faites défiler le tableau pour que la cellule I66 soit visible, glissez la poignée de redimensionnement du coin inférieur droit du tableau d'une colonne vers la droite, pour ajouter la colonne J au tableau (figure G-8).**

   Le tableau s'étend cette fois sur la plage A1:J66 et le nouveau champ porte le nom Colonne1.

7. **Cliquez dans la cellule J1, tapez Visa exigé et appuyez sur [Entrée].**

8. **Cliquez sur l'onglet Insertion, cliquez sur le bouton En-tête et pied de page du groupe Texte, tapez votre nom dans la section centrale de l'en-tête, cliquez dans la cellule A1, cliquez sur le bouton Normal ▦ de la barre d'état, puis enregistrez le classeur.**

FIGURE G-6: Nouvel enregistrement à la ligne 65

61	Aventure aux Galapagos	2010-12-20	14	15	1	$ 3 100	Oui	Oui	
62	Odyssée du Pacifique	2010-12-21	14	50	10	$ 3 105	Oui	Non	
63	Inde essentielle	2010-12-30	18	51	15	$ 3 933	Oui	Oui	
64	Japon authentique	2010-12-31	21	47	4	$ 2 100	Oui	Non	
65	Forêt équatoriale du Costa Rica	2010-01-30	7	20	0	$ 2 590	Oui	Oui	
66									

nouvel enregistrement
à la ligne 65

FIGURE G-7: Nouvel enregistrement à la ligne 6

	A	B	C	D	E	F	G	H
1	Voyage	Date départ	Nombre de jours	Capacité en sièges	Sièges réservés	Prix	Vol inclu	Repas inclus
2	Odyssée du Pacifique	2010-01-11	14	50	50	$ 3 105	Oui	Non
3	Japon authentique	2010-01-12	21	47	41	$ 2 100	Oui	Non
4	Loin vers l'exode	2010-01-18	10	30	28	$ 2 800	Oui	Oui
5	Inde essentielle	2010-01-20	18	51	40	$ 3 933	Oui	Oui
6	Randonnée au Népal	2010-01-31	14	18	0	$ 4 200	Oui	Oui
7	Amazone au naturel	2010-02-23	14	43	38	$ 2 877	Non	Non
8	Cuisine française	2010-02-28	7	18	15	$ 2 822	Oui	Non
9	Perles d'Orient	2010-03-12	14	50	15	$ 3 400	Oui	Non
10	Voyages sur la route de la soie	2010-03-18	18	25	19	$ 2 190	Oui	Oui

nouvel
enregistrement
à la ligne 6

FIGURE G-8: Ajout d'un champ à un tableau à l'aide des poignées de redimensionnement

60	Aventure à Panama	2010-12-18	10	50	21	$ 2 304	Oui	Oui	
61	Aventure aux Galapagos	2010-12-20	14	15	1	$ 3 100	Oui	Oui	
62	Aventure aux Galapagos	2010-12-20	14	15	1	$ 3 100	Oui	Oui	
63	Odyssée du Pacifique	2010-12-21	14	50	10	$ 3 105	Oui	Non	
64	Inde essentielle	2010-12-30	18	51	15	$ 3 933	Oui	Oui	
65	Japon authentique	2010-12-31	21	47	4	$ 2 100	Oui	Non	
66	Forêt équatoriale du Costa Rica	2010-01-30	7	20	0	$ 2 590	Oui	Oui	
67									
68									
69									

glissez la poignée pour ajouter
la colonne J au tableau

Rechercher et remplacer des données d'un tableau

Il arrive de devoir rechercher certains enregistrements dans un tableau. Vous pouvez utiliser la commande Rechercher d'Excel pour effectuer une recherche dans un tableau. Vous pouvez aussi utiliser la fonctionnalité Remplacer pour trouver et remplacer par une nouvelle donnée, le contenu entier ou partiel de cellules. Si vous ignorez l'orthographe exacte du texte que vous recherchez, les caractères génériques facilitent la recherche des enregistrements. Les **caractères génériques** sont des symboles particuliers qui se substituent aux caractères inconnus. ▄▟▛▟▛ En réponse à des réactions des commerciaux concernant le manque d'information des clients à propos de l'Istrie, Catherine souhaite remplacer Istrie par Croatie dans les noms de voyages organisés. Elle voudrait aussi connaître le nombre de voyages intitulés Odyssée du Pacifique, prévus tout au long de l'année. Vous entamez la recherche par les enregistrements portant le nom Odyssée du Pacifique.

ÉTAPES

1. **Cliquez si nécessaire dans la cellule A1, cliquez sur l'onglet Accueil, cliquez sur le bouton Rechercher et sélectionner du groupe Édition, puis cliquez sur Rechercher.**

   La boîte de dialogue Rechercher et remplacer s'ouvre (figure G-9). Vous entrez dans la zone de texte Rechercher, les critères identifiant les enregistrements que vous voulez trouver. Vous voulez repérer les enregistrements dont le champ Voyage contient le texte « Odyssée du Pacifique ».

2. **Tapez Odyssée du Pacifique dans la zone de texte Rechercher, puis cliquez sur Suivant.**

   A2 est la cellule active parce que c'est la première instance d'Odyssée du Pacifique dans le tableau.

3. **Cliquez sur Suivant et examinez les différents enregistrements trouvés avec des voyages intitulés Odyssée du Pacifique, jusqu'à ce que plus aucune cellule ne soit trouvée avec ce texte et que la cellule A2 devienne à nouveau active, puis cliquez sur Fermer.**

   Quatre voyages portent le nom Odyssée du Pacifique.

4. **Retournez à la cellule A1, cliquez sur le bouton Rechercher et sélectionner du groupe Édition, puis cliquez sur Remplacer.**

   La boîte de dialogue Rechercher et remplacer s'ouvre, cette fois avec l'onglet Remplacer sélectionné et le point d'insertion aboutit dans la zone de texte Remplacer par (figure G-10). Vous recherchez les entrées qui contiennent « Istrie », où vous remplacez « Istrie » par « Croatie ». Comme vous n'êtes pas certain de l'orthographe d'Istrie, vous utilisez le caractère générique * pour repérer les enregistrements contenant l'intitulé de voyage correct.

ASTUCE

Utilisez aussi le caractère générique point d'interrogation (?) pour représenter un seul caractère. Par exemple, si vous effectuez une recherche sur « ven? », vous obtenez seulement les mots de quatre lettres commençant par « ven », comme vent, vend et venu, mais vous ne trouverez pas vendu ni vente.

5. **Supprimez tout le contenu de la zone de texte Rechercher, tapez Is* dans la zone de texte Rechercher, cliquez dans la zone de texte Remplacer par et tapez Croatie.**

   Le caractère générique astérisque (*) représente un ou plusieurs caractères, ce qui signifie que la recherche portant sur Is* trouvera tous les mots tels que Islande et Isthme. Or, vous remarquez que d'autres entrées du tableau contiennent le texte « is » avec un i minuscule (française, disponible et Visa), par conséquent, vous devez imposer le remplacement des seuls mots dont le I est en majuscule.

6. **Cliquez sur Options >>, cliquez dans la case Respecter la casse pour l'activer, cliquez sur Options <<, puis cliquez sur Suivant.**

   Excel déplace le pointeur de cellule vers la première occurrence d'Istrie.

7. **Cliquez sur Remplacer tout, cliquez sur OK, puis cliquez sur Fermer.**

   La boîte de dialogue se ferme. Excel a remplacé deux entrées, dans les cellules A22 et A51. Les autres données contenant is avec le i en minuscule demeurent inchangées.

8. **Enregistrez le classeur.**

FIGURE G-9: Boîte de dialogue Rechercher et remplacer

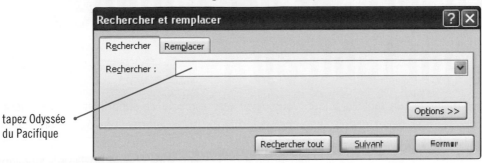

tapez Odyssée
du Pacifique

FIGURE G-10: L'onglet Remplacer de la boîte de dialogue Rechercher et remplacer

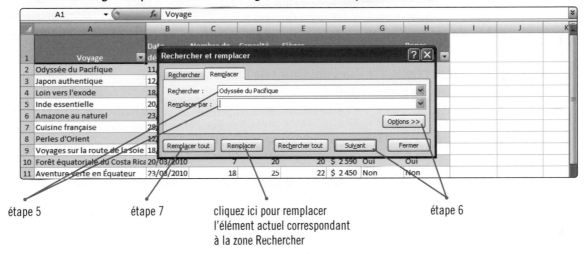

étape 5   étape 7   cliquez ici pour remplacer   étape 6
                                  l'élément actuel correspondant
                                  à la zone Rechercher

Utiliser les fonctionnalités Rechercher et sélectionner

Pour atteindre un emplacement déterminé dans un classeur, la commande de recherche s'avère utile : Cliquez sur le bouton Rechercher et sélectionner du groupe Édition, cliquez sur Atteindre, tapez une adresse de cellule, puis cliquez sur OK. Le bouton Rechercher et sélectionner permet aussi de trouver des commentaires et une mise en forme conditionnelle dans un classeur, grâce à l'option Sélectionner les cellules. Avec la boîte de dialogue Sélectionner les cellules, vous sélectionnez les cellules qui contiennent des types différents de formules, d'objets ou de validation de données. Certaines commandes Sélectionner les cellules apparaissent déjà parmi les options du menu Rechercher et sélectionner. Grâce à ce menu, vous pouvez aussi modifier la forme du pointeur de souris et le remplacer par le pointeur de sélection d'objet ↕, pour sélectionner rapidement des objets graphiques, si nécessaire. Pour retourner au pointeur normal d'Excel, appuyez sur [Échap].

Supprimer des données d'un tableau

Pour maintenir un tableau à jour, vous devez être à même de supprimer régulièrement des enregistrements. Vous devez parfois supprimer des champs, si les informations qu'ils contiennent deviennent inutiles. Vous supprimez des données d'un tableau à l'aide du bouton Supprimer ou en glissant la poignée de redimensionnement du coin inférieur droit du tableau. Vous pouvez également dupliquer facilement des enregistrements d'un tableau. Catherine annule le départ du voyage Japon authentique du 12 janvier et vous demande de supprimer l'enregistrement dans le tableau. Vous supprimez aussi les enregistrements en double du tableau. Comme l'exigence du visa est une notion difficile à gérer, Catherine vous demande également de supprimer le champ qui contient les données de visas.

ÉTAPES

1. **Cliquez sur le bord gauche de la cellule A3 pour sélectionner les données de l'enregistrement correspondant, déroulez la liste Supprimer du groupe Cellules de l'onglet Accueil, puis cliquez sur Supprimer des lignes de tableau.**

   Le voyage Japon authentique est supprimé et le voyage Loin vers l'exode se déplace en ligne 3 (figure G-11). Vous pouvez aussi supprimer une ligne ou une colonne d'un tableau à l'aide du bouton Redimensionner le tableau du groupe Propriétés, sous l'onglet Création des Outils de tableau, ou encore en cliquant dans la ligne ou la colonne, en pointant sur Supprimer dans le menu contextuel, puis en cliquant sur Lignes de tableau ou Colonnes de tableau. Vous poursuivez le travail avec la suppression des doublons.

ASTUCE

Pour supprimer les doublons d'une feuille de calcul, vous pouvez aussi cliquer sur l'onglet Données, puis cliquer sur le bouton Supprimer les doublons du groupe Outils de données.

2. **Cliquez sur l'onglet Création des Outils de tableau, puis cliquez sur le bouton Supprimer les doublons du groupe Outils.**

   La boîte de dialogue Supprimer les doublons s'affiche (figure G-12). Vous devez sélectionner les colonnes que le programme doit utiliser pour évaluer les doublons. Comme vous ne souhaitez pas supprimer les voyages de même destination avec des dates de départ différentes, vous recherchez les doublons dans toutes les colonnes.

3. **Vérifiez que la case Mes données ont des en-têtes est cochée et que toutes les colonnes sont sélectionnées, puis cliquez sur OK.**

   Deux enregistrements en double ont été découverts et supprimés, ce qui laisse 62 lignes dans le tableau, y compris la ligne d'en-tête. Vous ôtez la dernière colonne qui contient des vides pour l'exigence de visa.

4. **Cliquez sur OK, faites défiler la fenêtre pour que la cellule J63 soit visible, glissez la poignée de redimensionnement d'une colonne à gauche pour supprimer la colonne J du tableau.**

   Le tableau couvre désormais la plage A1:I63 et le champ Visa exigé ne fait plus partie du tableau.

5. **Supprimez le contenu de la cellule J1, retournez à la cellule A1 et enregistrez le classeur.**

FIGURE G-11: Tableau avec la ligne supprimée

	A	B	C	D	E	F	G	H	I	J
1	Voyage	Date départ	Nombre de jours	Capacité en sièges	Sièges réservés	Prix	Vol inclus	Repas inclus	Sièges disponibles	Visa exigé
2	Odyssée du Pacifique	2010-01-11	14	50	50	$ 3 105	Oui	Non		
3	Loin vers l'exode	2010-01-18	10	30	28	$ 2 800	Oui	Oui		
4	Inde essentielle	2010-01-20	18	51	40	$ 3 933	Oui	Oui		
5	Randonnée au Népal	2010-01-31	14	18	0	$ 4 200	Oui	Oui		
6	Amazone au naturel	2010-02-23	14	43	38	$ 2 877	Non	Non		
7	Cuisine française	2010-02-28	7	18	15	$ 2 822	Oui	Non		
8	Perles d'Orient	2010-03-13	11	50	15	$ 3 400	Oui	Non		
9	Voyages sur la route de la soie	2010-03-18	18	25	19	$ 2 190	Oui	Oui		
10	Forêt équatoriale du Costa Rica	2010-03-20	7	20	20	$ 2 590	Oui	Oui		
11	Aventure verte en Équateur	2010-03-23	18	25	22	$ 2 450	Non	Non		
12	Grands parcs nationaux africain	2010-04-07	30	12	10	$ 4 870	Oui	Oui		
13	Expérience cambodgienne	2010-04-10	12	40	21	$ 2 908	Oui	Non		
14	Japon authentique	2010-04-14	21	47	30	$ 2 100	Oui	Non		
15	Loin vers l'exode	2010-04-18	10	30	20	$ 2 800	Oui	Oui		
16	Inde essentielle	2010-04-20	18	51	31	$ 3 933	Oui	Oui		
17	Amazone au naturel	2010-04-23	14	43	30	$ 2 877	Non	Non		
18	Aventure en Catalogne	2010-05-09	14	51	30	$ 3 100	Oui	Non		
19	Trésors d'Éthopie	2010-05-18	10	41	15	$ 3 200	Oui	Oui		
20	Monastères bulgares	2010-05-20	7	19	11	$ 2 103	Oui	Oui		
21	Étapes gourmandes en Croatie	2010-05-23	7	12	10	$ 2 110	Non	Non		
22	Montenegro fantastique	2010-05-27	10	48	4	$ 1 890	Non	Non		
23	Aventure en Catalogne	2010-06-09	14	51	15	$ 3 100	Oui	Non		
24	Randonnée au Népal	2010-06-09	14	18	18	$ 4 200	Oui	Oui		
25	Voyage à la voile à Corfu	2010-06-10	21	12	10	$ 3 190	Oui	Non		
26	Irlande à vélo	2010-06-11	10	15	10	$ 2 600	Oui	Non		

Pratique | **Voyages 2010** | Feuil2

la ligne est supprimée et
les voyages se déplacent
d'une ligne vers le haut

FIGURE G-12: Boîte de dialogue Supprimer les doublons

les doublons sont
recherchés dans les
colonnes sélectionnées

Trier un tableau

Normalement, vous entrez les enregistrements dans l'ordre de leur réception, plutôt qu'en ordre alphabétique ou numérique. Lorsque vous ajoutez des enregistrements à un tableau, vous les placez généralement à la fin du tableau. Vous pouvez modifier l'ordre des enregistrements à tout moment, à l'aide des commandes de tri d'Excel. Vous pouvez trier un tableau en ordre ascendant ou descendant selon un champ, à l'aide de la flèche de liste située à droite de chaque nom de champ. En **ordre croissant**, la plus petite valeur (par exemple le début de l'alphabet ou la date la plus ancienne) est placée en haut du tableau. Dans un champ contenant des étiquettes et des nombres, les nombres apparaissent en premier lieu dans le tableau trié. En **ordre décroissant**, la valeur la plus grande (la fin de l'alphabet ou la date la plus récente) apparaît en début de tableau. Dans un champ contenant des étiquettes et des nombres, les étiquettes apparaissent en premier lieu. Le tableau G-3 propose des exemples de tris croissants et décroissants. Comme les données sont structurées dans un tableau, Excel change l'ordre des enregistrements, tout en conservant l'unité des lignes d'informations. ▓▓▓ Catherine souhaite que vous triiez les voyages selon les dates de départ, avec les départs les plus proches au sommet du tableau.

ÉTAPES

ASTUCE

Avant de trier les enregistrements, il est utile d'effectuer une copie de sauvegarde ou de créer un champ numérotant les enregistrements, pour être en mesure de revenir à l'ordre initial, si nécessaire.

1. **Déroulez la liste du filtre du champ Date départ, cliquez ensuite sur Trier du plus ancien au plus récent.**

   Excel replace les enregistrements en ordre croissant de date de départ (figure G-13). La flèche de liste du filtre Date départ reçoit une flèche pointée vers le haut, indiquant que le tri est croissant selon ce champ. Vous pouvez aussi trier le tableau en fonction d'un champ, à l'aide du bouton Trier.

2. **Cliquez sur l'onglet Accueil, cliquez dans une cellule de la colonne Prix, cliquez sur le bouton Trier et filtrer du groupe Édition, puis cliquez sur Trier du plus grand au plus petit.**

   Excel trie le tableau et place au sommet du tableau les enregistrements dont le prix est le plus élevé. La flèche de liste du filtre Prix reçoit à présent une flèche pointée vers le bas, à droite de la flèche de liste déroulante, ce qui marque le tri décroissant sur ce champ. Les données du tableau peuvent être triées selon un ordre de **tri multi-niveau**, qui réorganise les enregistrements selon plusieurs niveaux de tri. Dans le cas d'un tri à deux niveaux, les données sont d'abord triées selon un premier champ, puis les données du second niveau sont triées au sein de chaque groupe de valeurs identiques du premier champ. Comme votre tableau comporte de nombreux voyages avec des dates de départ différentes, vous appliquez un tri multi-niveau selon les voyages, puis par dates de départ de chaque voyage.

ASTUCE

Un tri à niveaux multiples est tout à fait possible : cliquez sur l'onglet Données, puis cliquez sur le bouton Trier du groupe Trier et filtrer.

3. **Cliquez sur le bouton Trier et filtrer du groupe Édition, puis cliquez sur Tri personnalisé.**

   La boîte de dialogue Tri s'ouvre (figure G-14).

ASTUCE

Pour tenir compte de la casse (minuscules et majuscules) des caractères au cours du tri, cliquez sur le bouton Options de la boîte de dialogue Tri, puis cochez la case Respecter la casse. Cette case cochée, les minuscules précèdent les majuscules dans le cas du tri croissant.

4. **Déroulez la liste Trier par, cliquez sur Voyage, déroulez la liste Ordre, cliquez sur A à Z, cliquez sur Ajouter un niveau, déroulez la liste Puis par, cliquez sur Date départ, déroulez la deuxième liste Ordre, cliquez si nécessaire sur Du plus ancien au plus récent, puis cliquez sur OK.**

   La figure G-15 montre le tableau trié en ordre alphabétique croissant (de A à Z) selon Voyage et, dans chaque voyage, en ordre croissant de Date départ.

5. **Enregistrez le classeur.**

Trier un tableau avec la mise en forme conditionnelle

Si des mises en forme conditionnelles ont été appliquées à un tableau, vous pouvez trier le tableau à l'aide de la mise en forme conditionnelle pour disposer les lignes en fonction de ces couleurs. Par exemple, si les cellules sont colorées conditionnellement, vous pouvez trier un champ en fonction de la couleur de cellule, avec la couleur soit En haut, soit En bas, dans la boîte de dialogue Tri.

TABLEAU G-3: Options et exemples de tris

Option	Alphabétique	Numérique	Date	Alphanumérique
Croissant	A, B, C	7, 8, 9	1/1, 2/1, 3/1	12A, 99B, DX8, QT7
Décroissant	C, B, A	9, 8, 7	3/1, 2/1, 1/1	QT7, DX8, 99B, 12A

FIGURE G-13: Tableau trié en ordre de date de départ

la flèche vers le haut indique que le champ est trié en ordre croissant

	A	B	C	D	E	F	G	H	I
1	Voyage	Date départ	Nombre de jours	Capacité en sièges	Sièges réservés	Prix	Vol inclu	Repas inclus	Sièges disponible
2	Odyssée du Pacifique	2010-01-11	14	50	50	$ 3 105	Oui	Non	
3	Loin vers l'exode	2010-01-18	10	30	28	$ 2 800	Oui	Oui	
4	Inde essentielle	2010-01-20	18	51	40	$ 3 933	Oui	Oui	
5	Forêt équatoriale du Costa Rica	2010-01-30	7	20	0	$ 2 590	Oui	Oui	
6	Randonnée au Népal	2010-01-31	14	18	0	$ 4 200	Oui	Oui	
7	Amazone au naturel	2010-02-23	14	43	38	$ 2 877	Non	Non	
8	Cuisine française	2010-02-28	7	18	15	$ 2 822	Oui	Non	
9	Perles d'Orient	2010-03-12	14	50	15	$ 3 400	Oui	Non	
10	Voyages sur la route de la soie	2010-03-18	18	25	19	$ 2 190	Oui	Oui	
11	Forêt équatoriale du Costa Rica	2010-03-20	7	20	20	$ 2 590	Oui	Oui	
12	Aventure verte en Équateur	2010-03-23	18	25	22	$ 2 450	Non	Non	
13	Grands parcs nationaux africain	2010-04-07	30	12	10	$ 4 870	Oui	Oui	
14	Expérience cambodgienne	2010-04-10	12	40	21	$ 2 908	Oui	Non	
15	Japon authentique	2010-04-14	21	47	30	$ 2 100	Oui	Non	
16	Loin vers l'exode	2010-04-18	10	30	20	$ 2 800	Oui	Oui	
17	Inde essentielle	2010-04-20	18	51	31	$ 3 933	Oui	Oui	
18	Amazone au naturel	2010-04-23	14	43	30	$ 2 877	Non	Non	
19	Aventure en Catalogne	2010-05-09	14	51	30	$ 3 100	Oui	Non	
20	Trésors d'Éthiopie	2010-05-18	10	41	15	$ 3 200	Oui	Oui	
21	Monastères bulgares	2010-05-20	7	19	11	$ 2 103	Oui	Oui	
22	Étapes gourmandes en Croatie	2010-05-23	7	12	10	$ 2 110	Non	Non	
23	Montenegro fantastique	2010-05-27	10	48	4	$ 1 890	Non	Non	
24	Aventure en Catalogne	2010-06-09	14	51	15	$ 3 100	Oui	Non	
25	Randonnée au Népal	2010-06-09	14	18	18	$ 4 200	Oui	Oui	

FIGURE G-14: Boîte de dialogue Tri

cliquer ici pour supprimer les niveaux de tri

cliquez ici pour ajouter des niveaux de tri

cliquez ici pour afficher les champs

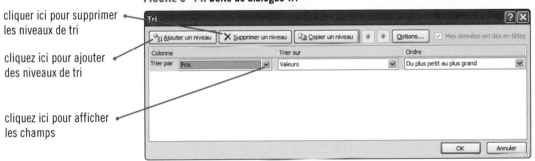

FIGURE G-15: Tableau trié selon deux niveaux

le tableau est trié alphabétiquement en ordre croissant

le tableau est ensuite trié par date de départ pour chaque voyage

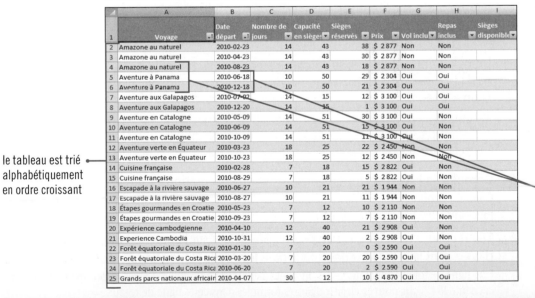

	A	B	C	D	E	F	G	H	I
1	Voyage	Date départ	Nombre de jours	Capacité en sièges	Sièges réservés	Prix	Vol inclu	Repas inclus	Sièges disponible
2	Amazone au naturel	2010-02-23	14	43	38	$ 2 877	Non	Non	
3	Amazone au naturel	2010-04-23	14	43	30	$ 2 877	Non	Non	
4	Amazone au naturel	2010-08-23	14	43	18	$ 2 877	Non	Non	
5	Aventure à Panama	2010-06-18	10	50	29	$ 2 304	Oui	Oui	
6	Aventure à Panama	2010-12-18	10	50	21	$ 2 304	Oui	Oui	
7	Aventure aux Galapagos	2010-07-02	14	15	12	$ 3 100	Oui	Oui	
8	Aventure aux Galapagos	2010-12-20	14	15	1	$ 3 100	Oui	Oui	
9	Aventure en Catalogne	2010-05-09	14	51	30	$ 3 100	Oui	Non	
10	Aventure en Catalogne	2010-06-09	14	51	15	$ 3 100	Oui	Non	
11	Aventure en Catalogne	2010-10-09	14	51	11	$ 3 100	Oui	Non	
12	Aventure verte en Équateur	2010-03-23	18	25	22	$ 2 450	Non	Non	
13	Aventure verte en Équateur	2010-10-23	18	25	12	$ 2 450	Non	Non	
14	Cuisine française	2010-02-28	7	18	15	$ 2 822	Oui	Non	
15	Cuisine française	2010-08-29	7	18	5	$ 2 822	Oui	Non	
16	Escapade à la rivière sauvage	2010-06-27	10	21	21	$ 1 944	Non	Non	
17	Escapade à la rivière sauvage	2010-08-27	10	21	11	$ 1 944	Non	Non	
18	Étapes gourmandes en Croatie	2010-05-23	7	12	10	$ 2 110	Non	Non	
19	Étapes gourmandes en Croatie	2010-09-23	7	12	7	$ 2 110	Non	Non	
20	Expérience cambodgienne	2010-04-10	12	40	21	$ 2 908	Oui	Non	
21	Experience Cambodia	2010-10-31	12	40	2	$ 2 908	Oui	Non	
22	Forêt équatoriale du Costa Rica	2010-01-30	7	20	0	$ 2 590	Oui	Oui	
23	Forêt équatoriale du Costa Rica	2010-03-20	7	20	20	$ 2 590	Oui	Oui	
24	Forêt équatoriale du Costa Rica	2010-06-20	7	20	2	$ 2 590	Oui	Oui	
25	Grands parcs nationaux africain	2010-04-07	30	12	10	$ 4 870	Oui	Oui	

Imposer un ordre de tri personnalisé

Dans la boîte de dialogue Tri, vous pouvez identifier un ordre de tri personnalisé pour le champ sélectionné. Déroulez la liste Ordre de la boîte de dialogue Tri, cliquez sur Liste personnalisée, puis cliquez sur la liste personnalisée souhaitée. Les listes personnalisées usuelles sont les jours de la semaine (dim., lun., mar., etc.) et les mois de l'année (janv. févr., mars, etc.) ; le tri alphabétique ne trie en effet pas correctement ces éléments.

Utiliser des formules dans un tableau

Nombre de tableaux sont grands, ce qui complique la lecture au premier coup d'oeil de « l'histoire » que ces tableaux nous content. Les commandes de calcul sur des tableaux permettent de résumer les données d'un tableau, pour en dégager les principales tendances. Dès que vous avez entré une seule formule dans une cellule d'un tableau, la fonctionnalité **colonnes calculées** remplit les autres cellules avec les résultats de la formule. La colonne continue à se remplir avec les résultats de la formule, à mesure que vous entrez de nouvelles lignes dans le tableau. Ceci vous simplifie la mise à jour des formules, puisqu'il suffit de l'éditer une seule fois, pour que la modification se répercute dans les autres cellules du tableau. La fonctionnalité **référence structurée** vous autorise, dans vos formules, à faire référence à des colonnes de tableau par leur nom, généré automatiquement au moment de la création du tableau. Ces noms s'ajustent automatiquement lorsque vous ajoutez ou supprimez des champs d'un tableau. Si Ventes et Coûts sont les noms de deux colonnes d'un tableau, un exemple de référence de tableau serait =[Ventes]-[Coûts]. Les tableaux possèdent également une zone particulière à leur pied, appelée la **ligne des totaux du tableau**, qui reçoit les calculs effectués sur les données de colonnes du tableau. Les cellules de cette ligne contiennent une liste déroulante de fonctions utilisables dans ces calculs de colonne. La ligne de total d'un tableau s'adapte à toute modification apportée à la taille du tableau. Catherine souhaite que vous utilisiez une formule pour calculer le nombre de sièges encore disponibles pour chaque voyage. Vous ajoutez aussi des informations de synthèse au bas du tableau.

ÉTAPES

1. **Cliquez dans la cellule I2, puis tapez =[.**
   Une liste des noms de champs apparaît (figure G-16). Les références structurées permettent d'utiliser les noms qu'Excel a créés au moment où vous avez défini le tableau, pour référencer des champs du tableau. Pour sélectionner un champ, cliquez sur son nom dans la liste, puis appuyez sur [Tab] ou, plus simplement, double-cliquez sur le nom du champ.

2. **Cliquez sur Capacité en sièges, appuyez sur [Tab], puis tapez].**
   Excel entame la formule, place [Capacité en sièges] en bleu dans la cellule et entoure d'une bordure bleue les données de la colonne Capacité en sièges.

3. **Tapez –[, double-cliquez sur Sièges réservés, puis tapez].**
   Excel place [Sièges réservés] en vert dans la cellule et entoure d'une bordure verte les données de la colonne Sièges réservés.

4. **Appuyez sur [Entrée].**
   Le résultat de la formule, 5, s'affiche dans la cellule I2. La colonne se remplit aussi de la formule qui calcule le nombre de sièges disponibles pour chacun des voyages.

5. **Déroulez la liste des Options de correction automatique** 📋 **.**
   Comme l'option des colonnes calculées épargne bien du temps, vous décidez de conserver cette fonctionnalité. Vous voulez indiquer le nombre total de sièges disponibles pour tous les voyages.

6. **Cliquez dans une cellule au sein du tableau, cliquez sur l'onglet Création des Outils de tableau, cliquez dans la case Ligne des totaux dans le groupe Options de style de tableau pour la cocher.**
   Une ligne de totaux apparaît en bas du tableau et le nombre total de sièges disponibles, 1035, s'affiche dans la cellule I64. Vous pouvez choisir d'autres formules dans cette ligne de totaux.

7. **Cliquez dans la cellule C64, puis déroulez la liste de la cellule, à droite, à l'intérieur de la cellule.**
   Une liste des fonctions disponibles s'affiche (figure G-17). Vous souhaitez connaître la moyenne des durées des voyages.

8. **Cliquez sur Moyenne, puis enregistrez le classeur.**
   La durée moyenne des voyages, 13, apparaît dans la cellule C64.

FIGURE G-16: Noms des champs du tableau

	A	B	C	D	E	F	G	H	I	J
1	Voyage	Date départ	Nombre de jours	Capacité en sièges	Sièges réservés	Prix	Vol inclus	Repas inclus	Sièges disponible	
2	Amazone au naturel	23/02/2010	14	43	38	$ 2 877	Non	Non	=[	
3	Amazone au naturel	23/04/2010	14	43	30	$ 2 877	Non	Non		
4	Amazone au naturel	23/08/2010	14	43	18	$ 2 877	Non	Non		
5	Aventure à Panama	18/06/2010	10	50	29	$ 2 304	Oui	Oui		
6	Aventure à Panama	18/12/2010	10	50	21	$ 2 304	Oui	Oui		
7	Aventure aux Galapagos	02/07/2010	14	15	12	$ 3 100	Oui	Oui		
8	Aventure aux Galapagos	20/12/2010	14	15	1	$ 3 100	Oui	Oui		
9	Aventure en Catalogne	09/05/2010	14	51	30	$ 3 100	Oui	Non		
10	Aventure en Catalogne	09/06/2010	14	51	15	$ 3 100	Oui	Non		
11	Aventure en Catalogne	09/10/2010	14	51	11	$ 3 100	Oui	Non		
12	Aventure verte en Équateur	23/03/2010	18	25	22	$ 2 450	Non	Non		

Liste déroulante:
- Voyage
- Date départ
- Nombre de jours
- Capacité en sièges
- Sièges réservés
- Prix
- Vol inclus
- Repas inclus
- Sièges disponibles

noms des champs
du tableau

FIGURE G-17: Fonctions dans la ligne des totaux

	Voyage	Date départ	Nombre de jo	Capacité en	Sièges réserv	Prix	Vol inclus	Repas inclus	Sièges dispor	J
51	Odyssée du Pacifique	14/09/2010	14	50	20	$ 3 105	Oui	Non	30	
52	Odyssée du Pacifique	21/12/2010	14	50	10	$ 3 105	Oui	Non	40	
53	Perles d'Orient	12/03/2010	14	50	15	$ 3 400	Oui	Non	35	
54	Perles d'Orient	12/09/2010	14	50	11	$ 3 400	Oui	Non	39	
55	Randonnée au Népal	31/01/2010	14	18	0	$ 4 200	Oui	Oui	18	
56	Randonnée au Népal	09/06/2010	14	18	18	$ 4 200	Oui	Oui	0	
57	Randonnée au Népal	29/10/2010	14	18	8	$ 4 200	Oui	Oui	10	
58	Trésors d'Éthopie	18/05/2010	10	41	15	$ 3 200	Oui	Oui	26	
59	Trésors d'Éthopie	18/11/2010	10	41	12	$ 3 200	Oui	Oui	29	
60	Voyage à la voile à Corfu	10/06/2010	21	12	10	$ 3 190	Oui	Non	2	
61	Voyage à la voile à Corfu	09/07/2010	21	12	1	$ 3 190	Oui	Non	11	
62	Voyages sur la route de la soie	18/03/2010	18	25	19	$ 2 190	Oui	Oui	6	
63	Voyages sur la route de la soie	18/09/2010	18	25	9	$ 2 190	Oui	Oui	16	
64	Total								1035	
65										
66										
67										
68										
69										
70										
71										
72										

Liste déroulante:
- Aucun
- Moyenne
- Nombre
- Chiffres
- Max
- Min
- Somme
- Écartype
- Var
- Autres fonctions…

fonctions disponibles
dans la ligne des totaux

Utiliser les références structurées

Les références structurées simplifient beaucoup la manipulation des formules établies sur des données de tableau. Vous pouvez référencer tout le tableau, des colonnes du tableau ou des données bien précises (des cellules). Le principal intérêt des références structurées dans les formules réside dans le fait qu'elles s'adaptent automatiquement aux modifications du tableau, ce qui vous évite de modifier chaque fois les formules. Quand vous créez un tableau à partir des données d'une feuille de calcul, Excel crée un nom de tableau prédéfini, tel que Tableau1, qui fait référence à toutes les données du tableau, à l'exception de la ligne des en-têtes de colonnes, avec les noms des champs, et de la ligne des totaux. Pour faire référence à un tableau avec sa ligne des noms de champs, utilisez la référence =Tableau1[#Tout]. Excel donne également à chaque colonne un nom, que vous pouvez ensuite utiliser comme référence dans une formule. Par exemple, dans le Tableau1, la formule =Tableau1[Ventes] fait référence aux données du champ Ventes.

Imprimer un tableau

Vous pouvez déterminer la manière dont un tableau est imprimé, à l'aide de l'onglet Mise en page. Comme les tableaux comportent généralement plus de lignes qu'une page imprimée peut en accueillir, la première ligne du tableau, qui contient les noms des champs, peut être définie comme le **titre d'impression**, pour qu'elle s'imprime au sommet de toutes les pages. Vous pouvez aussi corriger l'échelle du tableau pour imprimer plus ou moins de lignes par page. La plupart des tableaux ne portent pas d'information descriptive dans la feuille de calcul, au-dessus de la ligne des noms des champs, par conséquent, les en-têtes et les pieds de pages permettent d'ajouter du texte d'identification, comme le titre du tableau ou la date de l'état. Catherine vous demande un état des informations sur les voyages. Vous commencez avec un aperçu avant impression du tableau.

ÉTAPES

1. **Cliquez sur** Office 🔘, **pointez** Imprimer, **puis cliquez sur** Aperçu avant impression.

   La barre d'état affiche Aperçu page 1 sur un total de 3. Les noms des champs du tableau apparaissent tous sur la largeur de la page.

2. **Dans la fenêtre Aperçu avant impression, cliquez sur le bouton** Page suivante **du groupe** Aperçu, **pour voir la deuxième page, puis cliquez à nouveau sur** Page suivante **pour voir la dernière page.**

   La troisième page contient un seul enregistrement et la ligne des totaux. Vous corrigez l'échelle du tableau pour qu'il s'imprime en totalité sur deux pages.

   > **ASTUCE**
   >
   > Pour masquer ou imprimer les en-têtes et le quadrillage, utilisez les cases à cocher du groupe Options de page de l'onglet Mise en page. Par exemple, vous pourriez décider de masquer l'en-tête d'une feuille de calcul lors une présentation en public.

3. **Cliquez sur le bouton** Fermer l'aperçu avant impression, **cliquez sur l'onglet** Mise en page, **déroulez la liste** Largeur **du groupe Mise à l'échelle, cliquez sur** 1 page, **déroulez la liste** Hauteur, **cliquez sur** 2 pages.

   Vous réaffichez l'aperçu avant impression pour contrôler les modifications d'échelle.

4. **Cliquez sur le bouton** Office 🔘, **pointez** Imprimer, **cliquez sur** Aperçu avant impression, **puis cliquez sur le bouton** Page suivante **du groupe Aperçu.**

   Les enregistrements sont mis à l'échelle pour ne s'imprimer que sur deux pages. La barre d'état affiche l'information Aperçu page 2 sur un total de 2. Comme les enregistrements s'impriment dans la page 2 sans en-tête de colonnes, vous définissez la première ligne du tableau, avec les noms des champs, comme titre de page répétitif.

5. **Cliquez sur le bouton** Fermer l'aperçu avant impression, **cliquez sur le bouton** Imprimer les titres **du groupe Mise en page, cliquez dans la zone de texte** Lignes à répéter en haut, **sous Titres à imprimer, cliquez dans une des cellules de la ligne 1 du tableau, puis comparez votre boîte de dialogue Mise en page avec la figure G-18.**

   Dès que vous sélectionnez la ligne 1 comme titre à imprimer, Excel insère automatiquement une référence absolue à la ligne à reproduire à chaque page.

6. **Cliquez sur** Aperçu, **cliquez sur le bouton** Page suivante **pour voir la page 2, puis cliquez sur** Fermer l'aperçu avant impression.

   La mise en place d'un titre de page, pour qu'il reproduise la ligne 1, entraîne l'apparition des noms des champs en haut de chaque page imprimée. Le résultat de l'impression serait encore plus explicite avec un en-tête identifiant clairement les informations du tableau.

   > **ASTUCE**
   >
   > Vous pouvez aussi ajouter des en-têtes et des pieds de page en cliquant sur le bouton Mise en page dans la barre d'état.

7. **Cliquez sur l'onglet** Insertion, **cliquez sur le bouton** En-tête et pied de page **du groupe** Texte, **cliquez dans la** zone de texte de la section gauche de l'en-tête, **puis tapez** Voyages de 2010.

8. **Sélectionnez tout le texte de la section gauche de l'en-tête, cliquez sur l'onglet** Accueil, **cliquez deux fois sur le bouton** Augmenter la taille de police A **du groupe Police pour porter la taille de police à 14, cliquez sur le bouton** Gras G **du groupe Police, cliquez dans une cellule du tableau, puis cliquez sur le bouton** Normal ▦ **de la barre d'état.**

9. **Enregistrez le classeur, affichez l'aperçu avant impression, imprimez le tableau, fermez le classeur et quittez Excel.**

   Comparez le tableau imprimé à la figure G-19.

FIGURE G-18: Boîte de dialogue Mise en page

le titre d'impression est ajusté à la ligne 1

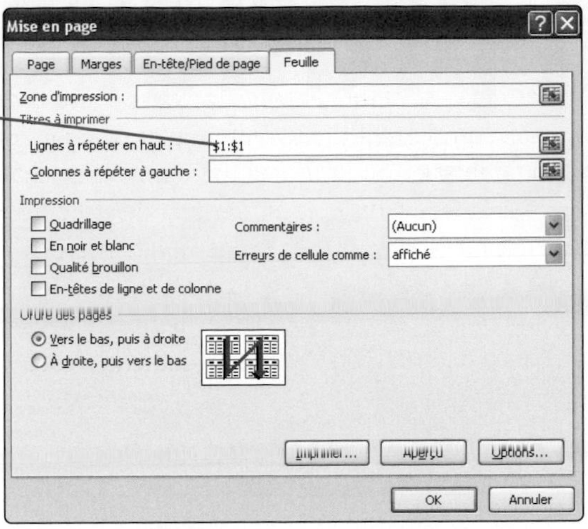

FIGURE G-19: Tableau complété

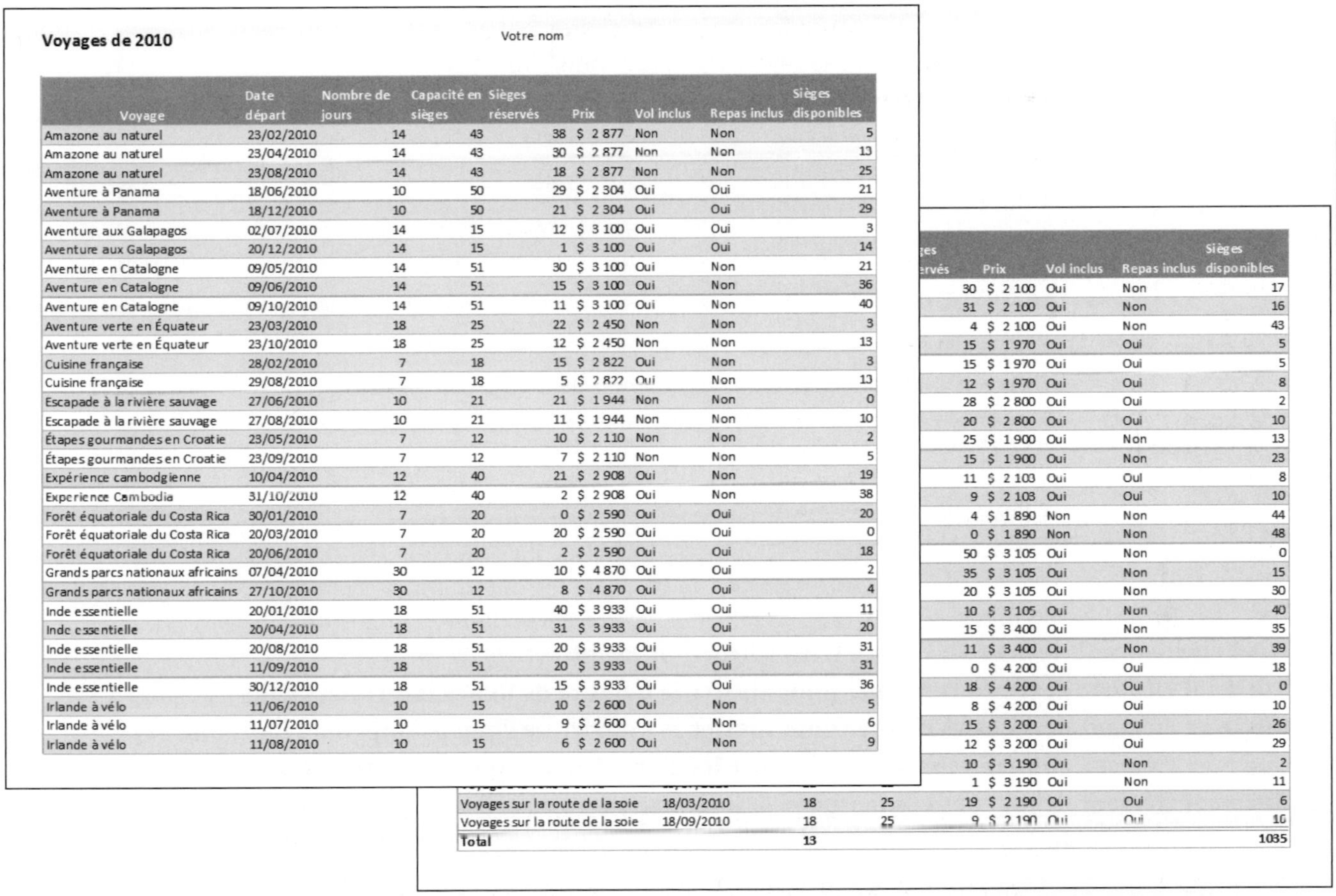

Voyages de 2010 Votre nom

Voyage	Date départ	Nombre de jours	Capacité en sièges	Sièges réservés	Prix	Vol inclus	Repas inclus	Sièges disponibles
Amazone au naturel	23/02/2010	14	43	38	$ 2 877	Non	Non	5
Amazone au naturel	23/04/2010	14	43	30	$ 2 877	Non	Non	13
Amazone au naturel	23/08/2010	14	43	18	$ 2 877	Non	Non	25
Aventure à Panama	18/06/2010	10	50	29	$ 2 304	Oui	Oui	21
Aventure à Panama	18/12/2010	10	50	21	$ 2 304	Oui	Oui	29
Aventure aux Galapagos	02/07/2010	14	15	12	$ 3 100	Oui	Oui	3
Aventure aux Galapagos	20/12/2010	14	15	1	$ 3 100	Oui	Oui	14
Aventure en Catalogne	09/05/2010	14	51	30	$ 3 100	Oui	Non	21
Aventure en Catalogne	09/06/2010	14	51	15	$ 3 100	Oui	Non	36
Aventure en Catalogne	09/10/2010	14	51	11	$ 3 100	Oui	Non	40
Aventure verte en Équateur	23/03/2010	18	25	22	$ 2 450	Non	Non	3
Aventure verte en Équateur	23/10/2010	18	25	12	$ 2 450	Non	Non	13
Cuisine française	28/02/2010	7	18	15	$ 2 822	Oui	Non	3
Cuisine française	29/08/2010	7	18	5	$ 2 822	Oui	Non	13
Escapade à la rivière sauvage	27/06/2010	10	21	21	$ 1 944	Non	Non	0
Escapade à la rivière sauvage	27/08/2010	10	21	11	$ 1 944	Non	Non	10
Étapes gourmandes en Croatie	23/05/2010	7	12	10	$ 2 110	Non	Non	2
Étapes gourmandes en Croatie	23/09/2010	7	12	7	$ 2 110	Non	Non	5
Expérience cambodgienne	10/04/2010	12	40	21	$ 2 908	Oui	Non	19
Experience Cambodia	31/10/2010	12	40	2	$ 2 908	Oui	Non	38
Forêt équatoriale du Costa Rica	30/01/2010	7	20	0	$ 2 590	Oui	Oui	20
Forêt équatoriale du Costa Rica	20/03/2010	7	20	20	$ 2 590	Oui	Oui	0
Forêt équatoriale du Costa Rica	20/06/2010	7	20	2	$ 2 590	Oui	Oui	18
Grands parcs nationaux africains	07/04/2010	30	12	10	$ 4 870	Oui	Oui	2
Grands parcs nationaux africains	27/10/2010	30	12	8	$ 4 870	Oui	Oui	4
Inde essentielle	20/01/2010	18	51	40	$ 3 933	Oui	Oui	11
Inde essentielle	20/04/2010	18	51	31	$ 3 933	Oui	Oui	20
Inde essentielle	20/08/2010	18	51	20	$ 3 933	Oui	Oui	31
Inde essentielle	11/09/2010	18	51	20	$ 3 933	Oui	Oui	31
Inde essentielle	30/12/2010	18	51	15	$ 3 933	Oui	Oui	36
Irlande à vélo	11/06/2010	10	15	10	$ 2 600	Oui	Non	5
Irlande à vélo	11/07/2010	10	15	9	$ 2 600	Oui	Non	6
Irlande à vélo	11/08/2010	10	15	6	$ 2 600	Oui	Non	9

Voyage	Date départ	Nombre de jours	Capacité en sièges	Sièges réservés	Prix	Vol inclus	Repas inclus	Sièges disponibles
				30	$ 2 100	Oui	Non	17
				31	$ 2 100	Oui	Non	16
				4	$ 2 100	Oui	Non	43
				15	$ 1 970	Oui	Oui	5
				15	$ 1 970	Oui	Oui	5
				12	$ 1 970	Oui	Oui	8
				28	$ 2 800	Oui	Oui	2
				20	$ 2 800	Oui	Oui	10
				25	$ 1 900	Oui	Non	13
				15	$ 1 900	Oui	Non	23
				11	$ 2 103	Oui	Oui	8
				9	$ 2 103	Oui	Oui	10
				4	$ 1 890	Non	Non	44
				0	$ 1 890	Non	Non	48
				50	$ 3 105	Oui	Non	0
				35	$ 3 105	Oui	Non	15
				20	$ 3 105	Oui	Non	30
				10	$ 3 105	Oui	Non	40
				15	$ 3 400	Oui	Non	35
				11	$ 3 400	Oui	Non	39
				0	$ 4 200	Oui	Oui	18
				18	$ 4 200	Oui	Oui	0
				8	$ 4 200	Oui	Oui	10
				15	$ 3 200	Oui	Oui	26
				12	$ 3 200	Oui	Oui	29
				10	$ 3 190	Oui	Non	2
				1	$ 3 190	Oui	Non	11
Voyages sur la route de la soie	18/03/2010	18	25	19	$ 2 190	Oui	Oui	6
Voyages sur la route de la soie	18/09/2010	18	25	9	$ 2 190	Oui	Oui	10
Total		13						1035

Définir une zone d'impression

Parfois, vous ne voulez imprimer qu'une partie d'une feuille de calcul. Pour réaliser cela, sélectionnez une plage d'une feuille, cliquez sur le bouton Office, cliquez sur Imprimer, dans la boîte de dialogue Imprimer, cliquez sur l'option Sélection du groupe Impression, puis cliquez sur OK. Si vous voulez imprimer une zone sélectionnée de manière répétitive, la meilleure approche consiste à définir une **zone d'impression**, qui s'imprimera chaque fois que vous utiliserez la commande Impression rapide. Pour définir une zone d'impression, cliquez sur l'onglet Mise en page, cliquez sur le bouton Zone d'impression du groupe Mise en page, puis cliquez sur Définir. Vous pouvez ensuite agrandir la zone d'impression : sélectionnez la plage à ajouter, cliquez sur le bouton Zone d'impression, puis sur Ajouter à la zone d'impression. Pour imprimer une feuille de calcul au lieu d'une zone d'impression définie précédemment, dans la boîte de dialogue Imprimer, cochez la case Ignorer les zones d'impression du groupe Impression. Enfin, pour supprimer une zone d'impression, cliquez sur le bouton Zone d'impression, puis cliquez sur Annuler.

Mise en pratique

FIGURE G-20

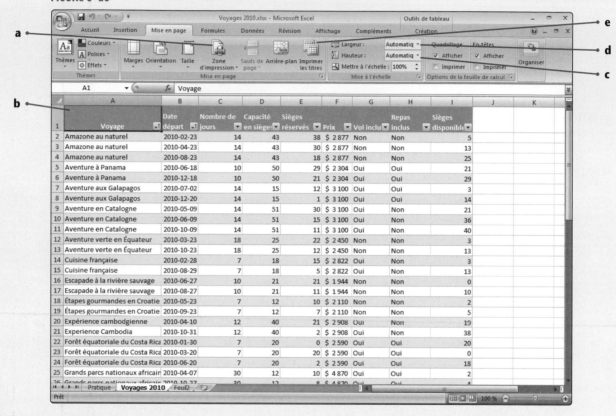

1. **Quel élément pointe vers un champ trié en ordre croissant ?**
2. **Sur quel élément devez-vous cliquer pour ajuster le nombre de lignes imprimées dans une page ?**
3. **Sur quel élément devez-vous cliquer pour ajuster le nombre de champs imprimés dans une page ?**
4. **Sur quel élément cliquez-vous pour imprimer les noms des champs sur toutes les pages ?**
5. **Sur quel élément devez-vous cliquer pour définir une plage dans une table, à imprimer avec l'Impression rapide ?**

Associez chaque terme à sa description.

6. **Ligne d'en-tête**
7. **Enregistrement**
8. **Tableau (ou table)**
9. **Champ**
10. **Tri**

a. Une collection organisée d'informations associées.

b. L'arrangement des enregistrements dans une séquence particulière.

c. Une colonne dans un tableau Excel.

d. Première ligne d'un tableau contenant les noms des champs.

e. Une ligne dans un tableau Excel.

Choisissez la meilleure réponse à chaque question.

11. **Parmi les suivantes, quelle option de tri d'Excel utilisez-vous pour trier un tableau de noms d'employés dans l'ordre de Z à A ?**

    a. Absolu

    b. Croissant

    c. Alphabétique

    d. Décroissant

12. **Parmi les suivantes, quelle suite semble être en ordre décroissant ?**

    a. 4, 5, 6, A, B, C

    b. 8, 6, 4, C, B, A

    c. 8, 7, 6, 5, 6, 7

    d. C, B, A, 6, 5, 4

13. **Un tableau peut rapidement recevoir une mise en forme grâce aux :**

    a. Styles rapides de table

    b. Titres d'impression

    c. Zones d'impression

    d. Colonnes calculées

14. **Lors de l'impression d'un tableau sur plusieurs pages, vous pouvez définir un titre d'impression pour :**

    a. Inclure les champs adéquats dans le document imprimé.

    b. Ajouter le nom de feuille dans les états tirés des tableaux.

    c. Inclure les noms des champs au sommet de chaque page imprimée.

    d. Exclure de l'impression toutes les lignes sous la première ligne.

▼ RÉVISION DES TECHNIQUES

1. **Créer un tableau.**

    a. Démarrez Excel, ouvrez le classeur EX G-2.xlsx de votre dossier Projets et enregistrez-le sous le nom **Employés**.

    b. Dans la feuille Exercice, entrez les noms des champs et les deux premiers enregistrements dans les lignes deux et trois comme à la figure G-4. Créez un tableau avec les données que vous avez entrées.

TABLEAU G-4

Nom	Prénom	Années ancienneté	Poste	Temps plein/partiel	Formation achevée
Nourcy	Stéphanie	5	Librairie	Plein	O
Borderon	Éric	3	Vidéo	Partiel	N

    c. Dans la feuille Exercice, créez un tableau avec une ligne d'en-tête à partir des données de la feuille Employés. Ajustez les largeurs de colonnes, si nécessaire, pour afficher complètement les noms des champs.

    d. Appliquez le Style de tableau clair 12 et corrigez les largeurs des colonnes si nécessaire.

    e. Entrez votre nom dans la section centrale du pied de page de la feuille de calcul, puis enregistrez le classeur.

2. **Ajouter des données à un tableau.**

    a. Ajoutez un enregistrement à la ligne 7, pour **Michel Gauvin**, employé depuis cinq ans à la librairie. Michel travaille à temps plein et a terminé sa formation. Ajustez la hauteur de la nouvelle ligne à la même hauteur que les autres lignes.

    b. Insérez une ligne au-dessus de l'enregistrement d'Yves Lemieux et entrez l'enregistrement de Josée Dupéré. Josée travaille à temps plein depuis deux ans au rayon Vidéo et n'a pas achevé sa formation.

    c. Ajoutez un nouveau champ de donnée dans la cellule G1, intitulé **Semaines de vacances**. Ajustez la largeur de la colonne et la hauteur de la ligne pour que les trois mots soient visibles en totalité et que « Semaines de » apparaisse au-dessus de « vacances ».

    d. Ajoutez une colonne au tableau, par glissement de la poignée de redimensionnement du tableau, et nommez le nouveau champ **N° employé**.

    e. Enregistrez le classeur.

3. **Rechercher et remplacer des données d'un tableau.**

    a. Retournez à la cellule A1.

    b. Ouvrez la boîte de dialogue Rechercher et remplacer, et décochez la case Respecter la casse, si nécessaire. Recherchez le premier enregistrement qui contient le texte **Librairie**.

    c. Trouvez le deuxième enregistrement qui contient le texte **Librairie**.

    d. Remplacez tous les textes Vidéo par **Films**.

    e. Enregistrez le classeur.

4. Supprimer des données d'un tableau.

  a. Allez à la cellule A1.

  b. Supprimez l'enregistrement de **Stéphanie Nourcy**.

  c. Utilisez la commande Supprimer les doublons pour confirmer qu'aucun enregistrement en double n'existe dans le tableau.

  d. Supprimez la colonne **N° employé** du tableau, puis supprimez l'en-tête de cette colonne.

  e. Enregistrez le classeur.

5. Trier un tableau.

  a. Triez le tableau par années d'ancienneté en l'ordre du plus grand au plus petit.

  b. Triez le tableau en ordre des noms, de A à Z.

  c. Triez le tableau d'abord en ordre de A à Z des temps plein/partiel, puis en ordre de A à Z des noms.

  d. Vérifiez que les enregistrements du tableau apparaissent dans le bon ordre.

  e. Enregistrez le classeur.

6. Utiliser des formules dans un tableau.

  a. Dans la cellule G2, entrez la formule qui calcule la durée de vacances des employés. La formule se fonde sur la politique de l'entreprise, selon laquelle un employé qui travaille dans l'entreprise depuis moins de trois ans a droit à deux semaines de vacances, tandis qu'un employé qui travaille dans l'entreprise depuis trois ans ou plus a droit à trois semaines de vacances par an. Utilisez autant que possible les noms des champs dans la formule. (*Indice* : La formule est **=SI([Années ancienneté]<3;2;3)**.)

  b. Vérifiez le tableau pour contrôler que la formule reproduite dans les cellules de la colonne G et que les durées de vacances sont calculées dans toutes les cellules de la colonne.

  c. Ajoutez une ligne de totaux et vérifiez l'exactitude du total des semaines de vacances.

  d. Modifiez la fonction de la ligne de totaux pour afficher la moyenne des semaines de vacances.

FIGURE G-21

	A	B	C	D	E	F	G
	A1		▾	*fx*	Nom		
1	Nom ▾	Prénom ▾	Années ancienneté ▾	Poste ▾	Temps plein/partiel ▾	Formation achevée ▾	Semaines de vacances ▾
2	Borderon	Éric	3	Films	Partiel	N	3
3	Dupéré	Josée	2	Films	Plein	N	2
4	Lemieux	Yves	1	Librairie	Plein	O	2
5	Paillard	Anne	1	Librairie	Plein	N	2
6	Bouin	Michèle	1	Films	Partiel	O	2
7	Gauvin	Michel	5	Librairie	Plein	O	3
8	Total						2,333333333
9							

  e. Comparez votre tableau à celui de la figure G-21, puis enregistrez le classeur.

7. Imprimer un tableau.

  a. Ajoutez à l'en-tête central le texte **Employés**, appliquez-lui l'attribut gras et portez la taille de sa police à 16.

  b. Définissez la colonne A comme colonne de titre d'impression, pour qu'elle se répète sur toutes les pages imprimées.

  c. Affichez l'aperçu avant impression du tableau pour vérifier que les noms des employés apparaissent sur les deux pages.

  d. Appliquez l'orientation paysage à la feuille, enregistrez le classeur, puis imprimez la feuille Exercice.

  e. Fermez le classeur, puis quittez Excel.

▼ EXERCICE PERSONNEL 1

Vous êtes le directeur du marketing d'un magasin d'articles de sport. Vos assistants ont créé une feuille de calcul Excel où ils ont collationné des données sur les clients et leurs réponses à une enquête marketing. Vous créez un tableau à partir de ces données et analysez les résultats de l'enquête, pour aider votre société à concentrer les dépenses les plus coûteuses dans les secteurs les plus porteurs.

  a. Démarrez Excel, ouvrez le classeur EX G-3.xlsx de votre dossier Projets et enregistrez-le sous le nom **Clients**.

  b. Créez un tableau à partir des données de la feuille de calcul et appliquez le Style de tableau clair 20.

▼ EXERCICE PERSONNEL 1 (SUITE)

c. À partir des données du tableau G-5, ajoutez deux enregistrements au tableau.

TABLEAU G-5

Nom	Prénom	Adresse	Ville	Prov.	CP	Code zone	Source pub.	Commentaires
Audet	Claude	27, Av. des Pionniers	Balmoral	Nouveau-Brunswick	E4S 3J5	506	Pages jaunes	Bonne annonce informative
Boucher	Julie	91, rue Champlain	Dieppe	Nouveau-Brunswick	E1A 1N4	506	Journal	Trouvé dans la rubrique restaurants

d. Trouvez, puis supprimez l'enregistrement de Marie Laurier.

e. Cliquez dans la cellule A1 et remplacez toutes les occurrences de TV par RIS, en vous assurant de respecter la casse. Comparez votre tableau à la figure G-22.

f. Supprimez les enregistrements dont tous les champs sont identiques.

g. Triez le tableau en ordre de Nom, de A à Z.

h. Triez à nouveau le tableau en ordre du Code zone, du plus petit au plus grand.

i. Triez le tableau d'abord par Province, de A à Z, puis par CP, de A à Z.

j. Ajustez l'échelle du tableau pour qu'il occupe une page en largeur et deux pages en hauteur.

k. Entrez votre nom dans la section centrale du pied de page de la feuille de calcul

l. Ajoutez un en-tête centré avec le texte **Données de l'enquête marketing** en gras et avec la taille de police 16.

m. Ajoutez un titre d'impression à répéter en haut des pages imprimées, à partir de la première ligne du tableau.

n. Enregistrez le classeur, affichez l'aperçu avant impression, imprimez les deux pages du tableau.

FIGURE G-22

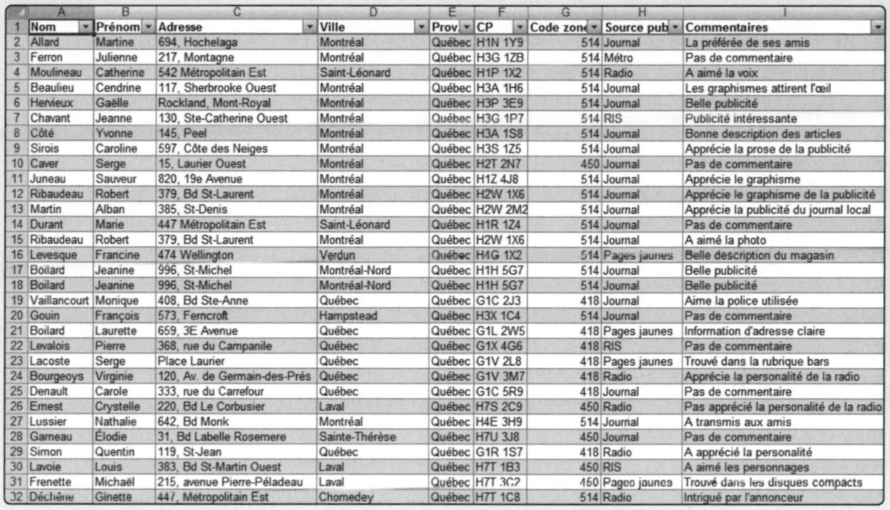

	A	B	C	D	E	F	G	H	I
1	Nom	Prénom	Adresse	Ville	Prov.	CP	Code zone	Source pub	Commentaires
2	Allard	Martine	694, Hochelaga	Montréal	Québec	H1N 1Y9	514	Journal	La préférée de ses amis
3	Ferron	Julienne	217, Montagne	Montréal	Québec	H3G 1ZB	514	Métro	Pas de commentaire
4	Moulineau	Catherine	542 Métropolitain Est	Saint-Léonard	Québec	H1P 1X2	514	Radio	A aimé la voix
5	Beaulieu	Cendrine	117, Sherbrooke Ouest	Montréal	Québec	H3A 1H6	514	Journal	Les graphismes attirent l'œil
6	Hervieux	Gaëlle	Rockland, Mont-Royal	Montréal	Québec	H3P 3E9	514	Journal	Belle publicité
7	Chavant	Jeanne	130, Ste-Catherine Ouest	Montréal	Québec	H3G 1P7	514	RIS	Publicité intéressante
8	Côté	Yvonne	145, Peel	Montréal	Québec	H3A 1S8	514	Journal	Bonne description des articles
9	Sirois	Caroline	597, Côte des Neiges	Montréal	Québec	H3S 1Z5	514	Journal	Apprécie la prose de la publicité
10	Caver	Serge	15, Laurier Ouest	Montréal	Québec	H2T 2N7	450	Journal	Pas de commentaire
11	Juneau	Sauveur	820, 19e Avenue	Montréal	Québec	H1Z 4J8	514	Journal	Apprécie le graphisme
12	Ribaudeau	Robert	379, Bd St-Laurent	Montréal	Québec	H2W 1X6	514	Journal	Apprécie le graphisme de la publicité
13	Martin	Alban	385, St-Denis	Montréal	Québec	H2W 2M2	514	Journal	Apprécie la publicité du journal local
14	Durant	Marie	447 Métropolitain Est	Saint-Léonard	Québec	H1R 1Z4	514	Journal	Pas de commentaire
15	Ribaudeau	Robert	379, Bd St-Laurent	Montréal	Québec	H2W 1X6	514	Journal	A aimé la photo
16	Levesque	Francine	474 Wellington	Verdun	Québec	H4G 1X2	514	Pages jaunes	Belle description du magasin
17	Boilard	Jeanine	996, St-Michel	Montréal-Nord	Québec	H1H 5G7	514	Journal	Belle publicité
18	Boilard	Jeanine	996, St-Michel	Montréal-Nord	Québec	H1H 5G7	514	Journal	Belle publicité
19	Vaillancourt	Monique	408, Bd Ste-Anne	Québec	Québec	G1C 2J3	418	Journal	Aime la police utilisée
20	Gouin	François	573, Ferncroft	Hampstead	Québec	H3X 1C4	514	Journal	Pas de commentaire
21	Boilard	Laurette	659, 3E Avenue	Québec	Québec	G1L 2W5	418	Pages jaunes	Information d'adresse claire
22	Levalois	Pierre	368, rue du Campanile	Québec	Québec	G1X 4G6	418	RIS	Pas de commentaire
23	Lacoste	Serge	Place Laurier	Québec	Québec	G1V 2L8	418	Pages jaunes	Trouvé dans la rubrique bars
24	Bourgeoys	Virginie	120, Av. de Germain-des-Prés	Québec	Québec	G1V 3M7	418	Radio	Apprécie la personalité de la radio
25	Denault	Carole	333, rue du Carrefour	Québec	Québec	G1C 5R9	418	Journal	Pas de commentaire
26	Ernest	Crystelle	220, Bd Le Corbusier	Laval	Québec	H7S 2C9	450	Radio	Pas apprécié la personalité de la radio
27	Lussier	Nathalie	642, Bd Monk	Montréal	Québec	H4E 3H9	514	Journal	A transmis aux amis
28	Garneau	Élodie	31, Bd Labelle Rosemere	Sainte-Thérèse	Québec	H7U 3J8	450	Journal	Pas de commentaire
29	Simon	Quentin	119, St-Jean	Québec	Québec	G1R 1S7	418	Radio	A apprécié la personalité
30	Lavoie	Louis	383, Bd St-Martin Ouest	Laval	Québec	H7T 1B3	450	RIS	A aimé les personnages
31	Frenette	Michaël	215, avenue Pierre-Péladeau	Laval	Québec	H7T 3C2	450	Pages jaunes	Trouvé dans les disques compacts
32	Déchêne	Ginette	447, Métropolitain Est	Chomedey	Québec	H7T 1C8	514	Radio	Intrigué par l'annonceur

Difficultés supplémentaires

- Créez une zone d'impression pour n'imprimer que les six premières colonnes du tableau.
- Imprimez la zone d'impression.
- Annulez la zone d'impression.

o. Enregistrez, puis fermez le classeur et quittez Excel.

▼ EXERCICE PERSONNEL 2

Vous avez décidé de tout quitter pour vous installer en Australie, où vous avez implanté Autour du Monde, une librairie de livres de voyage. Le magasin vend des articles liés au tourisme et aux voyages, comme des cartes géographiques, des guides de voyage, des annuaires et des DVD pour toutes sortes de destinations touristiques. Vous décidez de concevoir et de créer un tableau des informations de ventes avec huit enregistrements des articles que vous vendez.

a. Préparez un plan d'un tableau qui définit vos buts, met en évidence les données dont vous avez besoin et identifiez les éléments du tableau.

b. Dessinez sur papier un exemple de tableau, qui donne des indications sur la meilleure manière de réaliser ce tableau. Rédigez un second tableau qui documente votre conception, avec les noms des champs, le type et la description des données.

▼ EXERCICE PERSONNEL 2 (SUITE)

c. Démarrez Excel, créez un nouveau classeur et enregistrez-le dans votre dossier Projets sous le nom **Articles en magasin**. Entrez les noms de champs du tableau G-6 dans les colonnes indiquées.

d. Entrez huit enregistrements avec vos propres données.

e. Créez un tableau à partir des données de la plage A1:E9. Ajustez la largeur des colonnes, si nécessaire.

f. Appliquez le Style de tableau clair 4 au tableau.

g. Ajoutez au tableau les champs **Sous-total** dans la cellule F1 et **Total** dans la cellule G1.

h. Ajoutez l'étiquette **Taxe** à la cellule H1 et cliquez sur la première des Options de correction automatique pour annuler le développement automatique du tableau. Entrez **,125** dans la cellule I1 (la taxe de biens et services, de 12,5 %).

i. Rédigez les formules qui calculent le sous-total (Quantité*Prix) dans la cellule F2 et le total (taxes comprises) dans la cellule G2. Vérifiez que les formules se répètent dans les cellules des deux colonnes. (*Indice* : N'oubliez pas d'utiliser une référence absolue à la cellule qui contient le pourcentage de taxe.)

j. Mettez en forme les colonnes Prix, Sous-total et Total avec le format de nombre Comptabilité, deux décimales et le symbole $ Anglais (Australie). Ajustez la largeur des colonnes, si nécessaire.

k. Ajoutez un enregistrement en ligne 10 du tableau. Insérez un autre enregistrement au-dessus de la ligne 4 du tableau.

l. Triez le tableau en ordre croissant des articles.

m. Entrez votre nom dans le pied de page de la feuille de calcul, puis enregistrez le classeur.

n. Affichez l'aperçu avant impression de la feuille de calcul, corrigez l'échelle de la feuille de calcul à l'aide de l'option Échelle, Ajuster, pour que la feuille de calcul s'imprime sur une seule page.

o. Imprimez la feuille de calcul, fermez le classeur, puis quittez Excel.

TABLEAU G-6

Cellule	Nom de champ
A1	Nom client
B1	Prénom client
C1	Article
D1	Quantité
E1	Prix

▼ EXERCICE PERSONNEL 3

Vous êtes chef de projet dans une société locale de publicité. Vous gérez vos comptes à l'aide d'une feuille Excel et vous avez décidé de créer un tableau à partir de ces chiffres pour vous faciliter le suivi des comptes. Vous exploitez les possibilités de tri et de formules de tableau pour analyser les données de vos comptes.

a. Démarrez Excel, ouvrez le classeur EX G-4.xlsx de votre dossier Projets et enregistrez-le sous le nom **Comptes**.

b. Créez un tableau à partir des données de la feuille de calcul et appliquez le Style de tableau clair 3.

c. Triez le tableau selon le champ Budget, du plus petit au plus grand. Comparez votre tableau à la figure G-23.

d. Triez le tableau selon deux champs, par Contact de A à Z et par Budget, du plus petit au plus grand.

FIGURE G-23

	A	B	C	D	E	F	G
1	Projet	Date limite	Code	Budget	Dépenses	Contact	
2	Ribaudeau	2010-02-01	AA1	100000	30000	Corine Lenoir	
3	Vaillancourt	2010-01-15	C43	100000	150000	Jeanne Martin	
4	Beaulieu	2010-03-15	A3A	200000	210000	Françoise Lévesque	
5	Karim	2010-04-30	C43	200000	170000	Corine Lenoir	
6	Levalois	2010-11-15	V53	200000	210000	Jeanne Martin	
7	Hervieux	2010-09-30	V51	300000	320000	Jeanne Martin	
8	Garneau	2010-07-10	V13	390000	400000	Charles Sirois	
9	Laloux	2010-10-10	C21	450000	400000	Corine Lenoir	
10	Moulineau	2010-06-01	AA5	500000	430210	Jeanne Martin	
11	Boilard	2010-12-15	B12	810000	700000	Laurette Denault	
12							

e. Ajoutez la nouvelle étiquette de champ **Solde** dans la cellule G1 et ajustez la largeur de colonne, si nécessaire. Appliquez aux colonnes Budget, Dépenses et Solde le format de nombre Comptabilité, sans décimale.

f. Entrez une formule en G2 qui utilise des références structurées pour calculer le solde d'un compte, qui vaut le budget moins les dépenses.

g. Ajoutez un nouvel enregistrement pour le projet **Frenette**, avec la date limite du **15 février 2010**, le code **AB2**, un budget de **200000**, des dépenses de **150000** et le contact **Corine Lenoir**.

h. Vérifiez que la formule calcule correctement le solde du nouvel enregistrement.

i. Remplacez tous les contacts Jeanne Martin par **Gaëlle Lafontaine** et ajustez, si nécessaire, la largeur de la colonne.

j. Entrez votre nom dans le pied de page central de la feuille de calcul, ajoutez un en-tête central avec le texte **Relevé de comptes** et une mise en forme de votre choix, puis enregistrez le classeur.

▼ EXERCICE PERSONNEL 3 (SUITE)

Difficultés supplémentaires

- Triez le tableau selon le champ Solde, du plus petit au plus grand.
- À l'aide de la mise en forme conditionnelle, affichez en texte vert foncé sur fond vert, les cellules du tableau qui contiennent des soldes négatifs.
- Triez de nouveau le tableau pour que les cellules non colorées apparaissent en haut du tableau.
- Mettez le tableau en forme pour accentuer la colonne Solde et supprimez l'affichage des lignes à bandes. (*Indice* : Utilisez les Options de style de tableau de l'onglet Création des Outils de tableau.)
- Comparez votre tableau à celui de la figure G-24.

FIGURE G-24

	A	B	C	D	E	F	G	H
1	Projet	Date limite	Code	Budget	Dépenses	Contact	Solde	
2	Boilard	2010-12-15	B12	810 000 $	700 000 $	Laurette Denault	110 000 $	
3	Ribaudeau	2010-02-01	AA1	100 000 $	30 000 $	Corine Lenoir	70 000 $	
4	Moulineau	2010-06-01	AA5	500 000 $	430 210 $	Gaëlle Lafontaine	69 790 $	
5	Laloux	2010-10-10	C21	450 000 $	400 000 $	Corine Lenoir	50 000 $	
6	Frenette	2010-02-15	AB2	200 000 $	150 000 $	Corine Lenoir	50 000 $	
7	Karim	2010-04-30	C43	200 000 $	170 000 $	Corine Lenoir	30 000 $	
8	Garneau	2010-07-10	V13	390 000 $	400 000 $	Charles Sirois	(10 000) $	
9	Beaulieu	2010-03-15	A3A	200 000 $	210 000 $	Françoise Lévesque	(10 000) $	
10	Levalois	2010-11-15	V53	200 000 $	210 000 $	Gaëlle Lafontaine	(10 000) $	
11	Hervieux	2010-09-30	V51	300 000 $	320 000 $	Gaëlle Lafontaine	(20 000) $	
12	Vaillancourt	2010-01-15	C43	100 000 $	150 000 $	Gaëlle Lafontaine	(50 000) $	
13								
14								

k. Enregistrez le classeur, imprimez le tableau, fermez le classeur et quittez Excel.

▼ DÉFI

Vous vous êtes enfin décidé à ranger votre collection de titres musicaux et, pour joindre l'utile à l'agréable, de constituer un tableau Excel de toutes les pièces que vous possédez. Ce tableau vous permettra de retrouver facilement les chansons et autres pièces musicales de votre musicothèque. Vous ajouterez les chansons que vous achèterez et supprimerez celles que vous perdrez ou supprimerez.

a. Dessinez à la main une structure de tableau avec les champs Titre, Artiste, Genre et Format.

b. Documentez cette structure et notez soigneusement le type de donnée de chaque champ et la description des données. Par exemple, dans le champ Format, vous pourriez avoir mp3, aac, wma ou d'autres formats.

c. Démarrez Excel, créez un nouveau classeur et enregistrez-le dans votre dossier Projets sous le nom **Titres musicaux**.

d. Entrez les noms de champs dans la feuille de calcul, entrez les enregistrements de sept pièces musicales de votre choix, puis enregistrez le classeur.

e. Créez un tableau qui reprend vos informations musicales. Redimensionnez les colonnes si nécessaire.

f. Choisissez un style de tableau et appliquez-le à votre tableau.

g. Ajoutez un nouveau champ avec l'étiquette Commentaires. Entrez des informations dans cette colonne, décrivant le contexte dans lequel vous écoutez habituellement le morceau de musique correspondant, comme par exemple en conduisant, pendant votre petit trot quotidien, pendant vos loisirs ou pour vous relaxer.

h. Triez les enregistrements selon le Format, de A à Z.

i. Ajoutez un enregistrement au tableau pour le prochain titre que vous pensez acheter.

j. Ajoutez une ligne de totaux au tableau et vérifiez que la fonction Nombre a correctement dénombré vos titres musicaux.

k. Entrez votre nom dans le pied de page de la feuille de calcul et enregistrez le classeur.

l. Imprimez le tableau, fermez le classeur et quittez Excel.

▼ ATELIER VISUEL

Démarrez Excel, ouvrez le classeur EX G-5.xlsx de votre dossier Projets et enregistrez-le sous le nom **Produits**. Triez les données comme à la figure G-25. Le tableau est mis en forme avec le Style de tableau clair 3. Dans l'en-tête de feuille de calcul, ajoutez le nom du fichier, centré, en gras, avec la taille de police 18. Entrez votre nom dans le pied de page central. Enregistrez le classeur, affichez l'aperçu avant impression, puis imprimez la feuille de calcul, fermez le classeur et quittez Excel.

FIGURE G-25

Produits.xlsx

N° commande	Date commande	Montant	Expédition	Délégué commercial
2134	2010-07-10	390 000 $	Terre	Émile Bernier
2144	2010-12-15	810 000 $	Terre	Émile Bernier
9345	2010-01-15	100 000 $	Terre	Gérard Gouin
5623	2010-02-01	130 000 $	Air	Gérard Gouin
1112	2010-09-30	300 000 $	Terre	Gérard Gouin
2156	2010-06-01	500 000 $	Terre	Gérard Gouin
1134	2010-04-30	200 000 $	Air	Robert Juneau
1465	2010-11-15	210 000 $	Air	Robert Juneau
7733	2010-03-15	230 000 $	Air	Robert Juneau
2889	2010-02-15	300 000 $	Air	Robert Juneau
1532	2010-10-10	450 000 $	Air	Robert Juneau

Analyser des tableaux

Avec les tableaux, Excel offre de nombreuses possibilités d'analyse et de manipulation des données. L'une d'elles consiste à filtrer un tableau pour n'afficher que les lignes respectant certains critères. Ce module vous propose d'apprendre à afficher des enregistrements sélectionnés à l'aide d'un filtre, de créer un filtre personnalisé et d'utiliser un filtre avancé pour filtrer un tableau. Vous apprendrez en outre à insérer des sous-totaux automatiques, à choisir des données d'un tableau parmi celles proposées dans une liste, et à appliquer des fonctions de base de données, pour résumer les données d'un tableau qui correspondent à des critères déterminés. Vous apprendrez enfin à restreindre les entrées dans une colonne, à l'aide du mécanisme de la validation des données. Catherine Morgane, vice-présidente des ventes chez VTA, vous demande d'extraire des informations du tableau des voyages prévus en 2010, pour aider les délégués commerciaux à répondre aux demandes d'informations de la clientèle. Elle souhaite également que vous prépariez des synthèses des ventes de voyages pour une présentation qu'elle doit effectuer, lors d'une prochaine réunion commerciale internationale.

OBJECTIFS

Filtrer un tableau

Créer un filtre personnalisé

Utiliser le filtre avancé

Extraire des données d'un tableau

Calculer des valeurs à partir
   d'un tableau

Résumer les données d'un tableau

Valider des données d'un tableau

Créer des sous-totaux

Filtrer un tableau

Lors de la création d'un tableau, Excel crée automatiquement des listes déroulantes, à droite de chaque en-tête du tableau. Ces listes déroulantes, appelées **listes déroulantes de filtrage**, se manifestent par des **flèches de liste de filtre** ou **flèches de liste**, qui permettent de **filtrer** un tableau pour n'afficher que les enregistrements respectant des critères que vous spécifiez, masquant temporairement les enregistrements qui ne correspondent pas aux critères. Par exemple, vous pouvez utiliser la liste déroulante de filtrage de l'en-tête du champ Voyage pour afficher les seuls enregistrements dont le champ Voyage contient Randonnée au Népal. Vous pouvez ensuite transposer les données filtrées en un graphique, les copier et les imprimer. Pour afficher à nouveau tous les enregistrements, supprimez simplement le filtre. ▬▬▬▬ Catherine vous demande de n'afficher que les enregistrements du voyage Odyssée du Pacifique. Elle vous demande aussi des informations sur les voyages où VTA a vendu le plus de sièges et les voyages qui débutent en mars.

ÉTAPES

1. **Démarrez Excel, ouvrez le fichier EX H-1.xlsx de votre dossier Projets et enregistrez-le sous le nom** Voyages.

2. **Déroulez la liste** Voyage.

   Des options de tri apparaissent au sommet du menu, des options de tri avancées s'affichent au milieu et, au bas, figure une liste des données de la colonne A (figure H-1). Comme vous ne voulez afficher que les données des voyages Odyssée du Pacifique, votre **critère de recherche** (le texte que vous voulez trouver) est Odyssée du Pacifique. Vous pouvez aussi sélectionner une des options de données de Voyage dans le menu, qui agit comme un critère de recherche.

3. **Dans la liste des tours organisés du champ Voyage, cliquez sur** Sélectionner tout **pour décocher toutes les cases des voyages, faites défiler la liste des voyages, cliquez dans la case à cocher** Odyssée du Pacifique, **puis cliquez sur** OK.

   Seuls les enregistrements contenant Odyssée du Pacifique dans le champ Voyage apparaissent (figure H-2). Les numéros de ligne des enregistrements sélectionnés s'affichent en bleu et la flèche de liste du champ filtré reçoit un symbole de filtrage. Ces deux indicateurs signifient qu'un filtre est actif et que certains enregistrements sont temporairement masqués.

4. **Déplacez le pointeur au-dessus de la flèche de liste de** Voyage.

   L'info-bulle (Visite: Est égal à « Odyssée du Pacifique ») décrit le filtre appliqué à ce champ et indique que seuls les enregistrements d'Odyssée du Pacifique apparaissent. Vous décidez de supprimer le filtre pour voir toutes les données du tableau.

5. **Déroulez la liste du champ** Voyage, **puis cliquez sur** Effacer le filtre de « Voyage ».

   Vous avez supprimé le filtre Odyssée du Pacifique et tous les enregistrements réapparaissent. Vous voulez afficher les voyages les plus appréciés, ceux qui font partie des 5% supérieurs parmi les sièges réservés.

6. **Déroulez la liste du champ** Sièges réservés, **pointez** Filtres numériques, **cliquez sur** 10 premiers, **sélectionnez** 10 **dans la zone du centre, tapez** 5 **à la place, déroulez la liste** Éléments, **cliquez sur** Pourcentage, **puis cliquez sur** OK.

   Excel affiche les enregistrements qui font partie des 5 % supérieurs des nombres de sièges réservés (figure H-3). Vous décidez d'effacer le filtre pour réafficher tous les enregistrements.

7. **Cliquez sur l'onglet** Accueil, **cliquez sur le bouton** Trier et filtrer **du groupe** Édition, **puis cliquez sur** Effacer.

   Vous avez supprimé le filtre et tous les enregistrements réapparaissent. Vous recherchez à présent tous les voyages dont le départ a lieu en mars.

8. **Déroulez la liste de** Date départ, **pointez** Filtres chronologiques, **pointez** Toutes les dates de cette période, **puis cliquez sur** Mars.

   Excel affiche les enregistrements des quatre voyages prévus pour mars. Vous supprimez le filtre et affichez à nouveau tous les enregistrements.

9. **Cliquez sur le bouton** Trier et filtrer **du groupe** Édition, **cliquez sur** Effacer, **puis enregistrez le classeur.**

FIGURE H-1: Feuille de calcul avec les options de filtre

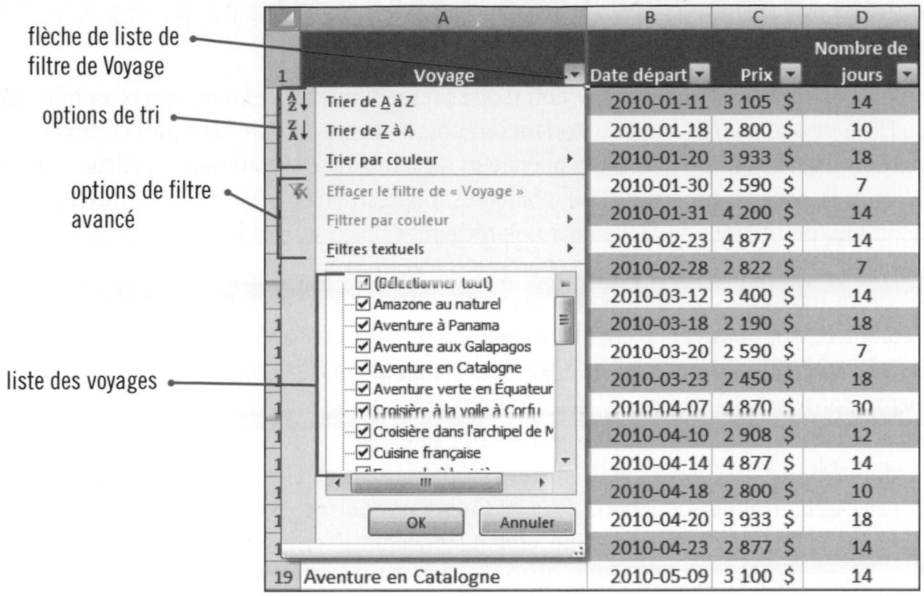

flèche de liste de filtre de Voyage

options de tri

options de filtre avancé

liste des voyages

	A	B	C	D
1	Voyage ▾	Date départ ▾	Prix ▾	Nombre de jours ▾
	↕↓ Trier de A à Z	2010-01-11	3 105 $	14
	↕↓ Trier de Z à A	2010-01-18	2 800 $	10
	Trier par couleur ▸	2010-01-20	3 933 $	18
	Effacer le filtre de « Voyage »	2010-01-30	2 590 $	7
	Filtrer par couleur ▸	2010-01-31	4 200 $	14
	Filtres textuels ▸	2010-02-23	4 877 $	14
		2010-02-28	2 822 $	7
	☑ (Sélectionner tout)	2010-03-12	3 400 $	14
	☑ Amazone au naturel	2010-03-18	2 190 $	18
	☑ Aventure à Panama	2010-03-20	2 590 $	7
	☑ Aventure aux Galapagos	2010-03-23	2 450 $	18
	☑ Aventure en Catalogne	2010-04-07	4 870 $	30
	☑ Aventure verte en Équateur	2010-04-10	2 908 $	12
	☑ Croisière à la voile à Corfu	2010-04-14	4 877 $	14
	☑ Croisière dans l'archipel de M	2010-04-18	2 800 $	10
	☑ Cuisine française	2010-04-20	3 933 $	18
	OK Annuler	2010-04-23	2 877 $	14
19	Aventure en Catalogne	2010-05-09	3 100 $	14

FIGURE H-2: Tableau filtré pour afficher les voyages Odyssée du Pacifique

	A	B	C	D	E	F	G	H	I
1	Voyage ▾	Date départ ▾	Prix ▾	Nombre de jours ▾	Capacité en siège ▾	Sièges réservés ▾	Sièges disponibl ▾	Vol inclus ▾	Repas inclus ▾
2	Odyssée du Pacifique	2010-01-11	3 105 $	14	50	30	20	Oui	Non
34	Odyssée du Pacifique	2010-07-07	3 105 $	14	50	32	18	Oui	Non
48	Odyssée du Pacifique	2010-09-14	3 105 $	14	50	26	24	Oui	Non
61	Odyssée du Pacifique	2010-12-21	3 105 $	14	50	50	0	Oui	Non
64									

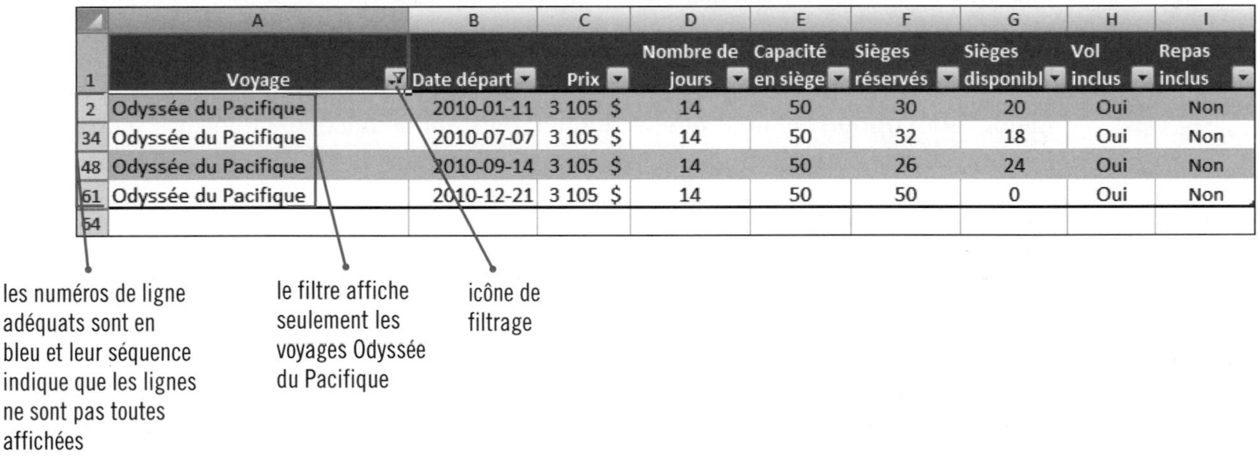

les numéros de ligne adéquats sont en bleu et leur séquence indique que les lignes ne sont pas toutes affichées

le filtre affiche seulement les voyages Odyssée du Pacifique

icône de filtrage

FIGURE H-3: Tableau filtré avec les 5 % des plus grands nombres de Sièges réservés

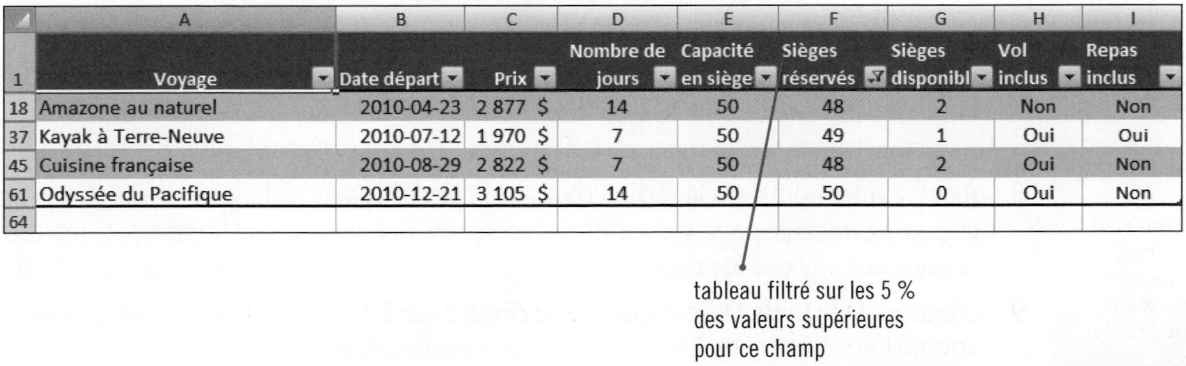

	A	B	C	D	E	F	G	H	I
1	Voyage ▾	Date départ ▾	Prix ▾	Nombre de jours ▾	Capacité en siège ▾	Sièges réservés ▾	Sièges disponibl ▾	Vol inclus ▾	Repas inclus ▾
18	Amazone au naturel	2010-04-23	2 877 $	14	50	48	2	Non	Non
37	Kayak à Terre-Neuve	2010-07-12	1 970 $	7	50	49	1	Oui	Oui
45	Cuisine française	2010-08-29	2 822 $	7	50	48	2	Oui	Non
61	Odyssée du Pacifique	2010-12-21	3 105 $	14	50	50	0	Oui	Non
64									

tableau filtré sur les 5 % des valeurs supérieures pour ce champ

Créer un filtre personnalisé

Jusqu'ici, vous avez filtré des lignes en fonction d'une entrée d'une seule colonne. Les options de la boîte de dialogue Filtre personnalisé offrent cependant des possibilités de filtrage bien plus complexes. Dans vos critères, vous pouvez par exemple utiliser des opérateurs de comparaison, comme « supérieur à » ou « inférieur à », pour afficher les valeurs supérieures ou inférieures à un certain montant. Des **conditions logiques**, telles que Et et Ou, permettent aussi d'affiner une recherche. Excel peut afficher à la demande les enregistrements qui respectent un critère dans un champ et un autre critère pour ce même champ. Ceci s'avère souvent utile pour trouver les enregistrements compris entre deux valeurs. Par exemple, en spécifiant une condition logique Et, vous pouvez afficher les enregistrements des clients qui possèdent un revenu compris entre 40 000 $ et 70 000 $. Vous pouvez également demander à Excel de rechercher les enregistrements dont un champ correspond à une parmi deux valeurs, grâce à une condition Ou. La condition Ou sert en effet à trouver les enregistrements qui respectent soit une valeur, soit une autre. Par exemple, dans un tableau de données sur des livres, vous utiliserez une condition Ou pour trouver ceux dont le titre commence par Débuter ou Introduction. ▬▬▬ Catherine souhaite repérer dans le tableau les voyages qui parlent d'eau, à l'intention des clients qui aiment les aventures en bateau. Elle souhaite aussi connaître les voyages qui démarrent entre le 15 février 2010 et le 15 avril 2010. Elle vous demande de créer des filtres personnalisés pour rechercher les voyages qui satisfont ces critères.

ÉTAPES

1. **Déroulez la liste de filtrage de** Voyage, **pointez** Filtres textuels, **puis cliquez sur** Contient.
   La boîte de dialogue Filtre automatique personnalisé s'ouvre. Vous entrez des critères dans les zones de texte. La zone de texte de la première ligne et de gauche indique « contient ». Vous voulez afficher les voyages qui contiennent « voile » dans leur intitulé.

2. **Tapez** voile **dans la zone de texte de droite, à la première ligne.**
   Vous voulez voir les voyages qui traitent de voile ou de rivière.

> **ASTUCE**
>
> Dans les critères de la boîte de dialogue Filtre personnalisé, utilisez le caractère générique ? pour représenter n'importe quel caractère et le caractère générique * pour représenter n'importe quelle suite de caractères.

3. **Cliquez sur l'option** Ou **pour la sélectionner, puis, sur la deuxième ligne, déroulez la** liste de gauche, **sélectionnez** contient, **puis tapez** rivière **dans la zone de texte de droite.**
   La boîte de dialogue Filtre automatique personnalisé est prête (figure H-4).

4. **Cliquez sur** OK.
   La boîte de dialogue se ferme et la feuille de calcul affiche les seuls enregistrements qui possèdent un des mots voile ou rivière dans leur intitulé. Vous recherchez ensuite tous les voyages, dont la date de départ est comprise entre le 15 février et le 15 avril 2010.

5. **Déroulez la liste de** Voyage, **cliquez sur** Effacer le filtre de « Voyage », **déroulez la liste de** Date départ, **pointez** Filtres chronologiques, **puis cliquez sur** Filtre personnalisé.
   La boîte de dialogue Filtre automatique personnalisé s'affiche. Les mots Est égal à apparaissent dans la zone de texte de gauche de la première ligne. Vous recherchez les dates de départ entre le 15 février 2010 *et* le 15 avril 2010, soit, en d'autres termes, postérieures au 15 février et antérieures au 15 avril.

6. **Dans la première ligne de la boîte de dialogue, déroulez la** liste de gauche, **cliquez sur** postérieur au, **entrez** 2010-02-15 **dans la zone de texte de droite.**
   La condition Et est sélectionnée, ce qui est correct.

7. **Dans la deuxième ligne de la boîte de dialogue, déroulez la** liste de gauche, **cliquez sur** antérieur au, **entrez** 2010-04-15 **dans la zone de texte de droite, puis cliquez sur** OK.
   Les enregistrements affichés correspondent tous à des dates de départ entre les deux dates choisies (figure H-5).

8. **Ajoutez votre nom dans la section centrale du pied de page, réduisez l'échelle d'impression de la page à une seule page, puis affichez l'aperçu avant impression et imprimez le tableau filtré.**
   La feuille de calcul est imprimée en orientation paysage, sur une seule page, avec votre nom en pied de page.

9. **Déroulez la liste de** Date départ, **puis cliquez sur** Effacer le filtre de « Date départ ».
   Vous avez supprimé le filtre, donc tous les voyages réapparaissent.

FIGURE H-4: Boîte de dialogue Filtre automatique personnalisé

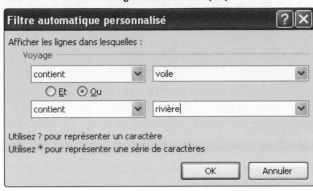

FIGURE H-5: Résultat du filtre personnalisé

	A	B	C	D	E	F	G	H	I
1	Voyage	Date départ	Prix	Nombre de jours	Capacité en siège	Sièges réservés	Sièges disponibl	Vol inclus	Repas inclus
7	Croisière dans l'archipel de Mergui	2010-02-23	4 877 $	14	50	42	8	Non	Non
8	Cuisine française	2010-02-28	2 822 $	7	50	18	32	Oui	Non
9	Perles d'Orient	2010-03-12	3 400 $	14	50	22	28	Oui	Non
10	Voyages sur la route de la soie	2010-03-18	2 190 $	18	50	44	6	Oui	Oui
11	Forêt équatoriale du Costa Rica	2010-03-20	2 590 $	7	50	32	18	Oui	Oui
12	Aventure verte en Équateur	2010-03-23	2 450 $	18	50	45	5	Non	Non
13	Grands parcs nationaux africains	2010-04-07	4 870 $	30	50	18	32	Oui	Oui
14	Experience cambodgienne	2010-04-10	2 908 $	12	50	29	21	Oui	Non
15	Croisière dans l'archipel de Mergui	2010-04-14	4 877 $	14	50	20	30	Non	Non
64									

dates de départ entre
le 15 février et le 15 avril

Utiliser plusieurs règles dans la mise en forme conditionnelle des données

La mise en forme conditionnelle s'applique aux cellules d'un tableau de la même manière qu'elle s'applique à une plage de cellules dans une feuille de calcul classique. Pour ajouter d'autres règles, cliquez sur l'onglet Accueil, cliquez sur le bouton Mise en forme conditionnelle du groupe Style, cliquez sur Nouvelle règle pour chacune des règles que vous souhaitez appliquer. Vous pouvez également ajouter des règles à l'aide du Gestionnaire des règles de mise en forme conditionnelle, qui affiche toutes les règles appliquées à une plage de données. Pour utiliser le gestionnaire des règles, cliquez sur l'onglet Accueil, cliquez sur le bouton Mise en forme conditionnelle du groupe Style, cliquez sur Gérer les règles, puis cliquez sur Nouvelle règle pour chaque règle que vous voulez appliquer à la plage de données.

Utiliser le filtre avancé

La commande Filtre avancé permet de rechercher des données qui respectent des critères dans plus d'une colonne, à l'aide de conditions Et et Ou. Par exemple, le Filtre avancé s'avère utile pour rechercher les Voyages qui commencent avant une certaine date et dont les repas sont inclus dans le prix. Pour tirer profit du filtrage avancé, vous devez créer une zone de critères. Une **zone de critères** est une plage de cellules contenant une ligne d'étiquettes (en pratique, une copie des étiquettes de colonnes) et au moins une ligne supplémentaire, sous celle des étiquettes, contenant les critères à satisfaire. Le placement de critères dans la même ligne indique que les enregistrements que vous recherchez doivent satisfaire simultanément tous ces critères ; en d'autres termes, ils spécifient une **condition Et**. Le placement de critères dans des lignes différentes indique que les enregistrements recherchés ne doivent satisfaire qu'un seul critère, au moins ; en d'autres termes, ils spécifient une condition Ou. ▓▓▓▓▓ Catherine souhaite que vous identifiiez les voyages dont la date de départ échoit après le 1er juin 2010 et dont le prix est inférieur à 2 000 $. Elle vous demande d'utiliser un filtre avancé pour trouver ces enregistrements. Vous entamez le travail en définissant la plage de critères.

ÉTAPES

1. **Sélectionnez les lignes 1 à 6 du tableau, déroulez la liste Insérer du groupe Cellules, cliquez sur Insérer des lignes dans la feuille ; cliquez dans la cellule A1, tapez Zone de critères, puis cliquez sur le bouton Entrer ☑ de la barre de formule.**

    Six lignes vierges sont ajoutées au-dessus du tableau. Excel n'exige pas l'étiquette Zone de critères mais celle-ci est utile pour la bonne organisation de la feuille de calcul et pour distinguer les étiquettes des colonnes.

2. **Sélectionnez la plage A7:I7, cliquez sur le bouton Copier 🗎 du groupe Presse papiers, cliquez dans la cellule A2, cliquez sur le bouton Coller du Presse papiers, puis sur [Échap].**

    Ensuite, vous souhaitez afficher la liste des seuls enregistrements dont la date de départ a lieu après le 1er juin 2010 et qui coûtent moins de 2 000 $.

3. **Cliquez dans la cellule B3, tapez >2010-06-01, cliquez dans la cellule C3, tapez <2000, puis cliquez sur ☑.**

    Vous avez entré les critères dans les cellules immédiatement en dessous des étiquettes de la Zone de critères (figure H-6).

4. **Cliquez dans une cellule du tableau, cliquez sur l'onglet Données, puis sur le bouton Avancé du groupe Trier et filtrer.**

    La boîte de dialogue Filtre avancé s'ouvre avec la plage de données présélectionnée. Le réglage par défaut de la zone Action consiste à filtrer le tableau dans son emplacement actuel, ou « sur place », et non à le copier à un autre emplacement.

PROBLÈME

Si les enregistrements filtrés ne correspondent pas à la figure H-7, vérifiez qu'aucun espace ne s'est glissé entre le symbole > et le 6 dans la cellule B3, ni entre le symbole < et le 2 dans la cellule C3.

5. **Cliquez dans la zone de texte Zone de critères, sélectionnez la plage A2:I3 de la feuille de calcul, puis cliquez sur OK.**

    Vous avez spécifié la zone de critères et exécuté le filtre. Le tableau filtré contient huit enregistrements qui satisfont les deux critères : la date de départ après le 1er juin 2010 et le prix inférieur à 2 000 $ (figure H-7). À la leçon suivante, vous filtrerez encore plus finement le tableau.

FIGURE H-6: Critères sur la même ligne

	A	B	C	D	E	F	G	H	I
1	Zone de critères								
2	Voyage	Date départ	Prix	Nombre de jours	Capacité en sièges	Sièges réservés	Sièges disponibles	Vol inclus	Repas inclus
3		>2010-06-01	<2000						
4									
5									
6									
7	Voyage	Date départ	Prix	Nombre de jours	Capacité en sièges	Sièges réservés	Sièges disponibles	Vol inclus	Repas inclus
8	Odyssée du Pacifique	2010-01-11	3 105 $	14	50	30	20	Oui	Non
9	Loin vers l'exode	2010-01-18	2 800 $	10	50	39	11	Oui	Oui

les enregistrements issus du filtre respectent ces critères

FIGURE H-7: Tableau filtré

	A	B	C	D	E	F	G	H	I
1	Zone de critères								
2	Voyage	Date départ	Prix	Nombre de jours	Capacité en sièges	Sièges réservés	Sièges disponibles	Vol inclus	Repas inclus
3		>2010-06-01	<2000						
4									
5									
6									
7	Voyage	Date départ	Prix	Nombre de jours	Capacité en sièges	Sièges réservés	Sièges disponibles	Vol inclus	Repas inclus
34	Maroc exotique	2010-06-12	1 900 $	7	50	34	16	Oui	Non
35	Kayak à Terre-Neuve	2010-06-12	1 970 $	7	50	41	9	Oui	Oui
38	Escapade à la rivière sauvage	2010-06-27	1 944 $	10	50	1	49	Non	Non
43	Kayak à Terre-Neuve	2010-07-12	1 970 $	7	50	49	1	Oui	Oui
45	Montenegro fantastique	2010-07-27	1 890 $	10	50	11	39	Non	Non
47	Kayak à Terre-Neuve	2010-08-12	1 970 $	7	50	2	48	Oui	Oui
50	Escapade à la rivière sauvage	2010-08-27	1 944 $	10	50	18	32	Non	Non
62	Maroc exotique	2010-10-31	1 900 $	7	50	18	32	Oui	Non
70									

les dates au-delà du 1er juin 2010

les prix inférieurs à 2 000 $

Utiliser les options de mise en forme conditionnelle avancées

Pour mettre en évidence les valeurs la plus grande et la plus petite dans un champ, utilisez la mise en forme conditionnelle avancée. Pour accentuer ces valeurs particulières d'un champ, sélectionnez les données du champ, cliquez sur le bouton Mise en forme conditionnelle de l'onglet Accueil, pointez Règles des valeurs plus/moins élevées, sélectionnez une règle parmi les plus élevées ou parmi les moins élevées, entrez si nécessaire le pourcentage ou le nombre de cellules de la plage sélectionnée que vous voulez mettre en forme, sélectionnez le format des cellules qui correspondent aux critères supérieur ou inférieur, puis cliquez sur OK. Vous pouvez aussi mettre en forme la feuille de calcul ou les données d'un tableau à l'aide de jeux d'icônes ou de nuances de couleurs. Les **nuances de couleurs** utilisent un jeu de deux, trois ou quatre couleurs d'arrière-plan pour accentuer des valeurs relatives. Par exemple, le rouge peut remplir le fond de cellules pour indiquer qu'elles ont des valeurs élevées, tandis que le vert peut signifier que les valeurs correspondantes sont faibles. Pour ajouter une nuance de couleurs, sélectionnez une plage de données, cliquez sur l'onglet Accueil, cliquez sur le bouton Mise en forme conditionnelle du groupe Style, puis pointez Nuances de couleurs ; dans le sous-menu, pointez un des jeux prédéfinis de nuances de couleurs ou cliquez sur Autres règles pour créer votre propre jeu de nuances de couleurs. Les **jeux d'icônes** permettent de communiquer sur un plan visuel des valeurs relatives de cellules, en ajoutant des icônes aux cellules en fonction des valeurs qu'elles contiennent. Une flèche verte pointant vers le haut peut par exemple représenter les valeurs les plus élevées, tandis qu'une flèche rouge pointée vers le bas représenterait les valeurs les plus faibles. Pour ajouter un jeu d'icônes à une plage de données, sélectionnez la plage, cliquez sur le bouton Mise en forme conditionnelle du groupe Style, puis pointez Jeux d'icônes. Pour adapter à vos propres besoins les valeurs qui servent de paliers aux nuances de couleurs et aux jeux d'icônes, cliquez sur le bouton Mise en forme conditionnelle du groupe Style, cliquez sur Gérer les règles, cliquez sur la règle dans la boîte de dialogue Gestionnaire des règles de mise en forme conditionnelle, puis cliquez sur Modifier la règle.

Extraire des données d'un tableau

Chaque fois que vous prenez le temps de spécifier un ensemble complexe de critères de recherche, une approche intéressante consiste à **extraire** les enregistrements issus du filtre au lieu de les filtrer sur place. Lorsque vous extrayez des données, vous placez une copie d'un tableau filtré dans une plage que vous spécifiez dans la boîte de dialogue Filtre avancé. De cette manière, vous ne risquez pas d'effacer accidentellement le filtre, ni de perdre le suivi des enregistrements que vous avec pris le temps de rassembler. Pour extraire des données, vous utilisez le filtre avancé et entrez les critères sous les noms de champs, copiés comme à la leçon précédente. ▓▓▓▓ Catherine a besoin d'un filtre sur le tableau, avec une étape supplémentaire qui consiste à isoler les voyages intitulés Maroc exotique et Kayak à Terre-Neuve du tableau filtré actuellement. Elle vous demande de compléter ce filtre et, pour ce, de spécifier une condition Ou. Pour cela, vous devez entrer deux jeux de critères sur deux lignes distinctes. Vous décidez d'enregistrer les enregistrements filtrés et, donc, de les extraire dans un emplacement différent de la feuille de calcul.

ÉTAPES

1. **Dans la cellule A3, entrez** Maroc exotique**, puis, dans la cellule A4, entrez** Kayak à Terre-Neuve**.**

   Le nouveau jeu de critères doit apparaître dans deux lignes distinctes. Vous devez donc recopier les critères de filtre précédents dans la deuxième ligne.

2. **Copiez les critères de B3:C3 dans** B4:C4**.**

   La figure H-8 montre les critères. Cette fois, en rédigeant le filtre, vous indiquez que vous voulez copier le tableau filtré dans une plage à partir de la cellule A75, pour que Catherine puisse facilement retrouver les données, même si vous appliquez d'autres filtres par la suite.

3. **Cliquez si nécessaire sur l'onglet** Données**, puis cliquez sur** Avancé **dans le groupe Trier et filtrer.**

4. **Sous Action, cliquez sur** Copier vers un autre emplacement**, cliquez dans la zone de texte** Copier dans**, puis tapez** A75**.**

   La dernière fois que vous avez filtré le tableau, la zone de critères n'incluait que les lignes 2 et 3, tandis qu'ici, vous avez des critères supplémentaires dans la ligne 4.

PROBLÈME

Vérifiez que la zone de critères de la boîte de dialogue Filtre avancé englobe les noms des champs et toutes les lignes en dessous de ces noms, qui contiennent les critères. Si vous laissez une ligne vierge intercalaire dans la zone de critères, Excel n'applique aucun filtre et affiche tous les enregistrements.

5. **Modifiez le contenu de la zone de texte** Zone de critères **pour obtenir** $A$2:$I$4**, cliquez sur** OK**, puis, si nécessaire, faites défiler la feuille de calcul pour que la ligne 75 soit visible.**

   Les enregistrements correspondants apparaissent dans une zone commençant à la cellule A75 (figure H-9). Le tableau initial, qui débute à la cellule A7, contient toujours les enregistrements obtenus par le filtre de la leçon précédente.

6. **Sélectionnez la plage** A75:I80**, cliquez sur le bouton** Office 🪟**, cliquez sur** Imprimer **; sous la rubrique Impression, cliquez sur l'option** Sélection**, cliquez sur** Aperçu**, puis cliquez sur** Imprimer**.**

   Vous imprimez la plage sélectionnée.

7. **Appuyez sur** [Ctrl][↖]**, puis cliquez sur le bouton** Effacer **du groupe Filtrer et trier.**

   Le tableau original s'affiche à partir de la cellule A7, tandis que le tableau extrait demeure en A75:I80.

8. **Enregistrez le classeur.**

FIGURE H-8: Critères dans les lignes distinctes

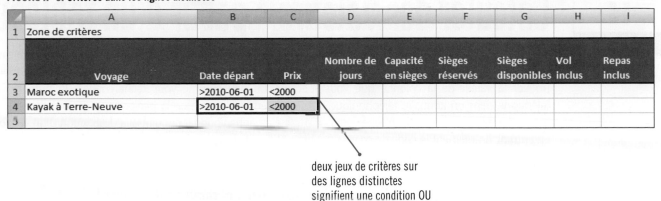

	A	B	C	D	E	F	G	H	I
1	Zone de critères								
2	Voyage	Date départ	Prix	Nombre de jours	Capacité en sièges	Sièges réservés	Sièges disponibles	Vol inclus	Repas inclus
3	Maroc exotique	>2010-06-01	<2000						
4	Kayak à Terre-Neuve	>2010-06-01	<2000						
5									

deux jeux de critères sur
des lignes distinctes
signifient une condition OU

FIGURE H-9: Enregistrements des données extraites

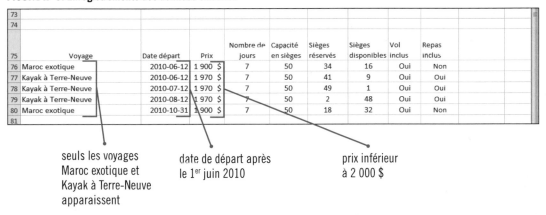

	Voyage	Date départ	Prix	Nombre de jours	Capacité en sièges	Sièges réservés	Sièges disponibles	Vol inclus	Repas inclus
73									
74									
75	Voyage	Date départ	Prix	Nombre de jours	Capacité en sièges	Sièges réservés	Sièges disponibles	Vol inclus	Repas inclus
76	Maroc exotique	2010-06-12	1 900 $	7	50	34	16	Oui	Non
77	Kayak à Terre-Neuve	2010-06-12	1 970 $	7	50	41	9	Oui	Oui
78	Kayak à Terre-Neuve	2010-07-12	1 970 $	7	50	49	1	Oui	Oui
79	Kayak à Terre-Neuve	2010-08-12	1 970 $	7	50	2	48	Oui	Oui
80	Maroc exotique	2010-10-31	1 900 $	7	50	18	32	Oui	Non
81									

seuls les voyages
Maroc exotique et
Kayak à Terre-Neuve
apparaissent

date de départ après
le 1er juin 2010

prix inférieur
à 2 000 $

Comprendre les zones de critères et l'emplacement de copie vers

Lorsque vous définissez la zone de critères et l'emplacement de la cible de copie dans la boîte de dialogue Filtre avancé, Excel crée automatiquement les noms Critères et Extraire pour désigner respectivement ces deux plages dans la feuille de calcul. La zone Critères englobe les noms des champs et toute ligne de critères située sous ceux-ci. La zone Extraire reprend uniquement les noms des champs placés en haut du tableau extrait. Pour sélectionnez ces plages, déroulez la liste de la zone de texte Noms, puis cliquez sur le nom de plage. Si vous cliquez sur le bouton Gestionnaire de noms du groupe Noms définis sous l'onglet Formules, vous constatez que ces noms existent et vous pouvez en connaître les plages associées.

Calculer des valeurs à partir d'un tableau

La fonction RECHERCHEV s'avère très utile pour repérer des valeurs déterminées dans un tableau. RECHERCHEV inspecte verticalement (V) la colonne la plus à gauche d'un tableau, puis lit les lignes pour trouver la valeur de la colonne que vous spécifiez, un peu comme vous rechercheriez un numéro de téléphone dans un annuaire téléphonique : vous recherchez le nom de la personne, puis vous lisez sur la même ligne le numéro de téléphone voulu. Catherine voudrait connaître la destination d'un voyage en entrant simplement le code de ce voyage. Vous utilisez la fonction RECHERCHEV pour obtenir ce résultat. Vous commencez par examiner le nom du tableau, pour vous y référer ensuite dans la fonction de recherche.

ÉTAPES

1. **Cliquez sur l'onglet de la feuille Liste de recherche, cliquez sur l'onglet Formules, puis cliquez sur le bouton Gestionnaire de noms du groupe Noms définis.**

   Les plages nommées du classeur apparaissent dans la boîte de dialogue Gestionnaire de noms (figure H-10). Les plages Critères et Extraire sont les premières de la liste des noms. En bas de la liste, les trois tableaux du classeur sont également présents avec leurs informations. Tableau1 fait référence au tableau de la feuille Voyages, Tableau2 correspond au tableau de la feuille Liste de recherche et Tableau3, au tableau de la feuille de calcul Sous-totaux. Ces noms de tableaux ont été automatiquement générés au moment de la création de ces tableaux, par la fonctionnalité de référence structurée d'Excel.

2. **Cliquez sur Fermer.**

   Vous souhaitez trouver le voyage représenté par le code 675Y. La fonction RECHERCHEV se charge de retrouver pour vous le nom d'un voyage correspondant à un code donné. Vous entrez le code de voyage dans la cellule L2 et la fonction RECHERCHEV dans la cellule M2.

3. **Cliquez dans la cellule L2, tapez 675Y, cliquez dans M2, cliquez sur le bouton Recherche et référence du groupe Bibliothèque de fonctions, puis cliquez sur RECHERCHEV.**

   La boîte de dialogue Arguments de la fonction s'affiche, avec des zones de texte pour chacun des arguments de RECHERCHEV. Comme la valeur à rechercher est dans la cellule L2, L2 est la Valeur_cherchée. Le tableau dans lequel vous effectuez la recherche est le tableau de la feuille de calcul Liste de recherche ; le nom qui lui est affecté, Tableau2, est l'argument Table_matrice.

4. **Le point d'insertion dans la zone de texte Valeur_cherchée, cliquez dans la cellule L2 de la feuille, cliquez dans la zone de texte Table_matrice, puis tapez Tableau2.**

   La colonne qui contient les informations, que vous souhaitez retrouver et afficher dans la cellule M2, sont dans la deuxième colonne du tableau nommé, à partir de la gauche, donc No_index_col (numéro d'index de la colonne) vaut 2. Comme vous voulez une correspondance exacte à la valeur indiquée dans la cellule L2, l'argument Valeur_proche est réglé à FAUX.

5. **Cliquez dans la zone de texte No_index_col, tapez 2, cliquez dans la zone de texte Valeur_proche et entrez FAUX.**

   Vous avez complété la boîte de dialogue Arguments de la fonction RECHERCHEV (figure H-11) ; vous êtes prêt à exécuter la fonction.

6. **Cliquez sur OK.**

   Excel débute sa recherche à partir de la première cellule de donnée de la colonne la plus à gauche du tableau et la poursuit jusqu'au moment où il rencontre une valeur correspondant exactement au contenu de la cellule L2. Il lit le voyage correspondant à cet enregistrement, Aventure en Catalogne, puis affiche cette même valeur dans la cellule M2. Vous testez la fonction pour déterminer le voyage associé à un autre code de voyage.

7. **Cliquez dans la cellule L2, tapez 439U, puis cliquez sur Entrer ☑ dans la barre de formule.**

   La fonction RECHERCHEV renvoie la valeur Cuisine française dans la cellule M2.

8. **Appuyez sur [Ctrl][↖], puis enregistrez le classeur.**

Trouver des enregistrements à l'aide de la fonction BDLIRE

La fonction RECHERCHEV impose la colonne (la première la plus à gauche) du tableau, dans laquelle le critère est recherché. BDLIRE recherche un enregistrement d'un tableau qui correspond à un critère spécifié, le critère comportant la valeur à rechercher et la colonne de recherche. L1:L2 est un exemple de critère de la fonction BDLIRE, où L1 contient le nom d'une colonne et L2, la valeur à y trouver. Lors de l'utilisation de BDLIRE, vous devez inclure [#Tout] après le nom du tableau dans la formule, pour que les étiquettes des colonnes soient prises en compte dans la zone de critères. Pour obtenir le même résultat avec BDLIRE qu'avec la fonction RECHERCHEV des étapes ci-dessus, vous devriez entrer dans la cellule M2, la formule =BDLIRE(Tableau2[#Tout];2;L1:L2).

FIGURE H-10: Plages nommées du classeur

créés par
le Filtre
avancé

les tableaux
du classeur

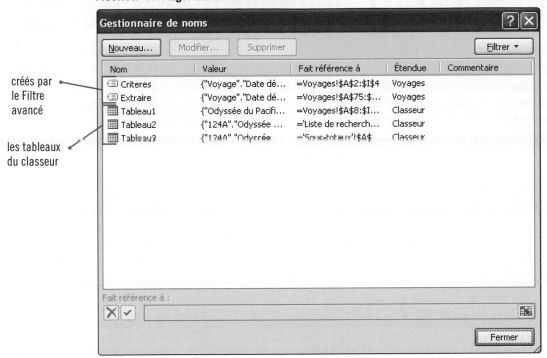

FIGURE H-11: Boîte de dialogue Arguments de la fonction complétée pour RECHERCHEV

plage nommée
du tableau dans
lequel la recherche
est effectuée

recherche une
identité exacte

emplacement
de la valeur à
rechercher

numéro de la
colonne où lire
le résultat

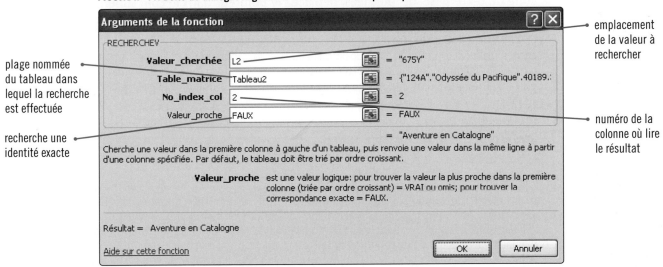

Utiliser les fonctions RECHERCHEH et EQUIV

La fonction RECHERCHEV (V pour *verticale*) s'avère utile lorsque les données sont placées verticalement, en colonnes. La fonction RECHERCHEH (H pour *horizontale*) s'avère tout aussi utile lorsque les données sont placées horizontalement, en lignes. RECHERCHEH lance sa recherche dans la première ligne d'un tableau et s'arrête lorsqu'elle trouve une valeur correspondant au critère ; elle parcourt ensuite le contenu de la colonne et retourne la valeur du numéro de ligne spécifié. Les arguments de cette fonction sont identiques à ceux de RECHERCHEV, à la seule exception qu'au lieu de No_index_col, RECHERCHEH attend un No_index_lig, qui indique le numéro de ligne dans laquelle se trouve la valeur à retourner. Ainsi, par exemple,

si vous souhaitez renvoyer la valeur de la quatrième ligne à partir du haut de la plage de données (hors étiquettes), No_index_lig doit être égal à 4. Vous pouvez également utiliser la fonction EQUIV, lorsque vous voulez l'emplacement d'un élément dans une plage. Utilisez la syntaxe EQUIV(valeur_cherchée;tableau_recherche;type), où valeur_cherchée est la valeur dont une correspondance doit exister dans la plage de données tableau_recherche. Le type vaut 0 pour une correspondance à l'identique, 1 pour trouver la plus grande valeur inférieure ou égale à valeur_cherchée ou -1 pour trouver la plus petite valeur supérieure ou égale à valeur_cherchée.

Résumer les données d'un tableau

Parce qu'un tableau se comporte comme une table d'une base de données, des fonctions de base de données permettent de résumer les données d'un tableau de maintes façons. Lorsque vous travaillez par exemple sur un tableau de données d'activités de vente, Excel peut compter le nombre de contacts de clients par délégué commercial ou le total des ventes par mois de certains comptes. Le tableau H1 énumère les fonctions de base de données usuelles qui permettent de synthétiser des données dans un tableau. Catherine envisage d'ajouter des voyages à l'agenda de 2010. Elle requiert votre aide pour évaluer le nombre de sièges disponibles pour les voyages prévus.

ÉTAPES

1. Examinez la zone de critères d'Odyssée du Pacifique de la plage L6:L7.

La zone de critères L6:L7 indique à Excel de résumer les enregistrements relatifs aux entrées Odyssée du Pacifique de la colonne Voyage. Les fonctions seront placées dans les cellules N6 et N7. Vous utilisez cette zone de critères dans une fonction BDSOMME pour additionner les sièges disponibles dans tous, et uniquement, les voyages intitulés Odyssée du Pacifique.

2. Cliquez dans la cellule N6, cliquez sur le bouton Insérer une fonction du groupe Bibliothèque de fonctions ; dans la zone de texte Rechercher une fonction, tapez base de données, puis cliquez sur OK, juste à droite de la zone de texte, cliquez sur BDSOMME dans la liste Sélectionnez une fonction, puis cliquez sur OK en bas de la boîte de dialogue.

Le premier argument de la fonction BDSOMME est le tableau, alias la base de données.

> **ASTUCE**
>
> Comme BDSOMME utilise les en-têtes de colonnes pour retrouver et additionner les données du tableau, vous devez inclure la ligne d'en-têtes dans la plage de la base de données.

3. Dans la boîte de dialogue Arguments de la fonction, le point d'insertion étant dans la zone de texte Base_de_données, déplacez le pointeur dans le coin supérieur gauche de l'en-tête Code voyage, jusqu'à ce qu'il se change en ↘, cliquez une première fois, puis cliquez une seconde fois.

Le premier clic sélectionne la plage de données du tableau, tandis que le second clic sélectionne la totalité du tableau, y compris la ligne d'en-têtes. Le deuxième argument de la fonction BDSOMME est l'étiquette de la colonne dont vous voulez la somme. Vous voulez le total des nombres de sièges disponibles. Le dernier argument de la fonction est le critère qui détermine les valeurs à totaliser.

> **PROBLÈME**
>
> Si votre boîte de dialogue Arguments de la fonction ne correspond pas à la figure H-12, cliquez sur Annuler et reprenez les étapes 2 à 4.

4. Cliquez dans la zone de texte Champ, cliquez dans la cellule H1, Sièges disponibles ; cliquez dans la zone de texte Critères et sélectionnez la plage L6:L7.

La boîte de dialogue Arguments de la fonction est complète (figure H-12).

5. Cliquez sur OK.

Le résultat de la cellule N6 est de 62. Excel a calculé le total des informations de la colonne Sièges disponibles, pour tous les enregistrements qui respectent le critère donné, à savoir que Voyage est égal à Odyssée du Pacifique. Les fonctions BDNB et BDNBVAL vous aident à déterminer le nombre d'enregistrements qui satisfont à une condition donnée dans un champ d'une base de données. BDNBVAL compte le nombre de cellules non vides ; vous l'utilisez pour déterminer le nombre de voyages prévus.

6. Cliquez dans la cellule N7, cliquez sur ƒx dans la barre de formule ; déroulez la liste Ou sélectionnez une catégorie et cliquez si nécessaire sur Base de données ; dans la liste Sélectionnez une fonction, double-cliquez sur DBNBVAL.

7. Le point d'insertion étant dans la zone de texte Base_de_données, déplacez le pointeur dans le coin supérieur gauche de l'en-tête de colonne Code voyage, jusqu'à ce que le pointeur se change en ↘, cliquez une première fois, puis une seconde fois ; cliquez ensuite dans la zone de texte Champ, cliquez dans la cellule B1 ; cliquez dans la zone de texte Critères, sélectionnez la plage L6:L7, puis cliquez sur OK.

Le résultat, 4, s'affiche dans la cellule N7, ce qui signifie que quatre voyages Odyssée du Pacifique sont prévus cette année. Vous voulez également afficher le nombre de sièges disponibles pour les voyages Cuisine française.

8. Cliquez dans la cellule L7, tapez Cuisine française, puis cliquez sur Entrer ✓ dans la barre de formule.

La figure H-13 montre que 3 sièges sont disponibles pour les 2 voyages Cuisine française prévus cette année.

FIGURE H-12: La boîte de dialogue Arguments de la fonction BDSOMME complétée

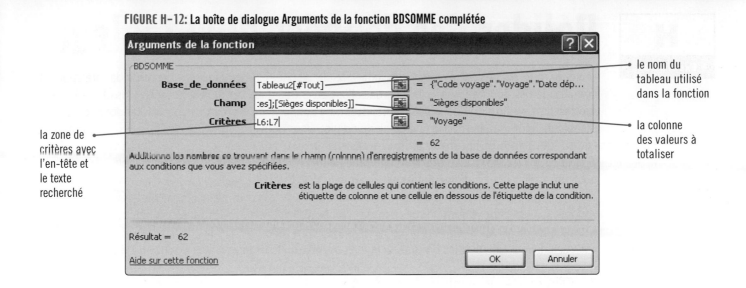

la zone de
critères avec
l'en-tête et
le texte
recherché

le nom du
tableau utilisé
dans la fonction

la colonne
des valeurs à
totaliser

FIGURE H-13: Résultats obtenus par les fonctions de base de données

	D	E	F	G	H	I	J	K	L	M	N
1	Prix	Nombre de jours	Capacité en sièges	Sièges réservés	Sièges disponible	Vol inclus	Repas inclus		Code voyage	Voyage	
2	3 105 $	14	50	30	20	Oui	Non		439U	Cuisine française	
3	2 800 $	10	50	39	11	Oui	Oui				
4	3 933 $	18	50	45	5	Oui	Oui				
5	2 590 $	7	50	30	20	Oui	Oui		Critères		
6	4 200 $	14	50	38	12	Oui	Oui		Voyage	Sièges disponibles	3
7	4 877 $	14	50	42	8	Non	Non		Cuisine française	Nombre de voyages prévus	2
8	2 822 $	7	50	48	2	Oui	Non				

TABLEAU H-1: Fonctions usuelles de base de données

Fonction	Résultat
BDLIRE	Extrait un seul enregistrement d'un tableau, qui correspond au critère spécifié.
BDSOMME	Calcule le total des données d'une colonne d'un tableau, correspondant au critère spécifié.
BDMOYENNE	Calcule la moyenne des données d'une colonne d'un tableau, correspondant au critère spécifié.
BDNB	Compte, dans une colonne d'un tableau donné, le nombre de cellules qui contiennent des nombres et correspondent à un critère spécifié.
BDNBVAL	Compte, dans une colonne d'un tableau donné, le nombre de cellules non vides qui correspondent à une condition spécifiée.

Valider des données d'un tableau

Lorsque vous édifiez patiemment des tableaux de données, vous souhaitez garantir la précision et l'exactitude des données que vous, ou vos collègues, entrez dans ces tableaux. Excel vous offre une aide substantielle avec ses fonctionnalités de validation de données, permettant de spécifier les données que les utilisateurs peuvent entrer dans une plage de cellules. Vous pouvez restreindre ces données à des nombres entiers, des nombres décimaux ou du texte. Vous pouvez aussi définir une liste d'entrées acceptables. Quand vous avez indiqué ce que le programme peut considérer comme acceptable, valable ou « valide », pour une cellule, Excel affiche un message d'erreur, dès qu'il détecte une donnée non valable, avec pour effet d'interdire aux utilisateurs d'entrer des données considérées comme inacceptables. ▨▨▨ Catherine voudrait que les informations entrées dans la colonne Vol compris soient toujours cohérentes à l'avenir et, à ce titre, elle vous demande de restreindre les entrées dans cette colonne aux deux seules options possibles : Oui et Non. Vous sélectionnez d'abord la colonne du tableau dans laquelle vous voulez restreindre les saisies.

ÉTAPES

1. **Cliquez une seule fois sur le bord supérieur de l'en-tête de colonne Vol compris.**
   Ceci sélectionne les données de la colonne et seulement les données.

2. **Cliquez sur l'onglet Données, cliquez sur le bouton Validation des données dans le groupe Outils de données, cliquez si nécessaire sur l'onglet Options, déroulez la liste Autoriser, puis cliquez sur Liste.**
   La sélection de l'option Liste vous permet d'entrer une liste d'options spécifiques.

3. **Cliquez dans la zone de texte Source et tapez Oui; Non.**
   Ce faisant, vous avez indiqué la liste des entrées acceptables, séparées par des points-virgules (figure H-14). Vous voulez que la personne préposée aux saisies de données puisse choisir une entrée à partir d'une liste déroulante.

4. **Cliquez si nécessaire dans la case Liste déroulante dans la cellule pour la cocher, puis cliquez sur OK.**
   La boîte de dialogue disparaît et vous revenez à la feuille de calcul.

5. **Cliquez sur l'onglet Accueil, cliquez dans une cellule, au choix, de la dernière ligne du tableau, déroulez la liste Insérer du groupe Cellules, cliquez sur Insérer une ligne de tableau en dessous, cliquez dans la cellule I64, puis cliquez sur la flèche de liste située à droite de la cellule pour afficher la liste des entrées valides.**
   La figure H-15 montre la liste déroulante de choix. Vous pouvez cliquer sur un des éléments de la liste ou le saisir au clavier dans la cellule, mais vous décidez de tester la restriction de données en tapant une entrée incorrecte.

6. **Cliquez sur la flèche de liste pour la replier, tapez Peut-être, puis appuyez sur [Entrée].**
   Une boîte de dialogue d'avertissement s'affiche instantanément (figure H-16), pour vous empêcher d'entrer cette donnée incorrecte.

7. **Cliquez sur Annuler, déroulez la liste de choix de la cellule et cliquez sur Oui.**
   La cellule accepte la donnée valable. La restriction de données garantit que les enregistrements ne contiennent qu'une des deux entrées correctes pour la colonne Vol compris. Le tableau est prêt pour de futures entrées de données.

8. **Supprimez la dernière ligne du tableau, puis enregistrez le classeur.**

9. **Ajoutez votre nom dans le pied de page central de la feuille de calcul, sélectionnez la plage L1:N7, cliquez sur le bouton Office ⊞, cliquez sur Imprimer ; sous la rubrique Impression, cliquez sur l'option Sélection, cliquez sur Aperçu, puis sur Imprimer.**

Restreindre des valeurs de cellule et la longueur des données

En plus de vous apporter une zone de liste déroulante avec les entrées possibles pour une cellule, la validation de données permet de restreindre les valeurs possibles à entrer dans une cellule, à des valeurs spécifiées. Par exemple, si vous voulez restreindre les valeurs possibles à des valeurs inférieures à un certain nombre entier ou décimal, une date ou une heure, cliquez sur l'onglet Données, cliquez sur le bouton Validation des données du groupe Outils de données, puis, sous l'onglet Options, déroulez la liste Autoriser, sélectionnez respective- ment Nombre entier, Décimal, Date ou Heure, puis, dans la liste Données, cliquez sur inférieure à et, dans la zone de texte du bas, indiquez la valeur maximale. Pour limiter la longueur d'une donnée à entrer dans une cellule, sélectionnez Longueur du texte dans la liste Autoriser, sélectionnez inférieure à dans la liste Données et entrez la longueur maximale dans la zone de texte Maximum.

FIGURE H-14: Création de restrictions de données

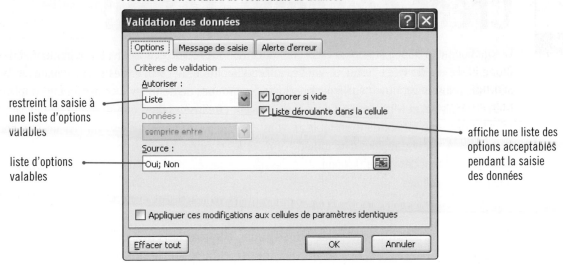

restreint la saisie à une liste d'options valables

liste d'options valables

affiche une liste des options acceptables pendant la saisie des données

FIGURE H-15: Entrée de données dans des cellules restreintes

61	307R	Odyssée du Pacifique	2010-12-21	3 105 $	14	50	50	0	Oui	Non
62	927F	Inde essentielle	2010-12-30	3 933 $	18	50	31	19	Oui	Oui
63	448G	Japon authentique	2010-12-31	2 100 $	21	50	44	6	Oui	Non
64								0		▼
65									Oui	
66									Non	

liste déroulante

FIGURE H-16: Avertissement de donnée non valide

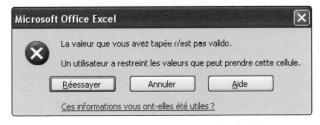

Ajouter des messages de saisie et d'alerte d'erreur

Pour personnaliser encore plus finement le fonctionnement de la validation des données, la boîte de dialogue Validation des données vous propose deux autres onglets : Message de saisie et Alerte d'erreur. Le premier permet de définir une info-bulle, qui apparaît lorsque l'utilisateur sélectionne la cellule. Ainsi, une info-bulle peut apparaître avec les instructions données à l'utilisateur pour saisir correctement l'information dans la cellule. Sous l'onglet Message de saisie, entrez un titre de message et le message de saisie proprement dit, puis cliquez sur OK. L'onglet Alerte d'erreur définit un niveau

d'alerte, parmi trois, quand l'utilisateur entre des données incorrectes. Le niveau Informations affiche votre message avec l'icône d'information et autorise l'utilisateur à poursuivre la saisie de données. Le niveau Avertissement affiche l'information avec l'icône d'avertissement et propose à l'utilisateur de poursuivre ou non la saisie de données. Enfin, le niveau Arrêt, que vous avez utilisé dans cette leçon, affiche le message et ne permet à l'utilisateur que de réessayer ou d'annuler la saisie de données dans cette cellule.

Créer des sous-totaux

La fonctionnalité de sous-totaux d'Excel offre une méthode rapide et aisée de regroupement et de synthèse d'une plage de données. Jusqu'ici, vous avez pris l'habitude de calculer des sous-totaux avec la fonction SOMME, mais vous pouvez également résumer des groupes de données avec des fonctions telles que NB, MOYENNE, MAX et MIN. Les sous-totaux ne peuvent être insérés dans une structure de tableau. Avant de calculer des sous-totaux dans un tableau, vous devez d'abord convertir les données en une plage et les trier. ▓▓▓▓ Catherine vous demande de grouper les données par voyages et de calculer les sous-totaux de regroupement des sièges disponibles et des sièges réservés. Vous commencez par convertir le tableau en une plage de cellules.

ÉTAPES

1. **Cliquez sur l'onglet de feuille Sous-totaux, cliquez dans une cellule du tableau, cliquez sur l'onglet Création des Outils de tableau, cliquez sur le bouton Convertir en plage du groupe Outils, puis cliquez sur Oui.**

   Avant d'ajouter des sous-totaux, vous devez trier correctement les données. Vous décidez de les trier en ordre croissant, d'abord par voyage, ensuite par date de départ.

2. **Cliquez sur l'onglet Données, cliquez sur le bouton Trier du groupe Trier et filtrer ; dans la boîte de dialogue Tri, déroulez la liste Trier par, cliquez sur Voyage, puis cliquez sur le bouton Ajouter un niveau, déroulez la liste Puis par et cliquez sur Date départ ; vérifiez que l'ordre est Du plus ancien au plus récent, puis cliquez sur OK.**

   Vous avez trié la plage en ordre croissant des voyages, puis des dates de départ.

3. **Cliquez dans une cellule de la plage et cliquez sur le bouton Sous-total du groupe Plan.**

   La boîte de dialogue Sous-total apparaît. Celle-ci permet de spécifier les éléments sur lesquels vous voulez calculer les sous-totaux, la fonction à appliquer aux valeurs et les champs sur lesquels porte la synthèse.

4. **Déroulez la liste À chaque changement de, cliquez sur Voyage, déroulez la liste Utiliser la fonction et cliquez sur Somme ; dans la liste Ajouter un sous-total à, cochez si nécessaire les cases Sièges réservés et Sièges disponibles, puis ôtez la coche de la case Repas inclus.**

5. **Si nécessaire, cochez les cases Remplacer les sous-totaux existants et Synthèse sous les données.**

   La boîte de dialogue est complétée (figure H-17).

   ASTUCE

   Cliquez sur ⊟ pour replier ou sur ⊞ pour déplier un groupe d'enregistrements dans la structure de regroupement.

6. **Cliquez sur OK, puis faites défiler la feuille pour voir la ligne 90.**

   Les sous-totaux de données apparaissent, affichant les sous-totaux et les totaux généraux dans les colonnes G et H (figure H-18). Notez qu'Excel affiche des symboles de plan à gauche de la feuille de calcul, avec des boutons de regroupement pour contrôler le niveau de détail affiché. Les numéros des boutons correspondent aux niveaux de détail affichés. Vous souhaitez voir le deuxième niveau de détail, les sous-totaux et les totaux généraux.

7. **Cliquez sur le symbole de plan ⌷2⌷.**

   Les sous-totaux et les totaux généraux apparaissent seuls, sans les détails des voyages.

   ASTUCE

   Pour supprimer un regroupement dans une feuille de calcul, cliquez sur le bouton Sous-totaux, puis sur Supprimer tout. Les sous-totaux disparaissent et la présentation sous forme de plan est automatiquement désactivée.

8. **Ajoutez votre nom dans la section centrale du pied de page, corrigez l'échelle d'impression de la feuille pour que tout s'imprime sur une seule page, enregistrez le classeur, affichez l'aperçu avant impression et imprimez la feuille de calcul.**

9. **Fermez le classeur et quittez Excel.**

FIGURE H-17: Boîte de dialogue Sous-total complétée

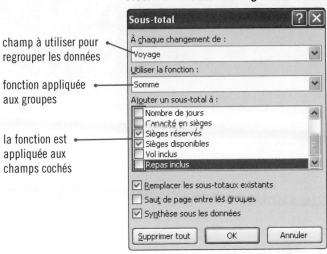

champ à utiliser pour regrouper les données

fonction appliquée aux groupes

la fonction est appliquée aux champs cochés

Sous-total

À chaque changement de :
Voyage

Utiliser la fonction :
Somme

Ajouter un sous-total à :
- ☐ Nombre de jours
- ☐ Capacité en sièges
- ☑ Sièges réservés
- ☑ Sièges disponibles
- ☐ Vol inclus
- ☐ Repas inclus

☑ Remplacer les sous-totaux existants
☐ Saut de page entre les groupes
☑ Synthèse sous les données

[Supprimer tout] [OK] [Annuler]

FIGURE H-18: Extrait du tableau avec ses sous-totaux

symboles des niveaux du plan

		A	B	C	D	E	F	G	H	I	J
	66	778W	Monastères bulgares	2010-05-20	2 103 $	7	50	19	31	Oui	Oui
	67	441F	Monastères bulgares	2010-09-20	2 103 $	7	50	34	16	Oui	Oui
	68		**Total Monastères bulgares**					53	47		
	69	677Y	Montenegro fantastique	2010-05-27	1 890 $	10	50	41	9	Non	Non
	70	590X	Montenegro fantastique	2010-07-27	1 890 $	10	50	11	39	Non	Non
	71		**Total Montenegro fantastique**					52	48		
	72	124A	Odyssée du Pacifique	2010-01-11	3 105 $	14	50	30	20	Oui	Non
	73	133E	Odyssée du Pacifique	2010-07-07	3 105 $	14	50	32	18	Oui	Non
	74	698N	Odyssée du Pacifique	2010-09-14	3 105 $	14	50	26	24	Oui	Non
	75	307R	Odyssée du Pacifique	2010-12-21	3 105 $	14	50	50	0	Oui	Non
	76		**Total Odyssée du Pacifique**					138	62		
	77	966W	Perles d'Orient	2010-03-12	3 400 $	14	50	22	28	Oui	Non
	78	572D	Perles d'Orient	2010-09-12	3 400 $	14	50	19	31	Oui	Non
	79		**Total Perles d'Orient**					41	59		
	80	762N	Randonnée au Népal	2010-01-31	4 200 $	14	50	38	12	Oui	Oui
	81	550O	Randonnée au Népal	2010-06-09	4 200 $	14	50	28	22	Oui	Oui
	82	524Z	Randonnée au Népal	2010-10-29	4 200 $	14	50	28	22	Oui	Oui
	83		**Total Randonnée au Népal**					94	56		
	84	544T	Trésors d'Éthopie	2010-05-18	3 200 $	10	50	18	32	Oui	Oui
	85	621R	Trésors d'Éthopie	2010-11-18	3 200 $	10	50	46	4	Oui	Oui
	86		**Total Trésors d'Éthopie**					64	36		
	87	653S	Voyages sur la route de la soie	2010-03-18	2 190 $	18	50	44	6	Oui	Oui
	88	724D	Voyages sur la route de la soie	2010-09-18	2 190 $	18	50	18	32	Oui	Oui
	89		**Total Voyages sur la route de la soie**					62	30		
	90		**Total général**					1817	1283		

sous-totaux

totaux généraux

Excel 2007

Mise en pratique

▼ RÉVISION DES CONCEPTS

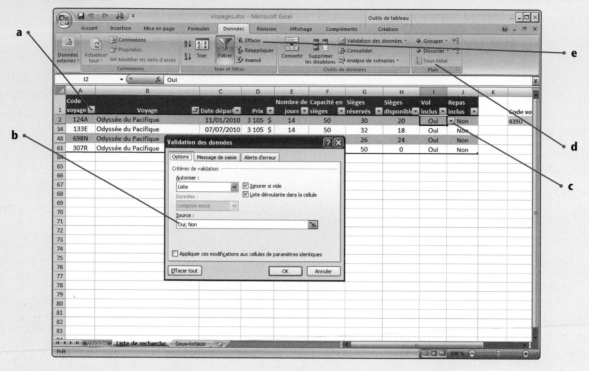

1. **Sur quel élément cliquez-vous pour spécifier les entrées acceptables d'un tableau ?**
2. **Quel élément pointe vers la flèche de liste d'un champ ?**
3. **Sur quel élément devez-vous cliquer pour regrouper des données et créer une synthèse des données d'un tableau ?**
4. **Sur quel élément cliqueriez-vous pour supprimer un filtre ?**
5. **Quel élément pointe vers la flèche de la liste déroulante dans un champ ?**

Associez chaque terme à sa description.

6. **BDSOMME**
7. **Validation des données**
8. **Zone de critères**
9. **Tableau extrait**
10. **Table_matrice**

a. La plage de cellules où sont copiés les résultats d'un Filtre avancé, lorsque cette copie a lieu vers un autre emplacement.

b. La plage qui reçoit les conditions de recherche.

c. Restreint les entrées dans un tableau selon des options spécifiées.

d. Nom du tableau au sein duquel RECHERCHEV effectue les recherches.

e. Fonction utilisée pour calculer, dans un tableau, le total des valeurs qui respectent des critères spécifiés.

Choisissez la meilleure réponse à chaque question.

11. **La condition logique _____ recherche les enregistrements qui respectent les deux critères indiqués.**
    a. Ou   **b.** Et   **c.** Vrai   **d.** Faux

12. **Si vous sélectionnez l'option Ou lors de la création d'un filtre personnalisé, que cela signifie-t-il ?**
    a. Les deux conditions doivent être vraies pour trouver un résultat.
    b. Aucune des deux conditions ne doit être vraie à 100 %.
    c. Au moins une des deux conditions doit être vraie pour trouver un résultat.
    d. Un filtre personnalisé exige une zone de critères.

13. Avant de pouvoir recevoir des sous-totaux, que doit posséder une plage de données ?

    a. Des enregistrements en suffisance pour afficher des sous-totaux multiples   **c.** Des cellules mises en forme

    b. Des totaux généraux   **d.** Des données triées

14. Parmi les suivantes, quelle est la fonction qui détermine l'emplacement d'un élément dans un tableau ?

    a. EQUIV   **c.** BDLIRE

    b. RECHERCHEV   **d.** RECHERCHEH

▼ RÉVISION DES TECHNIQUES

1. Filtrer un tableau.

    a. Démarrez Excel, ouvrez le classeur EX H-2.xlsx de votre dossier Projets et enregistrez-le sous le nom **Synthèse salaires**.

    b. La feuille de calcul Dédommagement active, filtrez le tableau pour n'afficher que les enregistrements des employés de Québec.

    c. Effacez le filtre, ajoutez un filtre qui affiche les enregistrements des employés des filiales de Québec et de Trois-Rivières.

    d. Affichez tous les employés, puis utilisez un filtre pour montrer les trois employés qui reçoivent les salaires annuels les plus élevés.

    e. Affichez tous les enregistrements et enregistrez le classeur.

2. Créer un filtre personnalisé.

    a. Créez un filtre personnalisé montrant les employés engagés avant le 1er janvier 2007 ou après le 31 décembre 2007.

    b. Créez un filtre personnalisé affichant les employés engagés entre le 1er janvier 2007 et le 31 décembre 2007.

    c. Entrez votre nom dans le pied de page de la feuille de calcul, puis affichez l'aperçu avant impression et imprimez la feuille de calcul filtrée.

    d. Réaffichez tous les enregistrements.

    e. Enregistrez le classeur.

3. Filtrer et extraire un tableau à l'aide d'un filtre avancé.

    a. Vous voulez obtenir une liste des employés engagés avant le 1er janvier 2008 et qui possèdent un salaire annuel de plus de 80 000 $. Définissez une zone de critères : insérez six lignes dans la feuille de calcul, au-dessus du tableau, et copiez les noms des champs dans la première ligne.

    b. Dans la cellule D2, saisissez le critère **<2008-01-01**, puis, dans la cellule G2, entrez **>80000**.

    c. Cliquez dans une cellule du tableau.

    d. Ouvrez la boîte de dialogue Filtre avancé.

    e. Indiquez que vous voulez copier le résultat vers un autre emplacement, entrez la zone de critères **A1:J2**, vérifiez que Plages vaut $A$7:$J$17, puis indiquez que le tableau extrait doit s'inscrire dans la plage qui commence à la cellule **A20**.

    f. Vérifiez que la liste obtenue respecte les critères, comme à la figure H-20.

    g. Enregistrez le classeur, affichez-en l'aperçu avant impression, puis imprimez la feuille de calcul.

4. Calculer des valeurs à partir d'un tableau.

    a. Cliquez sur l'onglet de la feuille Résumé. À l'aide du Gestionnaire de noms, examinez les noms des tableaux du classeur, puis fermez la boîte de dialogue.

    b. Vous utilisez une fonction de recherche pour trouver la rémunération annuelle d'un employé. Entrez le numéro d'employé **2214** dans la cellule A17.

    c. Dans la cellule B17, utilisez la fonction RECHERCHEV et entrez **A17** comme Valeur_cherchée, **Tableau2** dans Table_matrice, **10** pour le No_index_col et **FAUX** pour la Valeur_proche; notez la rémunération calculée et comparez cette valeur à celle du tableau, pour vérifier qu'elle est correcte.

    d. Entrez un autre numéro d'employé, **4177**, dans la cellule A17 et voyez la rémunération annuelle pour cet employé.

    e. Appliquez à la cellule B17 le format Comptabilité, sans décimale et avec le symbole $.

    f. Enregistrez le classeur.

FIGURE H-20

	A	B	C	D	E	F	G	H	I	J
1	Numéro employé	Prénom	Nom	Date engagement	Filiale	Salaire mensuel	Salaire annuel	Prime annuelle	Prime sur bénéfices	Rémunération annuelle
2				<2008-01-01			>80000			
3										
4										
5										
6										
7	Numéro employé ▼	Prénom ▼	Nom ▼	Date engageme ▼	Filiale ▼	Salaire mensuel ▼	Salaire annuel ▼	Prime annuelle ▼	Prime sur bénéfice ▼	Rémuratio n annuelle ▼
8	1311	Marie	Laflamme	2007-02-12	Montréal	4 500 $	54 000 $	1 200 $	12 420 $	67 620 $
9	4522	Laurie	Villeneuve	2008-04-01	Québec	5 800 $	69 600 $	5 400 $	16 008 $	91 008 $
10	4177	Désirée	Denault	2006-05-06	Trois-Rivières	7 500 $	90 000 $	16 000 $	20 700 $	126 700 $
11	2571	Marie	Martin	2007-12-10	Québec	8 000 $	96 000 $	18 000 $	22 080 $	136 080 $
12	2214	Paul	Gamache	2009-02-15	Québec	2 900 $	34 800 $	570 $	8 004 $	43 374 $
13	6587	Pierre	Ernest	2007-03-25	Montréal	2 775 $	33 300 $	770 $	7 659 $	41 729 $
14	2123	Éric	Moulineau	2006-06-23	Montréal	3 990 $	47 880 $	2 500 $	11 012 $	61 392 $
15	4439	Marc	Morency	2009-08-03	Trois-Rivières	6 770 $	81 240 $	5 000 $	18 685 $	104 925 $
16	9807	Hector	Ricaud	2008-09-29	Trois-Rivières	8 600 $	103 200 $	14 000 $	23 736 $	140 936 $
17	3944	Jeanine	Lenoir	2007-05-12	Québec	3 500 $	42 000 $	900 $	9 660 $	52 560 $
18										
19										
20	Numéro employé	Prénom	Nom	Date engagement	Filiale	Salaire mensuel	Salaire annuel	Prime annuelle	Prime sur bénéfices	Rémunération annuelle
21	4177	Désirée	Denault	2006-05-06	Trois-Rivières	7 500 $	90 000 $	16 000 $	20 700 $	126 700 $
22	2571	Marie	Martin	2007-12-10	Québec	8 000 $	96 000 $	18 000 $	22 080 $	136 080 $
23										

5. Résumer les données d'un tableau.

   a. Vous devez entrez une fonction de base de données qui calcule la moyenne des salaires annuels par filiale, avec comme critère initial, la filiale de Montréal. Dans la cellule E17, utilisez la fonction BDMOYENNE; cliquez deux fois de suite dans le coin supérieur gauche de la cellule A1 pour sélectionner le tableau et sa ligne d'en-têtes, en guise de Base_de_données; sélectionnez la cellule G1 pour le Champ; sélectionnez la plage D16:D17 dans Critères.

   b. Testez ensuite la fonction pour le texte **Trois-Rivières** dans la cellule D17. Le critère entré, la fonction doit afficher 91480 dans la cellule E17.

   c. Appliquez à la cellule E17 le format Comptabilité, sans décimale et avec le symbole $.

   d. Enregistrez le classeur.

6. Valider des données d'un tableau.

   a. Sélectionnez les données de la colonne E du tableau et définissez un critère de validation, qui autorise une liste d'options valables.

   b. Entrez la liste des options valides qui restreint les saisies à Montréal, Québec et Trois-Rivières. N'oubliez pas de séparer ces entrées par des points-virgules.

   c. Indiquez que les options doivent apparaître sous la forme d'une liste déroulante dans la cellule, puis fermez la boîte de dialogue.

   d. Ajoutez une ligne au tableau. Dans la cellule E12, sélectionnez Québec dans la liste déroulante.

   e. Sélectionnez la colonne F du tableau et indiquez que les données doivent y être entrées sous la forme de nombres entiers. Dans la zone de texte Minimum, tapez **1000** ; dans la zone de texte Maximum, tapez **20000**. Fermez la boîte de dialogue.

   f. Cliquez dans la cellule F12, entrez **25000** et appuyez sur [Entrée]. Vous devriez obtenir un message d'erreur.

   g. Cliquez sur Annuler, puis tapez **17000**.

   h. Complétez le nouvel enregistrement par l'ajout du Numéro d'employé **1112**, le Prénom **Caroline**, le Nom **Dunod**, la Date engagement **2010-02-01** et une Prime annuelle de **1000 $**. Appliquez à la plage F12:J12 le format Comptabilité, sans décimale et avec le symbole $. Comparez vos résultats à ceux de la figure H-21.

FIGURE H-21

   i. Entrez votre nom dans la section centrale du pied de page de la feuille, enregistrez le classeur, affichez l'aperçu avant impression de la feuille de calcul et réduisez-la à une seule page, si nécessaire, puis imprimez-la.

7. Créer des sous-totaux de regroupement et utiliser les symboles du plan.

   a. Cliquez sur l'onglet de la feuille Sous-totaux.

   b. À l'aide de la liste déroulante du champ Filiale, triez le tableau en ordre croissant de nom de filiale.

   c. Convertissez le tableau en une plage de données.

   d. Groupez et créez des sous-totaux par filiale, à l'aide de la fonction SOMME, puis cochez, si nécessaire, la case Rémunération annuelle dans la liste Ajouter un sous-total à.

   e. Cliquez sur le bouton 2 des symboles du plan, pour afficher seulement les sous-totaux et le total général. Comparez votre feuille de calcul à la figure H-22.

   f. Entrez votre nom dans le pied de page de la feuille, enregistrez le classeur, affichez l'aperçu avant impression, puis imprimez les sous-totaux et le total général.

FIGURE H-22

   g. Enregistrez et fermez le classeur, puis quittez Excel.

▼ EXERCICE PERSONNEL 1

En temps que propriétaire de La Réserve, une boutique de nourriture fine implantée à Québec, vous avez passé beaucoup de temps à gérer votre inventaire. Pour vous faciliter la tâche, vous avez créé un tableau avec votre inventaire de confitures. Vous voulez filtrer le tableau et ajouter des sous-totaux, ainsi qu'un total général. Vous avez également besoin d'une validation des données et d'informations de synthèse dans ce tableau.

▼ EXERCICE PERSONNEL 1 (SUITE)

a. Démarrez Excel, ouvrez le classeur EX H-3.xlsx de votre dossier Projets et enregistrez-le sous le nom **Confitures**.

b. Dans le tableau de données de la feuille Inventaire, créez un filtre pour obtenir la liste des confitures de rhubarbe. Entrez votre nom dans le pied de page de la feuille de calcul, enregistrez le classeur, affichez l'aperçu avant impression et imprimez le tableau. Effacez le filtre.

c. Créez un filtre personnalisé pour obtenir une liste des confitures dont la quantité est supérieure à 20. Affichez l'aperçu avant impression et imprimez le tableau. Effacez le filtre.

d. Copiez les étiquettes des cellules A1:F1 dans la plage A16:F16. Tapez **Groseille** dans la cellule B17 et **Petite** dans la cellule C17. Utilisez un Filtre avancé avec la plage de critères A16:F17 pour extraire un tableau des petits pots de confiture de groseilles dans la plage qui débute en A20. Enregistrez le classeur, affichez l'aperçu avant impression, puis imprimez la feuille avec les données extraites.

e. Cliquez sur l'onglet de la feuille Résumé, sélectionnez les données de la colonne B du tableau. Ouvrez une boîte de dialogue Validation des données et imposez une liste de validation, dont les entrées valables sont **Groseille; Mûre; Rhubarbe**. Vérifiez que la case Liste déroulante dans la cellule est cochée.

f. Testez la validation en essayant de remplacer le contenu d'une cellule de la colonne Fruit du tableau, par Fraise.

g. Utilisez la figure H-23 comme guide pour entrer une fonction dans la cellule G18, qui calcule la quantité totale de pots de confiture de mûres dans votre magasin. Entrez votre nom dans le pied de page de la feuille de calcul, enregistrez le classeur, affichez l'aperçu avant impression et imprimez la feuille de calcul.

FIGURE H-23

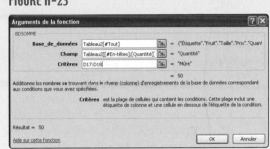

h. À l'aide de la liste déroulante du champ Fruit, triez le tableau en ordre croissant de Fruit. Convertissez le tableau en plage. Insérez des sous-totaux par fruit avec la fonction SOMME, puis sélectionnez Quantité dans la liste Ajouter un sous-total à. Cliquez sur le bouton des symboles du plan qui permet de n'afficher que les sous-totaux et le total général. Enregistrez le classeur, affichez l'aperçu, puis imprimez la plage qui contient les sous-totaux et le total général.

Difficultés supplémentaires

- Supprimez les sous-totaux de la feuille de calcul.
- Appliquez une mise en forme conditionnelle pour ajouter des icônes au champ Quantité, selon les critères suivants : les quantités supérieures ou égales à 20 reçoivent une coche verte, les quantités supérieures ou égales à 10, mais inférieures à 20, reçoivent un point d'exclamation jaune et les quantités inférieures à 10 reçoivent un X rouge. Inspirez-vous de la figure H-24 pour créer les règles de mise en forme, puis comparez le résultat à la figure H-25. (*Indice* : Cliquez dans la zone de texte Valeur du haut, pour indiquer la valeur correcte correspondant au V vert.)
- Enregistrez le classeur, affichez l'aperçu avant impression, puis imprimez la feuille de calcul.

i. Fermez le classeur et quittez Excel.

FIGURE H-24

FIGURE H-25

▼ EXERCICE PERSONNEL 2

Vous venez d'implanter une entreprise de création et de gravure de médailles pour animaux de compagnie, appelée Plaques-à-Pattes. L'entreprise vend des plaques et médailles d'identification gravées pour chiens et chats. Vos clients commandent des médailles pour leur chien ou leur chat, ils vous fournissent le nom de l'animal et indiquent s'ils veulent une gravure en simple ou double face. Vous avez constitué un tableau de vos factures pour suivre vos ventes du mois d'octobre. Ce tableau réalisé, vous voulez le manipuler de diverses manières. D'abord, vous voulez filtrer le tableau, pour ne retenir que les médailles vendues au détail pour un prix supérieur à un prix donné et commandées pendant une partie donnée du mois. Vous voulez également connaître les sous-totaux des colonnes prix unitaire et total par médaille, et restreindre les entrées dans la colonne date de commande. Enfin, vous aimeriez ajouter à votre feuille de calcul des fonctions de base de données et de recherche pour rechercher efficacement des données du tableau.

▼ EXERCICE PERSONNEL 2 (SUITE)

a. Démarrez Excel, ouvrez le classeur EX H-4.xlsx de votre dossier Projets et enregistrez-le sous le nom **Plaques-à-Pattes**.

b. Tirez parti du Filtre avancé pour afficher les médailles d'un prix de 12,99 $, vendues avant le 15 octobre 2010 ; utilisez les cellules A27:B28 pour saisir vos critères et filtrez le tableau en place. (*Indice* : Il n'est pas nécessaire d'indiquer une ligne entière comme zone de critères.) Entrez votre nom dans le pied de page de la feuille de calcul, enregistrez le classeur, puis imprimez le tableau filtré. Effacez le filtre et enregistrez le classeur.

c. Utilisez la boîte de dialogue Validation des données pour restreindre les saisies à celles dont la date de commande est comprise entre le 1er octobre 2010 et le 31 octobre 2010, inclus. Testez la restriction en essayant d'entrer une date incorrecte dans la cellule D25.

d. Tapez **23721** dans la cellule F28. Dans la cellule G28, entrez une fonction RECHERCHEV qui calcule le montant associé au numéro de facture de la cellule F28. Vérifiez que vous imposez une correspondance à l'identique au numéro de facture. Testez ensuite la fonction avec la facture de numéro 23718.

e. Tapez la date du 1er octobre 2010 dans la cellule I28. Dans la cellule J28, utilisez la fonction de base de données BDNB pour compter le nombre de factures qui portent la date indiquée en I28. Enregistrez le classeur.

f. Triez le tableau en ordre croissant de Médaille, puis convertissez le tableau en plage. Créez des sous-totaux montrant les nombres distincts de médailles pour chat et pour chien dans la colonne Numéro de facture. Enregistrez les données des sous-totaux, puis affichez l'aperçu avant impression et imprimez la feuille de calcul des factures.

Difficultés supplémentaires

- Effacez les sous-totaux et créez un tableau à partir des données de la plage A1:J5. Remplacez la couleur de police des en-têtes de colonnes par du blanc. Si les en-têtes ne sont pas suffisamment visibles, changez la couleur de police pour une autre, qui s'affiche en contraste par rapport à l'arrière-plan des en-têtes.

- Exploitez les fonctionnalités de filtrage d'Excel pour n'afficher que les médailles pour chat, puis ajoutez une ligne de totaux qui affiche le nombre de médailles pour chat dans la cellule E26. Remplacez la couleur de police des cellules A26 et E26 par du blanc. Si le contenu de ces cellules n'est pas suffisamment visible, changez la couleur de police pour une autre, qui s'affiche en contraste par rapport à l'arrière-plan des cellules. Supprimez le total de la cellule J26.

- Appliquez une mise en forme conditionnelle aux cellules de la colonne Total, dont le contenu est supérieur à 12,00 $, avec un Remplissage rouge clair avec texte rouge foncé.

- Déroulez la liste de filtrage de Total, triez le tableau par couleur pour afficher les totaux supérieurs à 12,00 $ en haut. Filtrez ensuite le tableau par couleur, pour n'afficher que les lignes dont Total est supérieur à 12,00 $.

g. Enregistrez le classeur, imprimez la feuille Factures, fermez le classeur et quittez Excel.

▼ EXERCICE PERSONNEL 3

Vous êtes le gérant de Monts Verts, une petite boutique de cadeaux et de denrées de dépannage à Chicoutimi. Vous avez créé un tableau Excel contenant les données de vos commandes, ainsi que les quantités commandées de chaque article et la date de commande. Vous manipulez ce tableau pour afficher les catégories de produits et les articles commandés répondant à certains critères. Vous désirez en outre ajouter des sous-totaux au tableau et ajouter des fonctions de base de données pour totaliser les commandes. Pour terminer, vous restreignez les entrées de données dans la colonne Catégorie.

a. Démarrez Excel, ouvrez le classeur EX H-5.xlsx de votre dossier Projets et enregistrez-le sous le nom Cadeaux.

b. Dans le tableau de données, créez un filtre avancé pour afficher, à l'emplacement actuel du tableau, les enregistrements qui datent d'avant le 10 septembre 2010 et dont les montants de commande sont supérieurs à 1 000 $, en vous basant sur les cellules A37:E38 pour entrer les critères du filtre. Effacez le filtre.

c. Créez un filtre avancé qui extrait les enregistrements respectant les critères suivants : les commandes de plus de 1 000 $, datant d'avant le 10 septembre 2010 ou d'après le 24 septembre 2010. (*Indice* : Rappelez-vous que, lorsque des enregistrements doivent satisfaire un critère ou un autre, vous devez placer ces critères sur des lignes différentes.) Entrez votre nom dans le pied de page de la feuille de calcul, affichez l'aperçu, puis imprimez la feuille de calcul. Effacez le filtre.

d. Dans la cellule H2, exploitez la fonction BDSOMME pour permettre aux utilisateurs de connaître le total des commandes de la catégorie saisie en G2. Appliquez à la cellule du total calculé le format Comptabilité avec le symbole monétaire et aucune décimale. Testez la fonction avec le nom de catégorie Alimentation. (Le total de cette catégorie devrait être égal à 5 998 $.) Imprimez la feuille de calcul.

e. Utilisez la validation des données pour créer une liste déroulante qui restreint les entrées de catégories à Alimentation ; Habillement ; Hygiène corporelle ; Librairie. Sous l'onglet Alerte d'erreur de la boîte de dialogue Validation des données, réglez le niveau d'alerte à Avertissement et indiquez, comme titre, « Catégorie d'article » et, comme message, « La donnée n'est pas valable. » Testez la validation dans le tableau, avec des entrées acceptables et des entrées non valides.

▼ EXERCICE PERSONNEL 3 (SUITE)

f. Triez le tableau en ordre croissant de catégories. Ajoutez des sous-totaux par catégorie au totaux de commandes. Le montant total de commande de la cellule H2 devient incorrect après l'ajout des sous-totaux car ceux-ci interfèrent dans les calculs de base de données.

g. À l'aide des symboles du plan, affichez uniquement les noms de catégories, avec les sous-totaux et le total général.

Difficultés supplémentaires

- Supprimez tous les sous-totaux de la feuille de calcul.
- Appliquez une mise en forme conditionnelle aux données de la colonne Commande du mois, à l'aide de règles des valeurs plus/moins élevées, pour accentuer les cellules qui contiennent les 10 % des valeurs supérieures avec un remplissage jaune et un texte jaune foncé.
- Ajoutez une autre règle pour accentuer avec un remplissage bleu clair les 10 % des valeurs les moins élevées de la colonne Commande du mois

h. Enregistrez le classeur, affichez l'aperçu avant impression, puis imprimez la feuille de calcul.

i. Fermez le classeur et quittez Excel.

▼ DÉFI

Vous entreprenez de classer vos contacts professionnels et personnels sous forme d'un tableau Excel. Vous voulez utiliser le tableau pour rechercher des numéros de téléphone cellulaires, privés et professionnels. Vous décidez en outre d'ajouter les adresses et un champ qui indique le type du contact, personnel ou professionnel. Vous entrez les informations de contact dans une feuille de calcul que vous convertissez en tableau, pour en faciliter le filtrage. Vous utilisez également des fonctions de base de données pour repérer les numéros de téléphone, lorsque vous spécifiez le nom de famille d'un contact du tableau. Enfin, vous restreignez les entrées d'un des champs aux valeurs fournies par une liste déroulante, pour simplifier l'ajout ultérieur de données et éviter les erreurs de saisie.

a. Démarrez Excel, créez un nouveau classeur et enregistrez-le dans votre dossier Projets sous le nom **Contacts**.

b. Sur base de la structure du tableau H-2, entrez au moins six de vos propres contacts personnels ou professionnels dans la nouvelle feuille de calcul. (*Indice* : Mettez en forme les numéros de téléphone à l'aide du type Numéro de téléphone, de la catégorie Spécial.) Dans le champ Relation, entrez soit Professionnel, soit Personnel. Si vous ne connaissez pas tous les numéros de téléphone de vos contacts, laissez vides ceux dont vous ne disposez pas.

TABLEAU H-2

Nom	Prénom	Tél. mobile	Tél. privé	Tél. professionnel	Adresse	CP	Ville	Province	Relation

c. Créez un tableau à partir de ces informations. Utilisez la boîte de dialogue Gestionnaire des noms pour corriger le nom du tableau en Contacts.

d. Créez un filtre qui affiche les enregistrements des contacts personnels. Effacez le filtre.

e. Créez un filtre qui affiche les enregistrements des contacts professionnels. Effacez le filtre.

f. Restreignez le champ Relation aux seules entrées Personnel ou Professionnel. Fournissez une liste déroulante permettant la sélection de ces deux options. Ajoutez le message de saisie **Choisissez parmi les options de la liste**. Ajoutez le message d'alerte d'erreur **Choisissez Personnel ou Professionnel**. Testez la validation en ajoutant un enregistrement à votre tableau.

g. Sous le tableau, créez une zone de recherche de téléphones avec les étiquettes suivantes, dans des colonnes contiguës : **Nom, Tél. mobile, Tél. privé, Tél. professionnel**.

h. Sous l'étiquette Nom de la zone de recherche de numéros de téléphone, tapez un des noms de votre tableau.

i. Dans la zone de recherche de numéros de téléphone, entrez les fonctions de recherche qui repèrent le téléphone mobile, le téléphone privé et le téléphone professionnel du contact pour le nom saisi à l'étape précédente. Assurez-vous de prendre une correspondance exacte.

j. Entrez votre nom dans la section centrale du pied de page, enregistrez le classeur, affichez l'aperçu avant impression, puis imprimez la feuille de calcul sur une seule page.

k. Fermez le classeur et quittez Excel.

▼ ATELIER VISUEL

Démarrez Excel, ouvrez le classeur EX H-6.xlsx de votre dossier Projets et enregistrez-le sous le nom **Agenda**. Complétez la feuille de calcul comme à la figure H-26. Les cellules B18:E18 contiennent des fonctions de recherche qui repèrent le professeur, le jour, l'heure et la salle, dont le numéro de cours est indiqué à la cellule A18. Utilisez HIS101 dans A18 pour tester vos fonctions de recherche. La plage A22:G27 est extraite du tableau à partir des critères des cellules A20:A21. Entrez votre nom dans le pied de page central, enregistrez le classeur, affichez l'aperçu avant impression, puis imprimez la feuille de calcul, fermez le classeur et quittez Excel.

FIGURE H-26

	A	B	C	D	E	F	G
1	Agenda 2011 des cours d'Histoire						
2							
3	Numéro cours	Réf.	Heure	Jour	Salle	Crédit	Professeur
4	HIS100	1245	8:00 - 9:00	Lu, Me, Ve	126	3	Boilard
5	HIS101	1356	8:00 - 9:30	Ma, Je	136	3	Chavant
6	HIS102	1567	9:00 - 10:00	Lu, Me, Ve	150	3	Déchêne
7	HIS103	1897	10:00 - 11:30	Ma, Je	226	3	Gagnon
8	HIS104	3456	2:00 - 3:30	Lu, Me, Ve	129	4	Juneau
9	HIS200	4678	12:00 - 1:30	Ma, Je	156	3	Lavoie
10	HIS300	7562	3:00 - 4:30	Lu, Me, Ve	228	4	Côté
11	HIS400	9823	11:00 - 12:00	Lu, Me, Ve	103	3	Ricaud
12	HIS500	7123	3:00 - 4:30	Ma, Je	214	3	Moulineau
13							
14							
15							
16							
17	Numéro cours	Professeur	Jour	Heure	Salle		
18	HIS101	Chavant	Ma, Je	8:00 - 9:30	136		
19							
20	Jour						
21	Lu, Me, Ve						
22	Numéro cours	Réf.	Heure	Jour	Salle	Crédit	Professeur
23	HIS100	1245	8:00 - 9:00	Lu, Me, Ve	126	3	Boilard
24	HIS102	1567	9:00 - 10:00	Lu, Me, Ve	150	3	Déchêne
25	HIS104	3456	2:00 - 3:30	Lu, Me, Ve	129	4	Juneau
26	HIS300	7562	3:00 - 4:30	Lu, Me, Ve	228	4	Côté
27	HIS400	9823	11:00 - 12:00	Lu, Me, Ve	103	3	Ricaud
28							

Glossaire

Adresse de cellule Emplacement unique identifié par les coordonnées de l'intersection d'une colonne et d'une ligne; par exemple, l'adresse de la cellule située dans la colonne A et la ligne 1 est A1.

Affichage personnalisé Un ensemble de réglages d'affichage ou d'impression nommable et enregistrable en vue d'un accès ultérieur. Vous pouvez enregistrer plusieurs affichages personnalisés différents d'une même feuille de calcul.

Ajustement automatique La fonctionnalité qui ajuste automatiquement la largeur d'une colonne ou la hauteur d'une ligne en fonction de l'entrée la plus large ou la plus haute.

Alignement Positionnement horizontal du contenu d'une cellule; par exemple, gauche, centré ou droite.

Analyse de scénario Un outil de prise de décision qui modifie les données et recalcule les formules pour prédire des résultats possibles.

Aperçu des sauts de page Mode d'affichage d'une feuille de calcul qui montre les indicateurs de saut de page, que vous pouvez glisser pour inclure plus ou moins d'informations sur les pages d'une feuille de calcul.

Arrière-plan de feuille de calcul Un dessin appliqué à l'arrière-plan d'une feuille de calcul; créé à l'aide du bouton Arrière-plan de l'onglet Mise en page. Visible seulement à l'écran, il n'est pas imprimé avec la feuille de calcul.

Attributs Caractéristiques de style telles que gras, italique et souligné, que l'on peut appliquer au contenu d'une cellule pour modifier l'apparence des textes et des nombres dans une feuille de calcul ou un graphique.

Axe des valeurs Dans un graphique, désigne l'axe vertical, qui contient les valeurs numériques; dans un graphique bidimensionnel, il est connu aussi sous le nom d'axe des Y.

Axe des X Axe horizontal d'un graphique (abscisse); comme il affiche souvent des catégories de données, par exemple des mois, il porte aussi le nom d'axe des catégories.

Axe des Y Axe vertical d'un graphique (ordonnée); comme il affiche souvent des valeurs numériques dans un graphique à deux dimensions, il porte aussi le nom d'axe des valeurs.

Axe des Z Le troisième axe d'un vrai graphique tridimensionnel permet de comparer des points de données par rapport aux catégories et aux valeurs.

Axes des catégories L'axe horizontal d'un graphique, contenant généralement les noms des groupes de données; dans un graphique bidimensionnel, s'appelle aussi l'axe des X.

Bandes Une mise en forme des feuilles de calcul où les lignes et (ou) les colonnes adjacentes reçoivent une mise en forme différente, alternée.

Barre d'état La barre au pied de la fenêtre Excel qui fournit des informations sur certaines touches, commandes et procédures.

Barre de formule La zone située au-dessus de la grille de la feuille de calcul où vous entrez ou modifiez les données de la cellule active.

Barres de défilement Les barres placées sur les bords droit (barre de défilement verticale) et inférieur (barre de défilement horizontale) de la fenêtre de document qui permettent de se déplacer dans une feuille de calcul trop grande pour s'afficher en totalité à l'écran.

Caractère générique Symbole particulier qui se substitue à des caractères inconnus dans la définition de critères de recherche, dans la boîte de dialogue Rechercher et remplacer. Le point d'interrogation (?) représente un seul caractère, tandis que l'astérisque (*) représente une suite de caractères.

Cellule active Position actuelle du pointeur de cellule.

Cellule Intersection d'une colonne et d'une ligne dans une feuille de calcul, une feuille de données ou un tableau.

Champ Dans un tableau (une base de données Excel), une colonne qui décrit une particularité des enregistrements, comme prénom ou ville.

Cible L'emplacement visé par un lien hypertexte, affiché lors d'un clic sur le lien.

Classeur Collection de feuilles de calcul apparentées, contenue dans un seul fichier.

Classeur partagé Un classeur Excel que plusieurs utilisateurs peuvent ouvrir et modifier simultanément.

Clés de tri Critères utilisés pour trier ou reclasser les données.

Clip Fichier multimédia constitué d'image, de son, d'animation ou d'une séquence filmée.

Colonnes calculées Dans un tableau, désigne une colonne utilisant une formule qui s'adapte automatiquement pour accepter de nouvelles lignes.

Complément Un programme complémentaire tel que le Complément Solver ou l'Analysis Toolpack, qui offre des fonctionnalités supplémentaires à Excel. Pour activer un complément, cliquez sur le bouton Office, cliquez sur Options Excel, cliquez sur Compléments, puis sur Gérer. Sélectionnez les compléments dans la liste proposée.

Condition Et Une possibilité de filtre qui recherche des enregistrements en spécifiant les critères qui doivent tous être respectés simultanément.

Condition Ou Les enregistrements d'une recherche ne doivent respecter qu'un seul de ces critères.

Conditions d'état Dans une formule logique, désigne les critères que vous définissez.

Conditions logiques Utilisation des opérateurs Et et Ou pour réduire les critères de sélection d'un filtre personnalisé.

Consolider Réunir dans une feuille les données provenant de plusieurs feuilles.

Critères de recherche Dans une recherche dans un classeur ou dans un tableau, désigne le texte recherché.

Délimiteur Un caractère de séparation tel qu'un espace ou un point-virgule, entre des données importées.

Éclater un secteur Éloigner un secteur d'un graphique pour attirer l'attention.

Enregistrement Dans un tableau (ou base de données Excel), désigne des données sur un objet ou une personne.

En-tête de colonne Identifie la lettre de colonne (A, B, et ainsi de suite) au-dessus de chaque colonne dans une feuille de calcul.

Espace de travail Fichier Excel d'extension .xlw, contenant les données d'emplacement et de taille de plusieurs classeurs. Au lieu d'ouvrir chacun des classeurs, vous pouvez ouvrir l'espace de travail.

Étiquette Texte descriptif ou toute autre information qui identifie des lignes, des colonnes d'une feuille de calcul ou des données dans un graphique mais qui n'interviennent pas dans les calculs.

Extraire Placer une copie d'un tableau filtré dans une plage indiquée dans la boîte de dialogue Filtre avancé.

Fenêtre de la feuille de calcul La zone de la fenêtre du programme qui affiche une partie de la feuille de calcul courante; la fenêtre de la feuille de calcul affiche seulement une petite partie de la feuille, qui contient au total 1 048 576 lignes de 16 384 colonnes.

Feuille de calcul Une seule feuille au sein d'un classeur; désigne aussi la zone complète d'un tableur qui contient un quadrillage avec des lignes et des colonnes.

Feuille graphique Feuille séparée qui contient uniquement un graphique lié aux données d'une feuille de calcul.

Figer Maintenir en place des colonnes ou des lignes sélectionnées lors du défilement dans une feuille de calcul divisée en volets. Voir aussi Volets.

Filigrane Un graphisme d'arrière-plan transparent affiché lors de l'impression de la feuille de calcul. Le filigrane est un fichier graphique inséré dans l'en-tête du document.

Filtre automatique Une fonctionnalité de tableau qui permet de dérouler une liste de critères pour afficher seulement certains types d'enregistrements, également appelée filtre.

Filtrer Afficher des données d'un tableau Excel qui respectent des critères données. Voir aussi Listes déroulantes de Filtre automatique.

Fonction Une formule spéciale, prédéfinie, qui assure un raccourci vers un calcul usuel ou complexe; par exemple Somme (pour le calcul d'un total) ou VC (calcul de la valeur capitalisée d'un investissement).

Format de nombre Un format appliqué aux valeurs pour exprimer des concepts numériques, comme des valeurs monétaires, des dates et des pourcentages.

Format en lecture seule Qualifie des données que les utilisateurs peuvent lire mais pas modifier.

Formule logique Une formule dont le calcul est établi sur des conditions d'état.

Formules Un ensemble d'instructions qui permettent d'effectuer un ou plusieurs calculs numériques comme l'addition, la multiplication ou le calcul de moyenne, sur les valeurs des cellules.

Graduations Marques appliquées à une échelle de mesure affichée sur un axe d'un graphique.

Graphique intégré Un graphique affiché en tant qu'objet d'une feuille de calcul.

Graphiques Représentations imagées des données d'une feuille de calcul qui facilitent la perception des tendances et des relations; également appelés graphes.

HTML (Hypertext Markup Language) Le langage de balisage et le format des pages qu'un navigateur Web est capable de lire et d'interpréter.

Image clipart Un graphisme, comme un logo, une image ou une photo, insérable dans un document.

Indicateur de mode Une zone du coin inférieur gauche de la barre d'état qui vous informe sur l'état du programme. Par exemple, quand vous changez le contenu d'une cellule, le mot Entrer y apparaît.

Indicateur de référence externe Le point d'exclamation (!) sert, dans une formule, à indiquer qu'une cellule référencée ne fait pas partie de la feuille active.

Instance Une feuille de calcul dans sa propre fenêtre de classeur.

Intranet Réseau interne reliant les ordinateurs d'un groupe de personnes qui travaillent en collaboration.

Jeu d'icônes Dans le contexte de la mise en forme conditionnelle, désigne des groupes d'images utilisés pour communiquer la valeur relative de cellules en fonction des valeurs qu'elles contiennent.

Légende Dans un graphique, désigne une information qui explique la représentation des données et les repère par des couleurs ou des motifs.

Liaison La référence dynamique de données d'un même classeur ou d'un autre classeur, pour que, lorsque les données de l'autre emplacement changent, les références dans le classeur en cours soient automatiquement mises à jour.

Lien hypertexte Un objet (un nom de fichier, un mot, une phrase ou un graphisme) d'une feuille de calcul qui, d'un clic, permet d'afficher une autre feuille de calcul ou une page Web, appelée cible. Voir aussi cible.

Ligne d'en-tête Dans un tableau, la première ligne qui contient les noms des champs.

Ligne de totaux d'un tableau Une ligne que l'on ajoute au bas d'un tableau pour y afficher des calculs sur les données des colonnes du tableau. Cette ligne de totaux suit l'évolution des lignes du tableau.

Liste de filtre Voir Listes déroulantes de Filtre automatique.

Listes déroulantes de Filtre automatique Listes déroulantes qui s'affichent à côté des noms des champs dans un tableau Excel, pour extraire seulement des parties de données. Appelées aussi listes de filtre.

Marque de donnée Représentation graphique d'un point de donnée, comme une barre ou une colonne d'histogramme.

Métadonnées Informations qui décrivent les données et qui permettent à Microsoft Windows de mener des recherches sur les documents.

Mise en forme conditionnelle Type de mise en forme qui change en fonction de la valeur d'une cellule ou du résultat d'une formule.

Mise en forme L'apparence d'un texte et de nombres, en termes de couleur, de police, d'attributs, de bordures et l'ombre. Voir aussi format des nombres.

Mode Mise en page Mode d'affichage offrant une vue précise d'une feuille de calcul comme elle sera imprimée, avec ses en-têtes et pieds de pages.

Mode Normal L'affichage par défaut d'une feuille de calcul, qui montre la feuille de calcul sans les détails des en-têtes et pieds de page, idéal pour créer et modifier une feuille de calcul mais insuffisamment détaillé lors de la phase de mise en forme du document.

Modèle Un fichier dont le contenu et la mise en forme servent de base à la création d'un nouveau classeur; les modèles Excel portent l'extension de fichier .xltx.

Modifier Apporter un changement au contenu d'une cellule active.

Mosaïque Mode d'affichage répété, comme une image à l'arrière-plan d'une feuille de calcul.

Mots clés Termes ajoutés aux propriétés d'un document, permettant de le retrouver facilement lors d'une recherche.

Naviguer Se déplacer dans une feuille de calcul. Les touches fléchées permettent par exemple de naviguer de cellule en cellule, tandis que [Pg Suiv] et [Pg Préc] vous déplacent d'un écran à la fois.

Nom de champ Une étiquette de colonne qui décrit un champ.

Notes Les étiquettes ajoutées à un graphique pour attirer l'attention sur une zone donnée.

Nuances de couleurs Dans la mise en forme conditionnelle, schéma de couleurs constitué d'un ensemble de deux à quatre couleurs de remplissage pour mettre en évidence des valeurs relatives des données.

Objet Un graphique ou un graphisme déplaçable et redimensionnable; affiche des poignées lorsqu'il est sélectionné.

Onglet de feuille Identifie la feuille dans le classeur et permet de changer de feuille; les onglets de feuilles sont situés en dessous du quadrillage de la feuille de calcul.

Opérateur arithmétique Symbole utilisé dans une formule pour effectuer des opérations mathématiques, telles que l'addition (+), la soustraction (–), la multiplication (*), la division (/), ou l'exponentielle (^).

Opérateurs de calcul Symboles qui indiquent le type de calcul à effectuer sur des champs, des plages ou des valeurs.

Opérateurs de comparaison Dans un calcul, désigne les symboles qui comparent des valeurs pour obtenir un résultat vrai ou faux.

Opérateurs de concaténation de texte Calculs mathématiques qui joignent du texte de plusieurs cellules.

Opérateurs de référence Calculs mathématiques qui permettent d'utiliser des plages dans des calculs.

Options de collage (bouton) Permet de ne coller que des éléments de la sélection, comme la mise en forme ou les valeurs.

Options de recopie incrémentée (bouton) Fonctionnalité permettant de remplir des cellules avec des éléments (tels que la mise en forme) de la cellule copiée.

Ordre croissant Dans le contexte du tri des feuilles de calcul, la plus petite valeur (le début de l'alphabet ou la date la plus ancienne) apparaît au début des données triées.

Ordre décroissant Lors du tri d'un champ Excel (colonne), désigne l'ordre qui place les valeurs du champ avec, au début, la lettre Z ou le nombre le plus élevé.

Orientation paysage Réglage d'impression qui place le document de sorte qu'il s'imprime en longueur sur la page, la hauteur de la page étant inférieure à celle-ci.

Orientation portrait Un réglage d'impression qui place le document de telle manière qu'il s'imprime sur la largeur de la page, la hauteur étant supérieure à la largeur.

Page Web en un seul fichier Une page Web qui intègre toutes les feuilles de calcul et les éléments graphiques d'un classeur dans un seul fichier au format MHTML, ce qui en facilite la publication sur le Web.

Plage de critères Dans le contexte du filtrage avancé, une plage de cellules contenant une ligne d'étiquettes (copiées à partir des étiquettes de colonnes) et au moins une ligne juste en dessous avec les critères de sélection à respecter.

Plage nommée Une plage de cellules avec un nom descriptif tel que Ventes de juillet, au lieu des habituelles coordonnées de la plage, comme C7:G7; ce système facilite le référencement de données dans une feuille de calcul.

Plage Une sélection de deux cellules ou plus, par exemple B5:B14.

Poignées de redimensionnement Les petits points placés aux quatre coins d'un graphique qui indiquent que le graphique est sélectionné.

Point d'insertion Le trait vertical clignotant qui apparaît lors d'un clic dans la barre de formule, qui indique où le texte sera inséré.

Point de donnée Une donnée tracée dans un graphique.

Point Unité de mesure des polices et des hauteurs de lignes. Un cm vaut 28,35 points, un point vaut donc 0,035 cm.

Pointeur de cellule Rectangle épais qui entoure la cellule active dans une feuille.

Police Le type ou dessin d'un jeu de caractères (lettres, chiffres, symboles et signes de ponctuation).

Portée Dans une cellule ou une plage nommée, les feuilles de calcul où le nom peut être utilisé.

Préfixe de formule Un symbole arithmétique, comme le signe égal (=) qui débute une formule.

Propriétés Caractéristiques d'un fichier, telles que le nom de l'auteur, les mots clés et le titre qui permettent de comprendre, d'identifier et de rechercher le fichier.

Publier Placer un classeur ou une feuille de calcul Excel sur un site Web ou dans un intranet en format HTML pour que d'autres personnes puissent y accéder à l'aide de leur navigateur Web.

Quadrillage Traits horizontaux et (ou) verticaux espacés régulièrement dans une feuille de calcul ou un graphique, qui aident à la lecture.

Référence 3D Une référence de feuille de calcul qui utilise les valeurs d'autres feuilles de calcul ou classeurs, créant ainsi une véritable dimension supplémentaire dans un classeur.

Référence absolue de cellule Dans une formule, désigne un type d'adresse qui ne change pas lors de la copie de la formule; indiquée par un signe dollar avant la lettre de la colonne et (ou) avant le numéro de la ligne. Voir aussi référence relative de cellule.

Référence mixte Une référence de cellule qui combine les adressages absolu et relatif.

Référence relative de cellule Dans une formule, type de référence de cellule qui change automatiquement quand la formule est copiée ou déplacée, pour refléter son nouvel emplacement; type de référence par défaut des feuilles de calcul Excel. Voir aussi Référence absolue de cellule.

Référence structurée Permet à des formules de tableau de faire référence à des colonnes du tableau à l'aide de noms, automatiquement générés lorsque le tableau est créé.

Retourner Dans un fonction, signifie afficher le résultat.

Sauts de page automatiques Dans un grand classeur, désigne les traits verticaux et horizontaux qui représentent les séparations des pages imprimées. Ils s'ajustent automatiquement lors de l'ajout ou de la suppression de lignes ou de colonnes, ou lors du changement de largeur de colonnes et de hauteur de lignes.

Série de données Une colonne ou une ligne d'une feuille de données. Désigne aussi la plage sélectionnée d'une feuille de calcul qu'Excel convertit en graphique.

SmartArt Types de diagrammes prédéfinis pour afficher des types de données divers (Liste, Processus, Cycle, Hiérarchie, Relation, Matrice et Pyramide).

Styles de cellules Combinaisons prédéfinies d'attributs de mise en forme applicables à des cellules sélectionnées, pour améliorer l'aspect d'une feuille de calcul.

Styles de tableau Combinaisons prédéfinies de mise en forme applicables à un tableau.

Suivi Identification et conservation d'une trace de la personne qui apporté des modifications à un classeur.

Tableau Une collection organisée de lignes et de colonnes de données de structure semblable dans une feuille de calcul.

Tableur Un logiciel spécialisé dans l'exécution de calcul et la présentation de données numériques.

Taille de police La taille des caractères, mesurée en une unité nommée points (pt).

Test logique La première partie d'une fonction SI; si le test logique est vrai, alors la deuxième partie de la fonction est calculée; s'il est faux, alors la troisième partie de la fonction est calculée.

Thème Un jeu prédéfini de couleurs, de polices, de traits et d'effets de remplissage qui s'appliquent facilement à une feuille de calcul Excel et lui donnent un aspect cohérent et professionnel.

Titre d'impression Dans un tableau qui s'étend sur plus d'une page en hauteur, le titre d'impression est l'ensemble des noms des champs qui s'impriment en haut de toutes les pages.

Tri multiniveau Un mode de tri des données d'un tableau qui utilise plus d'une colonne simultanément.

Trier Changer l'ordre d'affichage d'enregistrements dans un tableau en fonction d'un ou plusieurs champs, comme un Nom.

Valeurs Les nombres, les formules et les fonctions qui interviennent dans des calculs.

Verrouiller Sécuriser une ligne, une colonne ou une feuille pour empêcher toute modification de ses données.

Volets Les sections d'affichage en lesquelles vous pouvez fractionner une feuille de calcul lorsque vous voulez travailler sur plusieurs parties distinctes d'une feuille ; un volet est figé ou demeure en place, pendant que vous faites défiler une autre section jusqu'à atteindre l'information souhaitée.

Zone d'impression Une partie d'une feuille de calcul définie à l'aide du bouton Zone d'impression de l'onglet Mise en page; la définition d'une zone d'impression effectuée, l'Impression rapide provoque l'impression de cette seule zone.

Zone de saisie des données La partie déverrouillée d'une feuille de calcul où les utilisateurs sont invités à entrer et modifier les données.

Zone de traçage Dans un graphique, désigne la zone à l'intérieur des axes vertical et horizontal.

Zone Nom La zone la plus à gauche de la barre de formule, qui montre la référence de cellule ou le nom de la cellule active.

Index